Richard Rohr
mit Mike Morrell

DER GÖTTLICHE TANZ

Richard Rohr
mit Mike Morrell

Der göttliche Tanz

Wie uns ein Leben im Einklang mit dem dreieinigen Gott zutiefst verändern kann

Aus dem Amerikanischen übersetzt von Dr. Ulrike Strerath-Bolz

adeo

RICHARD ROHR

Für alle Ahnungslosen, die nicht wissen,
dass sie schon mitten im Fluss sind.

MIKE MORRELL

Für meine Töchter Jubilee Grace und Nova Rain.
Ihr verkörpert die unerwarteten Bewegungen
des Heiligen Geistes in meinem Leben.

INHALT

TEIL 1 – DIE REVOLUTION DER DREIEINIGKEIT

TEIL 2 – WARUM DIE DREIEINIGKEIT? UND WARUM JETZT?

TEIL 3 - DER HEILIGE GEIST

ANHANG

EINER allein
kann nicht Liebe sein
    oder Lachen
    oder Singen.

EINER allein
    kann in Bewegung bringen
    unkennbar
    untrennbar
    Alles.
Und wenn Alles in Allem ist und alles Einer ist
    dann ist Einer allein
    auf sich selbst bezogen
    keine Liebe
    kein Lachen
    kein Singen.

ZWEI
Ying und Yang
Dunkel und Licht
Männlich und weiblich
    Widerstreitende Pole
    bestärken Böse und Gut
    und streben nach Gleichgewicht
Im besten Fall Gegenüber
    Aber niemals Gemeinschaft

DREI

Von Angesicht zu Angesicht zu Angesicht
    Gemeinschaft
    Mehrdeutigkeit
    Geheimnis
Liebe füreinander
    Und Liebe für die Liebe der anderen
Ineinander
    Auf die anderen bezogen
    Sich hingebend
        Liebend
        Singend
        Lachend
            Etwas Viertes wird erschaffen
            immer geliebt und voller Liebe.

Beziehungen waren schon immer der unberechenbare Faktor, der Überraschungsgast, der mitten in unseren Plänen auftaucht, in unseren Seifenblasenideen von Unabhängigkeit und Selbstgenügsamkeit. Und sie offenbaren immer wieder, dass der Kaiser nackt ist. Wenn Sie auch nur am Rand einer Beziehung herumschlittern, geben Sie sich dem Geheimnisvollen hin und verlieren die Kontrolle. Eine Ehe wäre so viel einfacher, wenn keine zweite Person dabei wäre. Aber dann hätte sie auch keine Bedeutung mehr. Beziehungen sind kompliziert, vergänglich, chaotisch, stärkend, bezaubernd und zornerregend. Sie sind berauschend und frustrierend, riskant und entlarvend und zu schön, um es in Worte zu fassen. Es gibt Augenblicke, da glauben wir, jetzt hätten wir unsere Welt zumindest ansatzweise im Griff. Und – zack – kommt jemand und wirft alles komplett wieder über den Haufen.

Und doch sind es Beziehungen, die dem Kunstwerk unseres Lebens den Hintergrund und Rahmen geben. Ohne sie würden unsere Farben sich in einer formlosen Dunkelheit und Leere auflösen, würden auf den Heiligen Geist warten, um sie einzusammeln und mit allen Schattierungen und Abstufungen in uns hineinzuatmen.

Schlechte Theologie ist wie Pornografie: die Vorspiegelung einer Beziehung ohne das Risiko einer solchen. Sie beruht auf Transaktionen und Lehrsätzen statt auf Beziehung und Geheimnis. Man muss niemandem vertrauen und niemanden mögen. Sie wird zu einer Übung in Selbstbelohnung und entmenschlicht schließlich das Ich und die Gemeinschaft, um die schmerzhaften Prozesse der Demut und des Vertrauens zu umgehen. Schlechte Theologie ist kein opferloses Verbrechen. Sie entfernt Gott von den Menschen und verwandelt das Wunder und das geheimnisvolle Chaos inniger Beziehung in ein billiges Poster, das man benutzen und wegwerfen kann.

Aber wir hören da etwas kommen; es klingt wie ein Nachtzug, der sich durch die Wüste nähert. Wir hören ihn nicht nur aus der Ferne, sondern wir spüren ihn, wenn wir die Hand auf den Boden legen, ebenso wie im Wasser, im zerrissenen Brot und im eingegossenen Wein. Das Gerücht tief in unserer Seele sagt uns, dass eine

Feier stattfindet, und wir können kaum glauben, dass wir eingeladen sind. Kann es sein, dass man sogar einen Trinkspruch auf uns ausbringt? Kann es sein, dass sich eine Hand zu uns ausstreckt und uns zum göttlichen Tanz auffordert; dass uns jemand ins Ohr flüstert, wir seien seit jeher dafür gemacht? Und so warten wir auf den Kuss, auf den Atemzug – ein, aus –, der unser schlafendes Herz zum Leben erweckt. Denn ja, wir sind dafür gemacht, vollkommen gefunden von unwiderstehlicher Zuneigung.

Es gibt eine Gemeinschaft intelligenter Mystiker, die voller Mitgefühl und Authentizität über diese Dinge sprechen und uns daran erinnern, dass auch wir eingeladen sind. Richard Rohr und Mike Morrell gehören zu ihnen. Sie rufen uns heraus und laden uns dazu ein, aktiv zu verändern, was wir in unser Herz lassen. Wir dürfen an dem göttlichen Tanz teilnehmen, sollen lieben und uns lieben lassen.

Wir haben beobachtet, wie das Wasser in den letzten paar Hundert Jahren zurückgegangen ist und wie mit ihm auch die Hoffnung abebbte. Aber wenn wir neu entscheiden, was wir in unser Herz lassen, dann erkennen wir: Wir sind nicht verlassen oder aufgegeben worden, und was wir zu verlieren glaubten, war in Wirklichkeit ein Sammeln. Eine Flut aus vielen Stimmen erhebt sich zu einer Fontäne des Lebens, die auch die Träume mitnimmt – Träume voller Erwartung und chronischem Staunen und sehnsüchtiger Liebe – zu einem Scheitelpunkt einer neuen Reformation, einer „Renaissance" (Wiedergeburt).

So wundervoll jede Erweckung gewesen sein mag, es war nie genug. Wir haben erlebt, wie die alten Schläuche zerrissen sind und der blutrote Wein in die Erde sickerte. Wer Augen hat zu sehen, erkennt die Springflut lebendigen Wassers, die auf diesen Planeten hinunterregnen wird. Und diejenigen, deren Augen noch nicht geheilt sind, die blind geboren sind … wir können es zwar nicht sehen, aber spüren.

Die Kinder dieser kommenden Re-Formation unseres gesamten Denkens und Sehens werden schnell und leicht darauf reagieren. Die Herrscher und Lenker werden mehr Arbeit machen. Aber wir dürfen sie nicht aufgeben, denn die Liebe lehnt kein Stück Brot und keinen Tropfen Wein ab.

Dieses Buch stimmt in die vielen anderen Rufe ein, die Machtstrukturen anfechten und Beziehungen feiern. Wer einmal die tiefen Geheimnisse erkannt hat, die hier liebevoll enthüllt werden, kann sie nicht ungesehen machen. Wer sie einmal gehört hat, kann nicht mehr zurück. Nicht einmal großes Leid kann das Lächeln des Herzens auslöschen.

Gott, du hast nie eine niedrige Meinung von der Menschheit gehabt.

Mögen unsere Augen geheilt werden, vor allem dann, wenn wir blind geboren wurden. Damit wir sehen, was du tust.

Mögen unsere Ohren geöffnet werden für die heilende Musik, sodass wir die herrliche Kompliziertheit der Unterschiede feiern können und selbst in der Dissonanz hören, dass wir als Melodie in die dreistimmige Harmonie eingebettet sind.

Möge unser Mut wachsen, Vertrauen zu wagen und in der Gnade jedes einzelnen Tages zu leben. Die Grenzen der Strukturen von Macht und Kontrolle zu überwinden und die Mauern niederzureißen, die unsere Gesichter verstecken.

Mögen wir in uns das ewige Leben Jesu spüren, das durch unsere Hände fließt, damit wir heilen, halten und umarmen. Und mögen wir das Brot unserer Menschlichkeit feiern, die Heiligkeit des Gewöhnlichen und die Teilhabe an der Dreieinigkeit.

William Paul Young
Autor von *Die Hütte, Der Weg* und *Eva*
Am Sonntag Trinitatis 2016

„Sechs unmögliche Dinge vor dem Frühstück“

Die heilige Dreieinigkeit gilt als wichtige, wenn nicht als *die* wichtigste Grundannahme des gesamten christlichen Glaubenssystems. Und gleichzeitig sagt man uns – jedenfalls sagte man mir das, als ich ein kleiner Junge war –, wir sollten gar nicht versuchen, sie zu verstehen.

„Glaubt einfach daran!“, wurden wir ermahnt, und damit hatte es sich. Unsere irischstämmige Lehrerin Schwester Ephrem zeigte ihrer vertrauensvollen dritten Klasse ein Kleeblatt als Illustration. Und wir glaubten. Wenn auch vielleicht nicht an die Dreieinigkeit, dann doch auf jeden Fall an den ernsthaften irischen Glauben der Schwester. Obwohl – vielleicht kommt gerade so der göttliche Fluss in Gang: *indem man ein bisschen ernsthafte Güte teilt.*

Trotzdem, es war ein Geheimnis. Eine Art mathematisches Rätsel, mit dem unsere Fähigkeit getestet werden sollte, unmögliche Dinge für wahr zu halten. Insgesamt hätte man den Eindruck bekommen können, meine vorkonziliare katholische Erziehung hätte unter der Überschrift „Glaube noch vor dem Frühstück an sechs unmögliche Dinge“ gestanden. Später stellte ich allerdings fest, dass meine protestantischen Freunde eine ähnliche Herangehensweise an den Glauben gelernt hatten. Bei ihnen ging es nur um andere Unmöglichkeiten, in der Regel gewisse Dinge, die in der Bibel standen. Innere Erfahrungen des Einzelnen schienen bei ihnen auch nicht mehr geschätzt zu werden als bei uns.

Und jetzt sitze ich hier, etwa sechzig Jahre später, und versuche, dieses undurchdringliche Geheimnis anzupacken. Wollen wir es gemeinsam wagen?

Ich glaube nämlich, dass dies der einzige Weg ist, um mitzutanzen …

Dreieinigkeit – der Tanz

Beginnen wir mit einer schockierenden und oft zitierten Idee von Karl Rahner, dem deutschen Jesuiten, der so großen Einfluss auf das Zweite Vatikanische Konzil hatte. In seinem Klassiker „The Trinity“[1] schreibt er:

> „Christen sind im praktischen Leben fast reine Monotheisten. Wir müssen zugeben: Sollte die Lehre von der Dreieinigkeit aus irgendeinem Grund als falsch fallen gelassen werden, könnte der größte Teil der religiösen Literatur gut und gern unverändert bleiben.“

So sah es tatsächlich aus, bis William Paul Young vor zehn Jahren seinen Roman *Die Hütte* schrieb, der ein Weltbestseller wurde.[2] Zum ersten Mal seit dem 4. Jahrhundert wurde die Dreieinigkeit tatsächlich zu einem inspirierenden Gesprächsthema, das an heimischen Küchentischen und in Restaurants aufs Angeregteste diskutiert wurde und interessante Fragen aufwarf. Und es geht immer weiter!

Aber wie kann es sein, dass die Dreieinigkeit 17 Jahrhunderte lang quasi verschollen war? Könnte ihre Abwesenheit ein Hinweis darauf sein, dass wir mit unserem Verständnis des Christentums noch in den Kinderschuhen stecken? Könnte es uns helfen, die Unwirksamkeit und den Mangel an echter Veränderung zu verstehen, die wir in großen Teilen der christlichen Welt beobachten? Wenn man den Mittelpunkt eines Gebäudes verschiebt, wird das gesamte Konstrukt in sich instabil.

Die Dreieinigkeit beschreibt das Herz des Wesens Gottes, und dennoch hat sie so gut wie keine praktischen oder seelsorglichen Auswirkungen in unserem Leben … wenn wir sie morgen einfach aus den Büchern streichen könnten und sie wäre nur eine unwesentliche, unwirksame Lehrmeinung, die man vergessen kann … *dann ist sie entweder nicht wahr, oder wir verstehen sie nicht.*

Da Sie dieses Buch lesen, vermute ich, dass Sie irgendwie glauben, dass die Dreieinigkeit der Wahrheit entspricht. Im Folgenden werde ich diese paradoxe Vorstellung vom Wesen Gottes umkreisen. Denn „umkreisen“ ist tatsächlich ein passender Begriff für den Versuch, dieses Geheimnis zu verstehen. Eine andere Art, mit einem Geheimnis wertschätzend umzugehen, gibt es nicht.

Ein Geheimnis ist nicht etwas, was wir nicht verstehen können, sondern etwas, was wir endlos begreifen. Es gibt nicht den einen Punkt, an dem wir sagen können: „Jetzt hab ich's!“ Das Geheimnis hat *uns*, immer wieder und in alle Ewigkeit.

Wir können es tatsächlich nur umkreisen. Unser Reden von Gott ist eine einzige Suche nach Vergleichbarkeiten, Analogien und Metaphern. Alle theologischen Begriffserklärungen sind immer Annäherungen, die wir in heiliger Ehrfurcht vorsichtig tastend anbieten. Mehr kann menschliche Sprache nicht leisten. Wir können sagen: „Es ist wie …, Es ist so ähnlich wie …“, aber wir können nie sagen: „Es ist …“. Denn wir bewegen uns im Bereich des Jenseitigen, der Transzendenz, des Mysteriums. Und wir müssen uns – absolut! – eine grundsätzliche Demut vor dem großen Geheimnis bewahren. Wenn wir das nicht tun, betet Religion nur sich selbst und ihre eigenen Formulierungen an, aber nicht Gott.

Die sehr mystisch veranlagten kappadozischen Wüstenväter, die im 4. Jahrhundert im Osten der heutigen Türkei lebten, entwickelten eine höchst ausgefeilte Vorstellung von dem, was bald darauf als „Dreieinigkeit“ oder „Dreifaltigkeit“ bezeichnet wurde. Es brauchte drei Jahrhunderte des Nachdenkens über die Evangelien, bis jemand den Mut fand, es auszusprechen, aber sie – und das gilt auch für ihren Vorgänger Paulus von Tarsus und später für Mevlânâ Rumi von Konya – näherten sich in konzentrischen Kreisen der besten Metapher, die sie finden konnten:

Was immer in Gott geschieht, ist ein Durchströmen, ein Ineinanderfließen, eine *radikale Verbindung*, eine *vollkommene Gemeinschaft* dreier Wesen – ein Kreistanz der Liebe.

Aber Gott ist nicht nur der Tänzer, er ist der Tanz selbst. Stellen Sie sich das vor! Das ist keine neue, trendige Theologie aus Amerika, sondern eine uralte Überlieferung. Traditioneller geht es kaum. Bruder Elias Marechal formuliert es folgendermaßen:

> Die Wüstenväter beschreiben die Dreieinigkeit als Rundtanz, ein Geschehen, das seit sechstausend und sechs Mal sechstausend Jahren immer weitergeht und über die Zeit hinausreicht, als die Menschen die Zeit entdeckten. Eine endlose Strömung der Liebe bewegt sich unablässig, hin und her, vor und zurück, herum und hindurch. Ein Gleiten vom Vater zum Sohn und zurück zum Vater, in einer einzigen zeitlosen Bewegung. Dieser zirkulierende Strom der trinitarischen Liebe setzt sich Tag und Nacht fort. Der geordnete, rhythmische Prozess, in dem subatomare Teilchen sich in einer unglaublichen Geschwindigkeit drehen, ist ein Echo dieser Dynamik.[3]

Das ist es: Der „Kreistanz" der Dreieinigkeit ist eine sehr traditionelle Beschreibung. Wenn man heute den Mut hätte, einen so riskanten Begriff zu verwenden, würde man vermutlich als Esoteriker – oder Häretiker – bezeichnet.

Und doch ist Gott der Tanz selbst, sagten die Wüstenväter.

Ein Platz am Tisch Gottes

Lassen Sie uns diesen göttlichen Tanz in einer rätselhaften Geschichte aus dem allerersten Buch jener Sammlung heiliger Texte ansehen, die wir die Bibel nennen.

> Abraham wohnte bei den Eichen von Mamre, da erschien ihm der Herr wieder. Es war um die heißeste Zeit des Tages, und Abraham saß gerade am Eingang seines Zeltes. Als er aufblickte, bemerkte er plötzlich drei Männer, die ganz in der Nähe standen. Sofort sprang er auf, lief zu ihnen hinüber, verneigte sich bis zur Erde und bat: „Herr, bitte schenk mir deine Aufmerksamkeit und geh nicht einfach weiter! Ich lasse Wasser holen für eure Füße, ruht euch solange unter dem Baum aus; ich sorge für

> das Essen, damit ihr gestärkt weitergehen könnt! Ihr sollt nicht umsonst bei mir vorbeigekommen sein!“
> „Einverstanden“, sagten die drei, „tu, was du dir vorgenommen hast!“
> Abraham lief ins Zelt zurück und rief Sarah zu: „Schnell! Nimm 15 Kilo vom besten Mehl, das wir haben, rühr einen Teig an und backe Fladenbrote!“
> Er lief weiter zu seiner Rinderherde, wählte ein zartes, gesundes Kalb aus und befahl seinem Knecht, es so schnell wie möglich zuzubereiten. Den fertigen Braten bot er dann seinen Gästen mit Sauerrahm und Milch an. Sie saßen im Schatten des Baums, und während sie aßen, stand Abraham daneben und bediente sie.[4]

Dieser Bericht gibt uns eine Menge zu kauen. Die Szene beginnt damit, dass „der Herr“ Abraham erscheint. Aber im Bereich sichtbarer Gestalten erscheint er ihm als „drei Männer“. In den Jahrhunderten des Nachdenkens, der Theologie und des Geschichtenerzählens, die auf die ursprüngliche Geschichte folgten, wurden die drei oft als Engel betrachtet, und vielleicht auch noch mehr. Abraham, der sich vor ihnen verneigt, scheint dieses „noch mehr“ intuitiv zu begreifen und lädt sie ein, etwas zu essen und sich auszuruhen. Er selbst nimmt nicht an der Mahlzeit teil, sondern beobachtet sie aus einiger Entfernung, „unter dem Baum“. Ein Platz am Tisch Gottes ist noch nicht vorstellbar.

Es scheint, als würden Abraham und Sarah den Höchsten in der physischen Anwesenheit der Drei sehen, und ihre erste instinktive Reaktion ist eine Einladung und Gastfreundschaft. Sie schaffen einen Ort, an dem die Drei essen und trinken können. Hier haben wir immer noch die Menschheit, die Gott nährt – es wird noch einige Zeit dauern, bis sich das Verhältnis in der Vorstellung der Menschen umkehrt. „Wir selbst sind sicher nicht an diesen göttlichen Tisch geladen“, nehmen sie an.

Diese einzigartige und facettenreiche Geschichte hat ein ebenso einzigartiges und facettenreiches Beispiel religiöser Kunst hervorgebracht. Es heißt „Die Gastfreundschaft des Abraham“ oder einfach (aus Gründen, auf die wir noch eingehen werden) „Die Dreifaltigkeit".

Ich glaube, dass alle echte Kunst heilig ist. Bewusst „religiöse" Kunst ist oft zu bemüht und rutscht dann in billige Gefühlsduselei ab. Aber die spezielle Form künstlerischen Ausdrucks, die uns in dem Bild „Die Dreifaltigkeit" begegnet, die Ikonenmalerei, versucht über sich selbst hinauszuweisen und in den Betrachtern ein Gefühl für das „Darüber hinaus" und gleichzeitig für die Gemeinschaft hervorzurufen, die in unserer Mitte existiert.

Das Bild des russischen Ikonenmalers Andrei Rubljow aus dem 15. Jahrhundert ist für viele *die Ikone* schlechthin. Und wie ich Jahre nach der ersten Entdeckung feststellen konnte, ist sie noch einladender als viele andere. Für mich ist sie das vollkommenste religiöse Kunstwerk aller Zeiten. In meinem Zimmer hängt schon seit langer Zeit ein Druck davon. Das Original ist in der Tretjakow-Galerie in Moskau ausgestellt.

Es heißt, ein Künstler sei nur durch die Betrachtung dieser Ikone zu einem Nachfolger von Jesus geworden. Er soll ausgerufen haben: „Wenn dies das Wesen Gottes ist, dann bin ich ein Glaubender." Und ich kann ihn gut verstehen.

In Rubljows Ikone gibt es drei Grundfarben, die die Facetten des Heiligen illustrieren, die alle in den drei Gestalten enthalten sind.

Rubljow wählte Gold für den Vater – es symbolisiert Vollkommenheit, Fülle, Ganzheitlichkeit, die ultimative Quelle.

Blau – die Farbe von Meer und Himmel, die einander spiegeln –, nahm er für den Menschensohn: Gott, der in Jesus Christus die Welt und die Menschlichkeit annimmt. Deshalb sieht Rubljow Jesus blau. Mit seinen ausgestreckten zwei Fingern sagt er uns, dass er Geist und Materie, Göttlichkeit und Menschlichkeit in sich vereint – für uns.

Und dann gibt es das Grün, das den Geist repräsentiert. Hildegard von Bingen, die Benediktineräbtissin, Komponistin, Autorin, Philosophin, Mystikerin und Visionärin, die drei Jahrhunderte vor Rubljow lebte, nannte die endlose Fruchtbarkeit des Geistes „viriditas", die Grünkraft, und meinte damit die göttliche Lebendigkeit, die alles erblühen und in immer neuen Schattierungen ergrünen lässt.

Hildegard war vermutlich inspiriert durch die üppige Vegetation der Umgebung ihres Klosters im Rheinland, das ich schon besucht habe. Rubljow wählte, in ebenso tiefer Ehrerbietung für die Natur, Grün als Farbe der „göttlichen Photosynthese", die alles von innen her wachsen lässt, indem sie Licht in sich selbst verwandelt. Und genau das tut der Heilige Geist.

Das ist einfach großartig, oder?

Der eine Gott in dreifacher Gestalt isst und trinkt in unendlicher Gastfreundschaft und reiner Freude mit- und aneinander. Wenn wir die Darstellung Gottes in der Ikone „Die Dreifaltigkeit" ernst nehmen, müssen wir sagen: „Im Anfang war Beziehung."

Und diese Ikone lässt immer mehr Früchte wachsen, je länger man sie betrachtet. Jeder Teil ist sorgfältig komponiert und offensichtlich aus langer Reflektion entstanden: die Blicke, die zwischen den Dreien hin und her gehen, der tiefe Respekt, mit dem sie aus einer gemeinsamen Schüssel essen. Und achten Sie auf die Hand des Heiligen Geistes, die auf den freien, vierten Platz am Tisch deutet. Es scheint, als würde der Heilige Geist jemanden einladen, einen Platz anbieten und Raum schaffen. Wenn es tatsächlich so ist – für wen?

Eine Lücke im Ganzen

So großartig diese Ikone – und die in ihr dargestellte Gemeinschaft – auch ist, etwas fehlt doch. Die Drei sitzen um einen Tisch, und wenn man von vorn auf den Tisch schaut, scheint da ein kleines rechteckiges Loch zu sein. Die meisten Betrachter übergehen es, aber Kunsthistoriker sagen, dass es an dieser Stelle Klebstoffreste gibt, die darauf hindeuten, dass dort vielleicht einmal ein Spiegel war.

Wenn Sie nicht aus einem orthodoxen, katholischen oder anglikanischen Umfeld stammen, finden Sie daran vielleicht nichts Besonderes, aber Sie sollten wissen, dass dies ein sehr ungewöhnliches Element in einer Ikone wäre. Normalerweise würde man eine heilige Ikone nicht mit einem echten Spiegel versehen. Wenn es so wäre, dann wäre das wirklich einzigartig und sehr mutig.

Vielleicht hatte Rubljow einen kühnen Moment, als er die Ikone fertigstellte. Oder der Spiegel wurde später hinzugefügt – wir wissen es nicht.

Aber können Sie sich vorstellen, was dieser Spiegel bedeutet? Es ist schon erstaunlich, wenn man darüber nachdenkt: An diesem Tisch war Platz für eine vierte Person.

Für den Betrachter.

Für Sie!

Es ist eine der wichtigsten Entdeckungen des Christentums, dass Gott nicht als ferner, statischer Weltenherrscher gesehen wird, sondern – wie wir gemeinsam erkunden werden – als lebendiger Beziehungstanz, wie die Wüstenväter so kühn erkannten. Im Griechischen heißt dies „perichoresis", und darin steckt unser heutiges Wort *Choreografie*. Gott ist der Heilige, der im dynamischen, liebevollen Wechselspiel der Drei verkörpert wird.

Aber selbst diese erfüllte Dreierschaft speist nicht gern allein. Die Einladung an den Tisch Gottes ist vielleicht der erste biblische Hinweis auf das, was wir später „Erlösung" nennen werden.

Jesus kommt aus dieser ewigen Fülle und ermöglicht es uns, uns selbst gespiegelt zu sehen, als Teil dieser Tischgemeinschaft. Als Teilnehmer bei seinem Festmahl und Partner in Gottes ewigem Tanz der Liebe und der Gemeinschaft.

Der Spiegel scheint irgendwann im Laufe der Jahrhunderte verloren gegangen zu sein, sowohl in der Ikone als auch in unserer nüchternen Vorstellung davon, wer Gott ist und wer wir sind, die wir „nach seinem Bild" erschaffen sind.[5]

Meine größte Hoffnung wäre, dass dieses Buch Sie wieder in den Spiegel der göttlichen Gemeinschaft blicken lässt, mit einem Platz am Tisch.

Ich möchte, dass Sie dieses Bild beim Lesen in sich aufnehmen. Ich lade Sie ein, den Gedanken zuzulassen, dass der Tisch nicht nur für die Drei reserviert ist und dass der Kreis der Tanzenden nicht geschlossen ist. Wir alle sind dazu eingeladen. Die gesamte Schöpfung ist dazu eingeladen, und dies ist die Befreiung, die Gott von Anfang an beabsichtigt hat.

Diese göttliche Absicht, diese gewagte Einladung, ist eingebettet in die Schöpfung selbst.[6] Später wird sie in Jesus konkret, persönlich und fassbar.[7] Mit anderen Worten: Die Aufnahme des Menschen in Gott – also das, was wir ganz richtig Erlösung nennen –, war Plan A und nicht Plan B!

Unser Ziel des Einswerdens mit Gott ist schon in der Schöpfung begründet, auch in unserer individuellen Erschaffung.[8] Dieser Glaube war in meiner Ausbildung als Franziskanermönch ganz zentral.[9] Unser Ausgangspunkt ist immer die „Urgüte", nicht die Ursünde.[10] Und damit ist der Endpunkt, wie auch alles zwischen den beiden Punkten, unsere angeborene Fähigkeit zum Guten, zur Wahrheit und zur Schönheit.

Die Erlösung ist nicht nebenbei als Notfallplan hinterhergeschoben worden, sondern war Gottes Absicht von Anfang an. Sie ist „in unsere Herzen geschrieben".[11]

Sind Sie bereit, Ihren Platz an diesem wundervollen Tisch einzunehmen? Können Sie sich vorstellen, dass Sie bereits ein Teil des Tanzes sind?

Dann lassen Sie uns zusammen herausfinden, wie und warum das möglich ist!

TEIL 1

DIE REVOLUTION DER DREIEINIGKEIT

Ein geistlicher Paradigmenwechsel

Gott hat nämlich seinen Sohn nicht zu den Menschen gesandt, um über sie Gericht zu halten, sondern um sie zu retten.[12]

Jesus aber entgegnete ihnen: Mein Vater ist noch immer am Werk und auch ich bin am Werk.[13]

Der Heilige Geist, den euch der Vater an meiner Stelle als Helfer senden wird, er wird euch alles erklären und euch an das erinnern, was ich gesagt habe.[14]

Bevor Sie versuchen herauszufinden, warum ich diesen Abschnitt mit genau diesen Zitaten über einen sehr aktiven und beteiligten Gott begonnen habe, möchte ich versuchen, es zu erklären. Ich kann es immer nur versuchen.

In seinem Buch *Die Struktur wissenschaftlicher Revolutionen*[15] hat Thomas Kuhn den Begriff „Paradigmenwechsel" bekanntgemacht. Er erklärte, im Bereich der Naturwissenschaft sei ein Paradigmenwechsel etwa dem entsprechend, was man in der Religion eine Bekehrung nennt. Und beides ist sehr selten! Jede echte Veränderung eines ganzen Weltbildes setzt eine so radikale Abwendung von unseren eingefahrenen Schienen voraus, dass oft die Hüter des alten Paradigmas tatsächlich erst sterben müssen, bevor etwas Neues Fuß fassen und breite Akzeptanz gewinnen kann. Noch schockierender ist Kuhns Schluss, dass ein Paradigmenwechsel weniger aufgrund von Logik oder Beweisen erfolgt, sondern vor allem als Folge einer umwälzenden Erkenntnis, einem Durchbruch. Der deutsche Mystiker Meister Eckhart nennt dieses Phänomen „Überkochen"[16].

Auf die Gefahr hin, dass das, was ich sage, nach einer groben Übertreibung klingt: Ich denke, dass das herkömmliche christliche Gottesbild – trotz Jesus! – in weiten Teilen noch immer heidnisch geprägt und unerlöst ist. Was meine ich damit? Die Menschheitsgeschichte hat so lange mit einem statischen und monarchischen

Gottesbild gearbeitet – ein erhabener, übrigens immer männlicher Weltenherrscher, der die meiste Zeit in glanzvoller Isolation von dem lebt, was er erschaffen hat. Dieser Gott ist ein kritischer Beobachter (und seine Nachfolger tun ihr Möglichstes, um ihm in dieser Hinsicht nachzueifern).

Wir werden immer zu dem, was wir wahrnehmen; die äußerlichen Formen, die wir leben, spielen eine große Rolle. Deshalb haben wir einen weltweiten Paradigmenwechsel im christlichen Bewusstsein unserer Gottesbeziehung so dringend nötig. Und dieser Wechsel ist seit einiger Zeit auf subtile, aber tiefgreifende Weise im Gange, offensichtlich und doch versteckt: die Offenbarung Gottes, die wir immer als „Trinität" oder „Dreieinigkeit" bezeichnet, aber nie richtig verstanden haben. Im Anfang war die Beziehung.

Diese langsam aufkeimende Offenbarung hätte unser Gottesbild radikal verändern sollen, aber das hat sie weithin nicht getan. Die alten Schaltkreise waren noch zu vorherrschend. 2000 Jahre haben wir gebraucht, um diesen Wechsel herbeizuführen, aber jetzt ist es soweit. Die Geschichte, unsere geistige Gesundheit, so viele verzweifelte, negative und zornige Christen, die Kosmologie und die Quantenphysik – sie alle verlangen unaufhaltsam, dass wir ihn endlich vollziehen.

Kuhn sagte, dass Paradigmenwechsel dann nötig werden, wenn die Plausibilitätsstruktur der alten Paradigmen so durchlöchert und mit Flicken übersät ist, dass die dringend nötige Generalüberholung, die so lange so bedrohlich wirkte, auf einmal als einzige Rettung erscheint.

Ich glaube, wir sind jetzt in genau dieser Lage, was unsere Vorstellung von Gott angeht. Die Dreieinigkeit, einst eher als etwas abstruses Konstrukt betrachtet, könnte am Ende die Antwort auf das Grundproblem der westlichen Religion sein.

Statt eines Gottes, der als ewig Drohender erscheint, haben wir Gott als den ultimativen Teilhaber, der in allem ist, was wir erleben – dem Guten wie dem Schmerzhaften.

Ich möchte die beiden Paradigmen einander gegenüberstellen. Statt des allmächtigen Herrschers wollen wir betrachten, was Gott als Dreieinigkeit zeigt: die tatsächliche und wunderbare Gestalt der göttlichen Wirklichkeit, die sich in uns[17] und der gesamten Schöpfung „mit allem, was dazugehört"[18] wiederholt.

Statt eines Gottes, der von Weitem zusieht, wie das Leben sich ereignet, und es beurteilt.

Wie wäre es mit einem Gott, der im Leben selbst lebt? Mit einem Gott, der die Lebenskraft von allem ist? Der die Lebensenergie von und zwischen jedem und allem ist – das, was wir Liebe oder Geist nennen?

So kann Gott viel größer werden, zumindest annähernd so, wie es das sich ständig ausdehnende Universum erahnen lässt, das wir gerade entdecken. Und absolut alles einschließend, was ist. Wie sonst könnte ein Gott sein, der diesen Namen zu Recht trägt?

An Stelle des kleinen Gottes, mit dem wir in unserem aktuellen, sterbenden Paradigma feststecken und der ständig damit beschäftigt ist, Dinge und Menschen auszuschließen, enthüllt uns die Revolution der Dreieinigkeit einen Gott, der mit uns in allem ist, was Leben bedeutet. Er steht nicht an der Seitenlinie und beurteilt kritisch, wer oder was mitspielen darf und wer nicht.

Die Revolution der Dreieinigkeit zeigt uns einen Gott, der ständig an allem beteiligt ist, keine distanzierte Du-bist-drin-und-du-draußen-Gottheit, die den größten Teil der Menschheit die meiste Zeit „verwaist" zurücklässt.[19]

Theologisch gesehen stellt diese Revolution die Gnade wieder an ihren rechtmäßigen Platz: an den Anbeginn der gesamten Schöpfung. Gnade ist damit nicht mehr nur eine zeitweise Beimengung, die sich der eine oder andere hier und da verdient.

Wenn all das die ganze Zeit still präsent gewesen ist, wie die Hefe im Teig unserer wachsenden Spiritualität, kann es uns helfen, die hoffnungsvollen und positiven Bilder der Adoption und des Erbes zu verstehen, die Paulus benutzte[20]. Auch die Wüstenväter verstanden diesen Zugang, anders als die späteren Bilder von einem strafenden Gott, die die westliche Kirche seit langer Zeit dominieren.

Dieser Gott ist genau der, den wir als Dreieinigkeit bezeichnen. Ein Strom, der durch alles hindurchfließt, ohne Ausnahme und von Anfang an.

Damit ist alles heilig… für diejenigen, die gelernt haben zu sehen.

Die Auswirkungen dieses spirituellen Paradigmenwechsels, dieser Revolution der Dreieinigkeit, sind umwerfend: Jeder lebendige Impuls, jede zukunftsweisende Kraft, jeder kreative Drang, jede liebevolle Empfindung, jede Bemühung um Schönheit, jede Bewegung hin zur Wahrheit, jede Ekstase vor schlichter Güte, jeder freudige Luftsprung, jeder Einsatz für die Menschlichkeit und die Erde, für Ganzheitlichkeit und Heiligkeit, ist das ewig fließende Leben des dreieinigen Gottes.

Ob wir es wissen oder nicht! *Wir sprechen hier nicht von einer Einladung, mit der man einverstanden sein kann oder auch nicht. Wir sprechen von dem, was bereits geschieht, in Gott und in allem, was „nach seinem Bild" erschaffen ist.*

Der dreieinige Gott gestattet uns, ja *drängt* uns sogar dazu, jederzeit und überall mit ihm zu leben. In der Knospe einer Pflanze, im Lächeln des Gärtners, in der Begeisterung eines Teenagers über seinen ersten Kuss, in der unermüdlichen Entschlossenheit eines Forschers, im Stolz des Mechanikers auf seine verborgene Arbeit unter der Motorhaube, im liebevollen Nasereiben zweier Pferde, in der Zärtlichkeit, mit der ein Adler seine Jungen füttert, im glucksenden Plätschern jedes Bergbachs.

Dieser Gott findet sich auch im Leiden und Sterben all dieser Dinge. Wie könnte dies nicht auch die göttliche Lebenskraft sein? Wie könnte es irgendetwas anderes sein? Eine so weite Definition von Leben muss den Tod in ihre große Umarmung mit einschließen, damit unsere Mühen nicht umsonst sind[21].

Im begeisterten Zwitschern jedes Vogels am frühen Morgen, in der kargen Schönheit jeder Sandsteinklippe, in der tiefen Befriedigung über einen gut gemachten Job, in der Leidenschaft körperlicher Vereinigung, im freundlichen Lächeln einer Verkäuferin und sogar in der passiven Machtlosigkeit eines Krankenhausbetts sind Welt, Leben und Tod, Gegenwart und Zukunft vereint. „Euch gehört die ganze Welt, das Leben und der Tod, die Gegenwart und die Zukunft. Alles gehört euch, ihr aber gehört Christus, und Christus gehört Gott."[22] Es ist derselbe dreieinige Strom seit Anbeginn der Schöpfung.

Ehe die Sehenden den Paradigmenwechsel vollziehen, gibt es keinen Weg, wie Gott die Welt retten kann. Szenen aus Gerichtssälen und Strafvollzugssysteme inspirieren niemanden und verändern auch nichts. Sie sind völlig ungeeignet, um über das göttliche Festmahl und die Einladung dazu an uns alle zu sprechen. Tatsächlich verhindern sie, dass wir es uns auch nur vorstellen können. Es geht nicht um offensichtliche Religiosität. Seit Jahrhunderten versuchen wir das, mit mageren Ergebnissen. Es geht um stille Freude und ein Zusammenwirken[23] mit der göttlichen Großzügigkeit, die alles mit allem verbindet.

Ja, Gott rettet die Welt, und er arbeitet ständig daran, auch wenn wir es nicht bemerken, wenn wir uns nicht daran freuen, es nicht weitersagen und unser eines, einzigartiges Leben nicht in Fülle leben. Wir werden wie der kleine Gott, den wir viel zu oft angebetet haben – Zuschauer bei unserer eigenen Beerdigung.

Wie wäre es stattdessen hiermit: Es gibt nur Jesus Christus. Er ist alles, und er ist in allem.[24] Und wenn Christus ganz und gar offenbar wird – der ja unser Leben ist –, dann werden auch wir in all unserer Herrlichkeit mit ihm offenbar.[25]

Die Revolution ist bereits im Gange, die alten Gottesbilder wanken, ein großer Teil der Religion befindet sich in einer Art Totenstarre. Sind wir bereit loszulassen, was nicht mehr funktioniert, und das Paradigma anzunehmen, das seit langer Zeit heranwächst und immer zu groß für uns ist? Wie Augustinus es formulierte: Gott ist ewig alt und ewig neu.

Wenn meine Instinkte mich nicht trügen, dann kommt die Wiederentdeckung der Dreieinigkeit keinen Augenblick zu früh. Ich bin nämlich überzeugt, dass hinter all den hässlichen Manifestationen

‚The Trinity of Roublev‘ by Andrei Roublev

unserer gegenwärtigen Übel – Korruption, Umweltzerstörung, Krieg, Hass gegen andere wegen ihrer Hautfarbe, ihres Geschlechts, ihrer Religion oder sexuellen Orientierung – eine einzige große Krankheit steht: unser tiefgreifendes, schmerzhaftes Gefühl der Trennung.

Trennung von Gott natürlich, aber auch von uns selbst, von unserem Körper, voneinander und von unserer Welt.

Dieses Gefühl einer vierfachen Isolation stößt unsere Kultur, unsere gesamte Spezies, in ein immer destruktiveres Verhalten. Zwar ist unsere Welt nicht so düster, wie man denken könnte, wenn man sich ständig von schlechten Nachrichten im Fernsehen und in den sogenannten sozialen Netzwerken berieseln lässt. Aber das Ausmaß und die Komplexität unseres Abgetrenntseins sind schon erstaunlich.

Ich stelle fest, dass das große Geschenk der Dreieinigkeit – und unsere praktische, gefühlte Erfahrung beim Empfang dieses Geschenks – eine gut geerdete neue Verbindung mit Gott, uns selbst, anderen Menschen und der Welt mit sich bringt. Genau das, was von allen Religionen und Glaubensrichtungen – und möglicherweise sogar von der Politik – angestrebt, aber in ihren konventionellen Erscheinungsformen nie erreicht wird.

Religiöse oder politische Spielchen um Wert und Zugehörigkeit, um Leistung und Belohnung können nichts heilen. Tatsächlich sind sie Teil der Krankheit. Aber wenn Gott als die freudige Dreieinigkeit enthüllt wird, kann das selbst die am stärksten verhärteten Begrenzungen wegschmelzen und uns den Weg zu einer vierfachen Wiedervereinigung von Geist, Selbst, Gesellschaft und Raum erhellen.

Sind Sie bereit zu erkunden, wie ein solcher Wandel unseres Gottesbildes von dem entfernten Gott zu dem „bewegtesten Beweger“[26], der innig an unserer immer weitergehenden gemeinsamen Schöpfung teilnimmt, eine solche freudige Wiedervereinigung möglich macht?

Wenn ja, heiße ich Sie herzlich willkommen. Auf den nächsten Seiten werden wir die Dreieinigkeit und die Verwandlung aller Dinge gründlich kennenlernen – Sie selbst eingeschlossen.

Staub aufwirbeln erwünscht

Ich möchte Ihnen ein wenig davon erzählen, wie ich dazu kam, bewusster an dem Tanz der Dreieinigkeit teilzunehmen. Vor einigen Jahren verbrachte ich eine sehr fruchtbare Fastenzeit in einer Einsiedelei in Arizona. Im Wesentlichen übte ich mich dort in Achtsamkeit und Hinhören, und ich führte ein Tagebuch. Gegen Ende meines Aufenthalts beschloss ich, das Tagebuch noch einmal durchzulesen, um zu sehen, ob Gott mich etwas gelehrt hatte. Ich wollte herausfinden, ob ich rückblickend in diesen wunderbaren einsamen Tagen ein Muster entdecken könnte.

Ich ging in die Bibliothek, die ein Stück von der Einsiedelei entfernt war. Dort lag ein Buch von Catherine Mowry LaCugna mit dem Titel *God for Us: The Trinity and Christian Life.*[27] auf einem Tisch. Ein beeindruckendes Buch mit vielen Fußnoten. Ich spürte eine gewisse Anziehungskraft, obwohl ich eigentlich während der Fastenzeit nichts anderes hatte lesen wollen als die Bibel.

Während meiner letzten Tage in der Einsiedelei las und verdaute ich in aller Langsamkeit dieses hochgelehrte Buch. Und während ich las, auch wenn ich bei Weitem nicht alles verstand, rief ich innerlich ständig: „Ja! Ja!" So viele neue Worte und kaum durchschaute Ideen! Ich spürte die Gegenwart einer großen Tradition, der die Autorin da nachspürte. Sie sprach von derselben Dynamik, die in den letzten Wochen in mir angelaufen war. Nicht mehr als abstrakte Idee, als Lehrmeinung oder gelochter und abgehefteter „Glaube", sondern als eine Art Phänomenologie der eigenen und fremden inneren Gotteserfahrungen.

Auf einmal war die Dreieinigkeit kein vager Glaube mehr, sondern eine objektive Art, meine eigenen tiefsten Erfahrungen mit Gott zu beschreiben – und mit dem, was ich hier als Strom bezeichne. Die Überzeugung kam von tief innen, sie hatte nicht mehr den Zweck, irgendwelche mir von außen aufgedrückten Lehrmeinungen zu rechtfertigen. Führte ich mich selbst an der Nase herum? Wie konnten scheinbare Objektivität und persönliche Subjektivität gleichzeitig und friedlich in mir koexistieren?

Das ist es, war mein Gefühl. Es bestätigte alles, was ich während meiner Zeit als Einsiedler erlebt hatte, vielleicht sogar meine ganze Lebenserfahrung. Obwohl das Buch schwer zu lesen und manchmal sogar langweilig war (ich empfehle die Lektüre nur Leuten mit theologischer Ausbildung), fand es in mir einen Widerhall. Ich konnte es nicht aus der Hand legen, bis meine Eremitenzeit zu Ende ging.

So leicht hatte ich also meine Absicht aufgegeben, nicht zu lesen. Aber es fühlte sich auch nicht an wie Lesen, sondern eher, wie wenn man von einem großartigen Geheimnis erfährt. Einem Geheimnis in mir selbst.

Als ich Arizona verließ und noch ein letztes Mal die frische, saubere Wüstenluft einatmete, tat ich es mit einem dankbaren Lächeln. Jetzt konnte ich den Strom viel mehr genießen, den ich überall fließen sah.

Ich bin sicher, dass es anmaßend klingen muss (und auch ist): dass ich etwas vom Leben der Dreieinigkeit verstehen oder erklären könnte. Und doch habe ich das Gefühl, wir müssen die Sprache und Erfahrungswelt nutzen, die uns zur Verfügung stehen, so ungenügend sie auch sein mögen. Wir dürfen nicht schweigen.

Ich würde Sie gern bitten, sich in all das hineinsinken zu lassen. Vielleicht ist dieses Buch eher eine Meditation als eine gelehrte Abhandlung. Und noch mehr würde ich mir wünschen und darum beten, dass Sie auf diesen Seiten etwas finden, was mit Ihren eigenen Erfahrungen übereinstimmt, was Ihnen vertraut und gleichzeitig aufregend neu erscheint und Sie weiter auf dem Weg bringt, den Sie schon eingeschlagen haben.

Denn genau das ist der eine große Moment der Offenbarung: Wenn schöne Ideen vom Kopf ins Herz fallen, von der Ebene der Lehre zur Ebene der Erfahrung. Wenn es nicht mehr etwas ist, was wir einfach glauben, sondern wenn wir es wirklich *wissen*.

Darum bete ich: Dass der göttliche Tanz etwas sein möge, was Sie *wissen*. Und dass meine Worte dem nicht im Wege stehen.

Mathematische Probleme

Der Gott, den man in der westlichen Zivilisation einmal für absolut selbstverständlich hielt, wird heute mehr als alles andere angezweifelt. Es gibt Debatten, Streits und Kriege seinetwegen, und viele gebrochene Herzen sind das Ergebnis der Versuche, dieses göttliche Wesen zu begreifen, zu definieren oder Kontakt zu ihm aufzunehmen. Oder mit seiner (Nicht-)Existenz fertig zu werden.

Vielleicht könnten die folgenden Fragen einen Ausweg aus der kulturellen Sackgasse auftun: „Was geht in Gott vor? Wie drückt sich sein Leben aus, wie manifestiert es sich im Tanz der Schöpfung?“

Nachfolger Jesu ringen seit Langem mit diesen Fragen, vor allem im Kontext Gottes als Einheit in der Verschiedenheit.

Eine Dreieinigkeit …

Aber Gott ist einer![28]

Dies ist die große Überzeugung der drei monotheistischen Religionen – Judentum, Christentum und Islam. Nachdem Jesus auf der Erde war, wurden die meisten Christen aus praktischen Gründen freilich abtrünnig: „Nun, Gott offenbart sich als drei Personen, aber in Wirklichkeit ist er eine.“ Kein Wunder, dass unsere jüdischen Vorfahren verwirrt waren und fanden, das klinge nach hochgradigem Unsinn. Für sie war es eine Bedrohung des Monotheismus, und dies auch noch durch einen der ihren! War das nun ein mathematisches Verwirrspiel oder pure Häresie einer esoterisch angehauchten Gruppe?

„Nicht so ganz einer“, versuchen christliche Mystiker und Lehrer Gott zu erklären, „und doch vollkommen eins. Nicht so ganz drei und doch drei Erscheinungsformen.“ Kein Wunder, dass wir drei Jahrhunderte brauchten, um auch nur ein Wort für dieses etwas schräge Gottesbild zu finden. Für den Moment halten wir dies fest: Das Prinzip des Einen ist einsam, das Prinzip der Zwei beruht auf Gegensätzen und verlangt nach einer Entscheidung oder Parteinahme. Das Prinzip der Drei jedoch ist in sich bewegt, dynamisch und fruchtbar.

In unseren Bemühungen, die Dreieinigkeit zu erklären, haben wir es mit dem Kleeblatt versucht, mit drei Gesichtern einer Person, mit drei verschiedenen Zuständen von Wasser: Flüssigkeit, Eis und Dampf. Wir haben alles Mögliche probiert, um das sogenannte „erste philosophische Problem“ zu lösen, das des Einen und der Vielen. Im 4. Jahrhundert waren die kappadokischen Väter (Gregor von Nyssa, Basilius von Caesarea und Gregor von Nazianz) und andere Mystiker der Ansicht, sie hätten jetzt eine Lösung gefunden. Diese Lösung inspirierte eine ganz neue Sprache, die bis heute benutzt wird.

Im Endeffekt sagten sie: *Ihr dürft nicht mit dem Einen anfangen und versuchen, drei daraus zu machen. Fangt mit der Dreizahl an und erkennt, dass in ihr das tiefste Wesen des Einen verborgen ist.* Dieser Ausgangspunkt und das kontemplative Denken, das man dazu braucht, ihn zu erfassen, wurde in der Ostkirche viel stärker betont und weiterentwickelt. Deshalb klingt das alles in den Ohren der meisten Westler auch immer noch so fremd.

Was wir aus der Erfahrung erkennen können, ist der Strom selbst. Das große Schauspiel wurde in Bewegung gesetzt und hört nie mehr wieder auf. Das Prinzip der Drei wurde zum operativen Prinzip des Universums und unterlief alles dualistische Denken. Seine umwälzenden Auswirkungen sind immer noch dabei, in unsere Geschichte einzubrechen.[29]

Gott ist nicht ein Wesen unter vielen, sondern *das Sein selbst*, das sich dem reifen Suchenden offenbart.[30] Der Gott, von dem Jesus spricht und in den er sich selbst einschließt, präsentiert sich als ungehinderter Dialog, als absolut positiver und inklusiver Strom in eine Richtung, als Wasserrad, angetrieben von einem niemals versiegenden Quell der Liebe.

Der heilige Bonaventura sprach später von diesem Gott als einer „Füllquelle“ der Liebe. Und die kappadokischen Mystiker hielten jedes Reden von einem zornigen, rachsüchtigen, unversöhnlichen Gott, von jeglicher Art der Zurückhaltung im Zusammenhang mit Gott, für theologisch unmöglich und in der trinitarischen Gottesvorstellung für immer aufgehoben. Nichts Menschliches kann den Strom der göttlichen Liebe jemals aufhalten. Wir können das ewige Muster nicht stören, nicht einmal durch unsere schwerste Sünde.

Gott gewinnt immer, Gottes Liebe gewinnt immer. Liebe kann nicht verlieren, ebenso wenig wie Gott. Wir können die unablässig sich verströmende Kraft nicht aufhalten, die den göttlichen Tanz in Bewegung hält. Jegliches Denken in Kategorien wie „Urteil" oder „Strafe" wird, sobald man durch die Linse der Dreieinigkeit sieht, von Gottes Barmherzigkeit aufgehoben und in eine wiederherstellende Gerechtigkeit umgewandelt, wie sie alle großen und viele kleine Propheten lehren.

Die Offenbarung der Dreieinigkeit hätte alles verändern können, aber nur wenige Christen haben sich gestattet, diesen reinigenden Strom am eigenen Leib zu erfahren.

Die Beziehung ist der Motor

Warum hängen wir uns so an mathematischen Fragen auf? Auch auf die Gefahr hin, etwas abstrakt zu klingen, möchte ich Ihnen eine Erklärung für dieses Phänomen vorstellen: Wir verdanken einen Großteil unseres westlichen Denkens einem wunderbaren, genialen Mann namens Aristoteles. Erstaunlich, dass ein einzelner Mensch die Grundlage für so viele Strukturen des westlichen Denkens legen konnte!

Aristoteles lehrte, dass alle Dinge zehn verschiedene Eigenschaften besitzen. Ich werde sie nicht alle zehn auflisten, zwei reichen schon aus. Er nannte sie „Substanz" und „Beziehung". Substanz wird dadurch definiert, dass sie unabhängig von allem anderen ist. Ein Baum ist eine Substanz, während „Vater" eine Beziehung bezeichnet. Verstehen Sie?

„Sohn" bezeichnet ebenfalls eine Beziehung, „Stein" ist wieder Substanz. Für Aristoteles stand die Substanz ganz oben. Das ist typisch für das griechische Denken: Die Substanz ist unabhängig von allem anderen und kann für sich allein stehen. Es ist kein Adjektiv, sondern ein Substantiv – daher der Name. Substantive rangieren höher als Adjektive.

In seinen frühesten Traditionen im 2. und 3. Jahrhundert n. Chr. versuchte der Westen also auf Aristoteles aufzubauen, um zu beweisen, dass der Gott, den man inzwischen als einen dreieinigen Gott verstand, eine Substanz war. Wir wollten keinen vergänglichen alten Beziehungsgott. Wir wollten einen „substanziellen" Gott, der genauso gut und wichtig war wie all die anderen Götter. Dasselbe taten wir Katholiken übrigens mit unserer unglücklichen Definition der „Transsubstantiation" von Brot und Wein in der Messe.

Nun stellte sich Jesus aber uns Christen vor, indem er sich als Sohn des Vaters und doch eins mit dem Vater bezeichnet – ein klares Bekenntnis zur Beziehung. Was wir sind, das sind wir durch den Vater, sagt er.[31] Das ist unsere Bedeutung.

„Mein Selbst ist Gott, und ich kenne kein anderes Selbst als meinen Gott", hat die heilige Katharina von Genua gesagt.[32]

Wir sind keine unabhängige „Substanz", wir existieren nur in Beziehung. Doch diese Erkenntnis widerspricht eigentlich dem Denken unserer Kultur! Für das westliche Denken ist Beziehung immer nur die zweite oder dritte Wahl. „Wer will denn nur eine Beziehung sein? Ich will für mich allein stehen."

Leider hört es mit Aristoteles nicht auf. Der Hyperindividualismus hat seine Wurzeln tief in das westliche Christentum hineingegraben. Im 4. und 5. Jahrhundert kommt Augustinus dazu und beschreibt die Dreieinigkeit als Gott in drei Substanzen, die zu einer einzigen vereint werden. Im nächsten Jahrhundert heißt es, Gott sei eine Substanz, die zufällig drei Beziehungen eingeht. Thomas von Aquin erklärt im 13. Jahrhundert, Gott sei eine Substanz, aber (er kommt der Wahrheit ein ganzes Stück näher) die Beziehungen würden das Wesen dieser Substanz bilden.

Und damit sind wir bereit zu sagen, dass Gott keine Substanz im aristotelischen Sinne ist und auch nicht sein muss, also niemand, der unabhängig von allem anderen existiert, sondern dass Gott der Inbegriff von Beziehung selbst ist.

Erkennen Sie das? Haben Sie schon einmal jemanden getroffen, der auf Sie heilig gewirkt hat? Das sind immer Menschen, die in Beziehung bleiben können, koste es, was es wolle.

Psychopathische oder soziopathische Menschen sind immer außerstande, Beziehungen zu unterhalten und auszuhalten. Sie laufen vor Beziehungen weg. Normalerweise sind sie entweder Einzelgänger, oder sie sorgen dafür, dass jede Beziehung mit ihnen schwierig ist. Solche Leute kennen Sie sicher.

Ich habe einmal einen Psychiater kennengelernt, der mir etwas sagte, was ich zunächst für eine Übertreibung hielt. Er ist älter als ich, und er behauptete: „Richard, am Ende Ihres Lebens werden Sie erkennen, dass jeder einzelne psychisch kranke Mensch, mit dem Sie gearbeitet haben, vor allem einsam war."

„Na, das ist aber ein bisschen einfach gedacht, oder?", erwiderte ich.

„Nun, ich gebe zu, dass es für manche psychischen Störungen sicher auch körperliche Ursachen gibt, aber die Einsamkeit sorgt dafür, dass sie ausbrechen."

Ich habe diese Theorie mehreren befreundeten Psychiatern vorgelegt. Zunächst kam immer der gleiche Einwand wie mein eigener: „Ach, komm, das ist aber zu simpel." Aber wenn sie über diese erste Reaktion hinweg waren, stimmten sie mir zu: Jeder einzelne Fall von nicht körperlich verursachter psychischer Krankheit tritt bei Menschen auf, die getrennt, abgeschnitten, allein sind und vergessen haben, wie man in Beziehung lebt. Sie kennen keine Nähe und hungern nach Gemeinschaft.

Das ist wohl auch der Grund, warum Gott in den meisten von uns den Sexualtrieb so stark gemacht hat. Es ist ein Instinkt, der uns in seiner gesunden Ausprägung immer in Beziehung treibt. Denn wenn wir uns von anderen Menschen absondern, werden wir krank, gefährlich, sogar böse.

Und damit sind wir wieder bei der Dreieinigkeit angekommen. Wir können nun also sagen, dass Gott die ultimative Beziehung ist.

Ich würde sogar so weit gehen, Erlösung als die Bereitschaft, die Fähigkeit und den Willen zu beschreiben, in Beziehung zu bleiben.

Solange wir in Beziehung bleiben, wirkt der Heilige Geist. Deshalb tauchte Jesus in dieser Welt als nacktes, verletzliches Wesen auf – als hilfloses Baby, das vollkommen auf Beziehung angewiesen war, um zu überleben. Nackte Verletzlichkeit bedeutet auch: *Ich lasse mich von dir beeinflussen. Ich gestatte dir, mich zu verändern.*

Was ist die Alternative?

„Du kannst mich nicht ändern. – Du kannst mir nichts beibringen. – Ich weiß das schon. – Ich kenne alle Antworten."

Wenn wir anderen Menschen keine Macht über uns zugestehen, wenn wir sie abblocken, sind wir geistlich gesehen tot. Und dann sind wir nicht weit vom Bösen entfernt. Es dauert nicht lange, dann fangen wir an, Schlechtes zu tun. Nichts, was wir als böse bezeichnen oder an der Oberfläche unserer Aufmerksamkeit als böse erkennen würden. Aber ein gespaltenes Bewusstsein ist die Saat der beziehungslosen aristotelischen Unabhängigkeit, die in der westlichen Isolierung reife Früchte trägt. Wir werden zu uneingeschränkten Herrschern unserer immer mehr zusammenschrumpfenden Ego-Königreiche. In den hermetisch abgeschlossenen Behältern unseres Selbst verhungert das Mitgefühl, und irgendwann stirbt auch die Güte.

Was für ein Gegensatz zu Jesus, der zu einer dreieinigen Lebensweise einlädt: leben, lieben und miteinander in Beziehung sein – im Himmel wie auf der Erde.

Wir alle – nicht Sie oder ich als Einzelperson, sondern wir in unserer Gesamtheit – tragen die Dreieinigkeit in uns, die Notwendigkeit eines Lebens in absoluter Beziehung.

Wir nennen es Liebe.

Denn wir sind für die Liebe geschaffen, und ohne Liebe sterben wir sehr schnell. Und unsere eigene geistliche Tradition sagt uns, dass Liebe eine Person ist: Gott ist Liebe.[33]

Jetzt möchte ich Sie davon überzeugen, dass dieses Wesen, das wir Gott nennen, tatsächlich liebevoll ist. Das ist gar nicht so einfach. In meinen Jahrzehnten als Priester habe ich beobachtet, dass die große Mehrheit der Christen sich mehr oder weniger vor Gott fürchtet. Und nach meiner mittlerweile sehr reichen Erfahrung sind die meisten Christen nicht von Natur aus liebevoller als Leute mit einem anderen Glauben. Das denken wir nur! Diese Erkenntnis ist ziemlich enttäuschend, aber sie ist unvermeidlich, wenn Sie sich aus Furcht an diesen Gott binden und wenn Ihre Religion im Wesentlichen eine Brandversicherung für den Fall ist, dass die Sache mit dem Leben schiefgeht.

Wenn es so ist, dann sind Sie nicht Teil des Tanzes. Dann sind Sie nicht vertrauensvoll ins Bett Ihrer göttlichen Eltern gekrabbelt, um dort geborgen und warm zwischen ihnen zu schlafen.

Verstehen Sie, warum der Heilige Geist so oft als Taube oder Wind dargestellt wird? Beide kann man nicht leicht einfangen, nicht wahr?

Das Beste, was wir hinbekommen, sind Metaphern. Und ich sage es nicht zum ersten Mal: Religiöse Sprache ist immer metaphorisch, dessen müssen wir uns bewusst sein. Mehr können wir nicht tun. Wir sind wie Blinde, die den Bauch und die Beine eines Elefanten betasten und diesen Teil des Tieres, den sie erreichen können, mit ihrer ganzen Überzeugungskraft zu beschreiben versuchen.

Der Heilige Geist war immer am schwierigsten zu fassen. Das gibt selbst Jesus zu: Er ist wie der Wind, der weht, wo er will, sagt er.[34] Wir sollen nicht versuchen, den Geist zu kontrollieren, indem wir sagen, woher er kommt, wohin er geht und wer ihn „hat“. Gott „hat“ viele, die die Kirchen nicht haben. Und die Kirchen haben viele, die Gott nicht hat.

Mögen die Metaphern mit dir sein!

Die griechische Wurzel des Wortes „Metapher" bedeutet „hinübertragen". Es geht also darum, etwas von einem Ort zum anderen zu bringen. Das Paradoxe daran ist: Alle Metaphern hinken von Natur aus. Und doch tragen sie eine wichtige und dringend benötigte Last. Schauen Sie sich die Weisheit des kanadischen Autors Donald Braun an, der schreibt: „Was in der normalen Sprache klein gemacht wird, bekommt in der Subtilität der Metaphern den Respekt, der ihm zusteht."[35]

Die Metapher ist also die einzige sprachliche Möglichkeit, die uns zur Verfügung steht, wenn wir von Gott reden. Und das gilt ganz besonders, wenn wir es wagen, über das Geheimnis der Dreieinigkeit zu sprechen. Wir haben bereits metaphorisch den „Kreistanz" aufgebracht. Ein anderes Bild: Gott ist wie ein Gummiband.

Vor Jahren saß ich in einem Hotelzimmer und bereitete mich auf eine große Konferenz vor, bei der ich über das Leben Gottes als Trinität sprechen sollte. Schon damals sagte ich ungefähr das, was ich auch in diesem Buch schreibe. Bevor ich mein Zimmer verließ, betete ich: „Also gut, Gott, ich möchte etwas sagen, das wahr und auch faszinierend ist. Bitte sorg dafür, dass ich dem, was ich sagen will, nicht im Weg stehe."

Als ich mein Gebet beendet hatte, schaute ich auf den Fußboden, und dort, halb unter dem Bett verborgen, lag ein Gummiband auf dem ansonsten makellosen Teppich und starrte mich an. Eigentlich war das Zimmer an diesem Morgen schon gereinigt worden. Auch deshalb glaube ich, dass das Gummiband aus gutem Grund dalag. Ich verließ das Zimmer voller Zuversicht und in dem Wissen, dass ich eine neue und hilfreiche Metapher für das gefunden hatte, was ich sagen wollte.

Wenn man ein Gummiband auseinanderzieht, entsteht eine Zentrifugalkraft. Ich bewege meine Finger auseinander, und das Gummiband dehnt sich. Und schon entsteht eine Gegenbewegung: Das, was das Gummiband auseinandergezogen hat – in diesem Fall mein Daumen und mein Zeigefinger –, wird davon eingeschlossen. Und die sogenannte Zentripetalkraft zieht das, was innerhalb des Gummibandes liegt, zur Mitte zurück. Es ist eine zusammengehörende Bewegung: Sich ausdehnen und gleichzeitig zulassen, dass man wieder hereingezogen wird.

Denken Sie daran, im Neuen Testament wird noch nicht von der Dreieinigkeit gesprochen. Erst im 3. Jahrhundert prägte Tertullian, den man manchmal auch den Begründer der westlich-christlichen Theologie nennt, das lateinische Wort „Trinitas". Es bezeichnet eine „Dreiheit", eine „Dreifaltigkeit". In der Bibel findet sich das Wort nicht, und die Geschichte brauchte eine Weile, bis sie eine Bezeichnung für das schwer fassbare Gummiband fand.

Das heißt aber nicht, dass die Erfahrung als solche nicht von Beginn des Christentums an vorhanden war. Schon im Neuen Testament spricht Jesus seinen Gott an – also ganz offensichtlich jemand anderen als sich selbst. Und er bietet an, einen Teil seiner selbst und des Vaters mit uns zu teilen. Er nennt diesen Teil den *Geist*.

Vater, Sohn und Geist. *Wer ist wer?*, fragten sich unsere Vorfahren sicher. Jesus beschreibt das Hin- und Herfließen des Stroms als Atembewegung[36]. Auch dies ist eine sehr gute Metapher, zumal Atem und Geist im Hebräischen dieselbe Bezeichnung haben (*rûaḥ*). Der heilige Atem geht von Gott aus und wird Gott genannt.

Diese vielen Bezeichnungen für Gott waren für die Leser der Evangelien sehr verwirrend, und das hat sich bis heute nicht geändert. Ich staune, dass das früh entstandene Johannesevangelium so frei und scheinbar entspannt in diese Richtung weist, obwohl es von jüdischen Monotheisten für jüdische Monotheisten verfasst wurde. Woher kommt die geistliche Kühnheit, fast ohne Vorbilder so zu sprechen? Und mit so einer ruhigen Zuversicht? Dazu braucht es wohl eine tiefe innere Erfahrung des Beschriebenen.

Wir sehen, dass selbst Jesus Metaphern benutzt, um seine eigene innere Dynamik zu beschreiben. Wieder einmal sehen wir seinen natürlichen, liebenswerten Realitätssinn, den er an seine ersten Schüler und durch sie auch an uns weitergibt.

Ein gespiegeltes Universum

Wie wohl kaum etwas anderes ist alles authentische Wissen über Gott ein Wissen aus der Teilhabe heraus. Ich muss das so klar sagen, weil es sich dabei um eine ganz andere Art des Wissens handelt – und sie sollte die selbstverständliche, einzigartige und horizonterweiternde Art aller Gläubigen sein. Aber wir haben diese Art des Wissens in den Grabenkämpfen der Reformation und im Rationalismus der Aufklärung fast vollständig verloren. Am Ende sind daraus auf der Rechten der Fundamentalismus und auf der Linken der Atheismus oder Agnostizismus entstanden.

Doch keine dieser Richtungen weiß, wie man weiß! Wir haben unser einzigartiges Teleskop gegen ein sehr mangelhaftes Mikroskop eingetauscht.

Das göttliche Wissen – manche würden vielleicht von geistlicher Intuition sprechen – ist in Wirklichkeit die Erlaubnis an jemand anderen, in uns zu wissen, durch uns, für uns und sogar an unserer Stelle. Dazu ist etwas nötig, was ich als „Identitätstransplantation" bezeichne. Und das ist kein Esoterik-Kram. Johannes vom Kreuz, der angesehene Lehrer und Karmelitermönch aus dem 16. Jahrhundert, beschreibt diese „trinitarische Transplantation" etwa so:

> Man sollte es nicht für unmöglich halten, dass die Seele etwas so Erhabenes zuwege bringt wie das Atmen in Gott. Sie hat Teil an ihm, denn Gott atmet ja in ihr. Denn wenn wir davon ausgehen, dass Gott der Seele die Gnade der Vereinigung mit der Heiligen Dreifaltigkeit erweist, in der sie durch ihre Teilhabe gottförmig und gottähnlich wird, dann sollten wir auch glauben können, dass sie die Dreifaltigkeit versteht, kennt und liebt. Oder besser, dass dies in ihr geschieht, in der Dreifaltigkeit, gemeinsam mit ihr, wie es die Dreifaltigkeit selbst tut. Dies alles erreicht Gott in der Seele durch Mitteilung und Teilhabe. In den drei Personen findet eine Transformation in Kraft und Weisheit und Liebe statt, und deshalb wird die Seele durch diese Transformation

> Gott ähnlich. Er hat sie nach seinem Bild erschaffen, damit sie diese Ähnlichkeit erlangt.[37]

Ein solches Wissen bläht das Ego nicht auf, sondern macht es auf eine besonders schöne Weise demütig und lehrt uns Geduld, denn selbst das kleinste Stückchen geistlichen Wissens reicht längst aus. Lesen Sie beispielsweise Paulus' *Sermo Sapientiae* im 1. Korintherbrief (1,17-2,16), wenn Sie einmal eine meisterhafte Wiedergabe dieses alternativen Wissenswegs kennenlernen wollen. Er zeigt hier, warum die Geistesgaben zwischen Wissen und Weisheit unterscheiden[38], so sehr die meisten von uns auch glauben mögen, es handele sich um ein und dieselbe Sache. Geistliches Wissen wird oft „Weisheit" genannt und es muss klar abgegrenzt werden von korrekten Informationen oder Faktenwissen.

Mit anderen Worten: Wir können Gott und damit auch die Dreieinigkeit nicht so „wissen", wie wir irgendetwas anderes kennen: eine Maschine, eine Idee, einen Baum … lauter Dinge, die wir zum Objekt machen können. Wir betrachten Objekte, wir beurteilen sie aus der Distanz unseres Verstandes, wir trennen ihre Teile voneinander ab und glauben, wenn wir die Teile verstehen, können wir auch das Ganze verstehen. Aber göttliche Dinge können niemals in dieser Weise „objektiviert" werden. Sie können nur „subjektiviert" werden, indem wir eins mit ihnen werden! Wenn weder Sie noch der andere als Objekt behandelt werden, wenn vielmehr beide in einer Ich-Du-Beziehung gegenseitiger Bewunderung leben, dann entsteht geistliches Wissen[39]. Manche sprechen auch von „kontemplativem Wissen".

Ein solches Wissen nimmt die Dinge intuitiv ganzheitlich wahr, auf allen Ebenen der Verbindung und Bedeutung und des Platzes im großen Ganzen. Die kontemplative Antwort auf jeden Moment ist also immer Wertschätzung und selbstverständlicher Re-spekt (in der wörtlichen Bedeutung: *zweiter Blick* oder *Rückblick*), weil ich selbst ein Teil dessen bin, was ich zu sehen versuche. Unser erster, praktischer Blick auf die meisten Dinge nimmt nur stückweise wahr und entbehrt diesen Respekt. Er ist noch kein kontemplatives

Wissen. Wenn Sie die Dinge kontemplativ sehen, dann wird alles im Universum zum Spiegel! Wie ernst ich das meine, wird im Weiteren noch klar werden.

Halten Sie diesen Gedanken gut fest, liebe Leser, denn das Ursprungsmysterium der Dreieinigkeit benennt und initiiert diesen Prozess des Spiegelns und macht es möglich, dass wir alles Nötige durch Reflexion erfahren.[40] Wir erkennen die Dinge in ihrer ganzen Tiefe und Schönheit nur durch den zweiten, liebevollen Blick.

Halten Sie diese zentrale Metapher der Spiegelung fest, während wir weiterdenken. Ein Spiegel empfängt ein Bild und wirft es getreulich zurück. So kann ich auch mich selbst sehen. Es kommt nur darauf an, den richtigen Spiegel zu finden, der das Bild mit Ehrlichkeit und Tiefe zurückgibt. Alles Personsein wird in diesem Prozess erschaffen, und unsere Aufgabe besteht darin, immer in der Spiegelung zu bleiben.

Das entspricht fast zu hundert Prozent dem, was der Psychoanalytiker Heinz Kohut meint, wenn er von „Selbstpsychologie" spricht.[41] Theologisch und geistlich gilt diese Wahrheit auch. Unsere Aufgabe ist es, das innere Bild wahrhaftig zu empfangen und zu spiegeln, das uns übermittelt wird. Und zwar so lange, bis wir allmählich zu dem Bild werden, das wir spiegeln[42], wie es der Apostel Paulus ausdrückt.

Damit ist die gesamte geistliche Reise in einem Satz zusammengefasst. Alle Liebe, Güte und Heiligkeit ist ein gespiegeltes Geschenk. Wir nehmen die Dinge in uns auf, indem wir sie voller Ehrfurcht betrachten, und so schließt sich der Kreis der Liebe. Denn genau auf diese Weise sieht uns die Schöpfung ihrerseits an. Das innere Leben der Dreieinigkeit wird zum äußeren Leben der gesamten Schöpfung. Und das ist einfach gut.

Es geht um eine Erweiterung unserer Wahrnehmung und unserer Ehrfurcht vor dem Geheimnis der Inkarnation, der Fleischwerdung des Göttlichen, bis eines Tages, wie es Augustinus so schockierend formuliert, nur noch „ein Christus sein (wird), der sich selbst liebt."[43] Und natürlich stützt er sich dabei auf Paulus: „Es gibt nur einen Christus. Er ist alles und er ist in allem."[44]

Jesus Christus ist die universale Verkörperung all dessen, was viele von uns vom ersten Moment so sehr zu ihm hingezogen hat. Aber das wäre Stoff für ein eigenes Buch[45], und ich greife vor. Ich möchte aber, dass Sie wissen, wohin alles geht und woher es kommt. Die göttliche Spiegelung wird niemals enden, sie ist der Vorgang, durch den die Veränderung angestoßen und zur Erfüllung gebracht wird.

Aber wir müssen lernen, dieses Gesetz der vollkommenen Freiheit anzuschauen und uns zur Gewohnheit zu machen, wie Jakobus es so wunderbar erspürt.[46]

Jesus geht aus dem unendlichen Leben der Dreieinigkeit hervor. Er lädt uns ein zu diesem unendlich empfangenden Blick und schließt uns darin ein, sodass wir daran teilhaben können[47], weil eine Objektivierung Gottes niemals möglich ist. Es gibt nur die Spiegelung, und wir können uns selbst nur erkennen und sehen, wenn wir in den Spiegel schauen. Deshalb ist es so wichtig, einen gut geputzten Spiegel zu besitzen: damit wir Gott in uns sehen und reflektieren können. Ja, eine saubere Theologie und ein gutes Gottesbild sind wichtig!

Und dürfen wir wagen zu glauben, dass Gott ein Stück von sich in neuer Gestalt gespiegelt sieht, wenn er uns anschaut? Das wäre ein legitimer Schluss.

Gespiegeltes Wissen ist kein „logisches", sondern reflektiertes und empfangenes Wissen. Deshalb ist es so schwierig, einem Menschen Gott zu beweisen oder Liebe zu beweisen, wenn er nicht selbst schon Empfänger gewesen ist. Tatsächlich ist es fast unmöglich. Erinnern Sie sich, wie Moses Gesicht leuchtete, als er den Blick Gottes empfangen hatte und mit Wahrhaftigkeit und Liebe angesehen worden war?[48] Und doch verschleierte er sein Gesicht, als er seinem Volk gegenübertrat. Das ist ein großes Symbol. Alle Menschen müssen als sie selbst und für sich selbst angesehen werden und den Blick Gottes ganz persönlich empfangen. Es reicht nicht, sich auf das Sehen oder Gesehenwerden eines anderen zu verlassen.

An drei Stellen erwähnt die Bibel, dass Mose der Einzige war, der YHWH „von Angesicht" kannte.[49] Dies sind die ersten Berichte göttlicher Offenbarung in der biblischen Tradition, und was da geschieht, ist eine persönliche Begegnung, eine Spiegelung. Das Bild wird auf Mose übertragen, und er verbringt den Rest seines Lebens damit, dem wandernden Volk Israel diese Spiegelung zu vermitteln – mit mäßigem Erfolg. Menschen bevorzugen Gesetze und beruhigende, sich wiederholende Rituale. Wahre Spiegelung muss nur einmal empfangen und erkannt werden – dieses eine Mal genügt, um einen Menschen für immer zu verändern. Aber sie vertieft sich, wenn wir immer wieder hinschauen, es uns zur Gewohnheit machen, wie Jakobus sagt. Was er damit formuliert ist das Herzstück des Gebets.

Es ist sehr schwierig, über geistliche Dinge auf ganz und gar objektive und äußerliche Weise zu sprechen. Es ist auch sehr schwierig, über innere Erfahrungen zu sprechen, denn ganz ehrlich: Wenn Sie es nicht erlebt haben, dann haben Sie es nicht erlebt. Wenn Sie kein Bedürfnis verspüren, andere zu spiegeln, dann sind Sie vielleicht selbst noch nicht richtig gespiegelt worden. Und der göttliche Spiegel entspricht dem, was Jakobus „das vollkommene Gesetz der Freiheit“[50] nennt, weil er uns mit einer totalen befreienden Liebe und Annahme spiegelt.

Vielleicht die größte Schwäche aller institutionalisierten Religion ist die Tatsache, dass wir den Leuten den Eindruck vermitteln, der Papst oder irgendwelche Experten oder die Bibel könnten irgendetwas für uns wissen. Wir tun so, als könnte es so etwas wie Wissen aus zweiter Hand über heilige Dinge geben. Als könnten wir das Heilige erfassen, wenn jemand anderer uns sagt, dass es wahr ist. Wenn wir so denken, wird Gott zu einem äußeren „Ding“ und bleibt „da draußen“, weit entfernt von den Erfahrungen der Seele und des Herzens, selbst des Verstands. Aber Gott hat keine Enkel. Er hat nur Kinder.

Wir haben versucht, Gott durch objektiviertes Wissen kennenzulernen, und das Ergebnis ist eine langweilige Schwarzweiß-Kopie, weil wir nicht selbst beteiligt sind. Alles, was geschieht, geschieht buchstäblich außerhalb und jenseits von uns. So sieht es in der organisierten Religion aus.

Tatsache ist aber: Menschen begeistern sich nur für etwas, was sie in irgendeiner Weise einschließt. Das weiß Gott, und deshalb schließt er uns in sein eigenes Wissen ein – indem er den Heiligen Geist in uns hineingibt, den inneren Wissenden, der uns an alles erinnert.[51] Erinnern kann man sich nur an etwas, was man schon einmal im Inneren wusste. Eine ganz andere Form von Begreifen, Verinnerlichen, wird uns hier gegeben.

Es wird aber noch besser: Wir kennen uns selbst und nehmen uns an, so wie wir Gott kennen und annehmen. Indem wir uns Gott hingeben, nehmen wir gleichzeitig unser bestes, vollständigstes Selbst an. Was für ein Lohn! Was für ein wahrhaft heiliger Austausch! Und das alles vollzieht sich im Vorgang des Spiegelns. Auf der psychologischen Ebene entspricht das der „Rücknahme des Selbst", von der Heinz Kohut spricht.[52]

Die Lehre von der Dreieinigkeit sagt uns, dass es letztlich nur um das teilhabende Wissen geht, nicht um rationales Verständnis, das ja nur eine sehr eingeschränkte Form des Wissens darstellt. Gott – und damit durch eine ungeheuer wichtige Erweiterung auch der Mensch – kann niemals objektiviert werden. Tatsächlich weigert sich Gott, ein Objekt unseres Denkens zu werden. Wie Johannes vom Kreuz so oft betonte: *Gott will nicht gewusst, sondern geliebt werden.*[53]

Und das lenkt unseren Blick auf den traurigen Kuhhandel, auf den sich die meisten Gläubigen im Westen eingelassen haben: Die Naturwissenschaft eröffnet uns das große Gebiet objektiven und hilfreichen Wissens; die Religion taugt nur für das kleinere, subjektive Gebiet persönlich bedeutungsvoller Weisheit. Cynthia Bourgeault, die in unserer *Living School* im *Center for Action and Contemplation* unterrichtet, spricht von „crazy-making", verrückter Verdrehung.[54] Wir beide sind uns einig, dass hier ein Grund für die Blutleere und Spaltung des Christentums liegt, das jede Menge Fundamentalisten und Agnostiker innerhalb der Kirche hervorbringt – und felsenfest überzeugte Atheisten außerhalb der Kirche. Was für eine Schande und was für ein Verlust! Tatsächlich könnte uns echte Spiritualität ein weites Feld eröffnen, aber es scheint, als hätte sich ein großer Teil unserer Religionen immer noch nicht über die Ebene des Stammesdenkens hinausgewagt. Vielleicht fehlt uns einfach Dreieinigkeit!

Gott kann nur geliebt und genossen werden, und daraus ergibt sich ironischerweise eine ganz eigene neue Art des Wissens. Diese Erkenntnis ist absolut zentral und entscheidend.

Wenn aber nun das Wesen dieses Gottes eine Zentrifugalkraft ist, die nach außen wirkt und dann wieder zur Zentripetalkraft wird und alles nach innen zieht (siehe das Bild des Gummibandes und des Spiegels), dann haben wir alles Recht der Welt, eine *Familienähnlichkeit* zwischen uns und allem anderen zu vermuten. Die Dreieinigkeit erlaubt uns, unsere naturwissenschaftlichen und spirituellen Umlaufbahnen endlich zusammenzuführen, und es wird Zeit, dass wir das erkennen, bevor die Spaltung noch größer oder gar unüberbrückbar wird.

Wenn ein liebender Schöpfer die ganze Sache begonnen hat, dann muss es eine genetische Verbindung geben zwischen dem Schöpfer und der Schöpfung. Eine der vielen wunderbaren Sachen, die die Naturwissenschaftler entdecken, wenn sie ihre Beobachtungen durch das Mikroskop und durch das Teleskop vergleichen, ist zum Beispiel, dass das Muster der Neutronen, Protonen und Atome dem der Planeten, Sterne und Milchstraßen gleicht. Beide bewegen sich in Umlaufbahnen, und alles ist mit allem verbunden. Wir wissen, dass dies auch in der Biologie der Fall ist, wie Robert Lanzas Arbeit über Biozentrismus so schön demonstriert: „Das Universum wird vom Leben erschaffen, nicht andersherum."[55] Alles, absolut alles beruht auf dem Strom des Lebens.

Es gibt eine Ähnlichkeit zwischen den angenommenen entgegengesetzten Polen des Universums, dem Göttlichen und dem Menschlichen. Das haben wir erwartet: „Lasst *uns* ihn zu *unserem* Ebenbild erschaffen", sagt der Schöpfer in der Genesis.[56] Und die hebräische Sprache verwendet diesen Plural aus gutem Grund.

Die jüdische Intuition war dieser Erkenntnis von Anfang an auf der Spur. Es gab noch keine naturwissenschaftlichen Beweise, es war nur eine Weltsicht. Aber geistliche Intuition hat fast immer auf irgendeiner Ebene recht. Erst wenn wir sie aufschreiben und hölzern, mechanisch und fundamentalistisch machen, verliert sie ihren Fluss. Und im Fluss liegt nun mal das Leben.

Was eine göttliche Flutwelle hätte sein können, haben wir in einen statischen Teilchengott verwandelt. Und diese Erstarrung hat dafür gesorgt, dass eine ganze Reihe von christlichen Dogmen so wirken, als glaubten wir an Magie – eine Transaktion und nur für einige Wenige anwendbar. Unsere „gute Nachricht" ist nicht mehr katholisch im Sinne von „gültig für alle", sondern nur noch eine ethnische, kulturelle und sehr erdgebundene Wahrheit.

Wir haben einiges aufzuholen.

Die Energie im Universum liegt nicht in den Planeten, in den Protonen oder Neutronen, sondern in der *Beziehung zwischen ihnen*. Nicht in den Teilchen, sondern im Raum dazwischen. Nicht in den Zellen eines Organismus, sondern in der Art und Weise, wie die Zellen sich gegenseitig ernähren und miteinander kommunizieren. Nicht in einer präzisen Definition der drei Personen der Dreieinigkeit, sondern in der Beziehung zwischen den dreien. Dort ist die Kraft für unendliche Erneuerung am Werk:

Die liebende Beziehung zueinander.
Die unendliche Liebe füreinander.
Der Tanz miteinander.

Mit anderen Worten: Unser gesamtes Universum beruht auf Beziehung. Wenn wir an irgendeinem Punkt versuchen, den Strom aufzuhalten, der sich durch uns, mit uns und in uns bewegt[57], dann fallen wir tatsächlich in Sünde. Und dabei geht es um einen Grundzustand, nicht um ein momentanes Verhalten.

Sünde ist ein Zustand, in dem wir geschlossen, verschlossen, blockiert sind und uns deshalb dem ewigen Strom verweigern, der doch unsere eigentliche Bestimmung ist. Durch ein verhärtetes Herz oder einen kalten Geist, durch den Hass, der uns entzweit, schneiden wir uns von dem Strom ab. Das ist der Grund, warum Jesus die religiösen Anführer kritisiert, die die Ehebrecherin verurteilen wollen. Tatsächlich kritisiert er sie viel mehr als die Frau selbst. Die Worte Jesu an die mordlüsternen religiösen Erbsenzähler im 8. Kapitel des Johannesevangeliums repräsentieren eine allgemeine Kritik an allem Steinewerfen und verorten Sünde dort, wo wir sie eher nicht sehen wollen.

Der göttliche Strom fließt von innen nach außen und wieder zurück, oder er fließt gar nicht. Das Gesetz der Strömung ist sehr einfach. Jesus formuliert es immer wieder neu, beispielsweise wenn er sagt: „Selig sind die Barmherzigen, denn sie werden Barmherzigkeit erlangen."[58]

Sünde ist immer eine Verweigerung der Gemeinsamkeit, ein Verharren in der Abtrennung. In C. S. Lewis' Klassiker *Die große Scheidung* ruft die Seele in der Hölle: „Ich will keine Hilfe, ich will in Ruhe gelassen werden!"[59] Sobald wir uns der Gegenseitigkeit verweigern … sobald wir nicht zulassen, dass unsere innere Verbindung uns führt … sobald wir nicht mehr auf Empfangen und Geben eingestellt sind … immer dann fehlt der Heilige Geist in unserem Leben.

Und dies ist dann tatsächlich eine „Sünde gegen den Heiligen Geist", die „nicht vergeben werden kann"[60], und zwar, weil sie ganz anders aussieht als all die hässlichen Kleinigkeiten, die Vergebung nötig haben. Deshalb denken wir in diesem Zusammenhang auch nicht mehr an Vergebung, sondern sitzen selbstgefällig in unserer bequemen Ecke. Das wahre Böse, die wahre Sünde maskiert sich sehr gründlich, um überleben zu können. Abtrennung sieht meist nicht nach Sünde aus, sondern ähnelt oft eher Anstand und angemessenem Anerkennen von Grenzen. „Ich habe doch das Recht, mich aufzuregen!", sagt die selbstgerechte Seele. Niemand hat je unsere Freundlichkeit „verdient". Tatsächlich wird sie gerade deshalb zur Freundlichkeit, weil sie sich diese alberne Frage gar nicht erst stellt.

Verletzlichkeit

Haben Sie jemals darüber nachgedacht, dass das, was wir „Verletzlichkeit" nennen, der Schlüssel zum Wachstum sein könnte? Nach meiner Erfahrung sind in einem gesunden Maß verletzliche Menschen immer auf der Suche nach Möglichkeiten der Erweiterung, der Veränderung und des Wachstums. Es ist riskant, ohne Schutzwall und in ständiger Offenheit zu leben, denn das heißt, andere könnten uns tatsächlich verletzen. Doch nur wenn wir uns dazu entschließen, dieses Risiko einzugehen, lassen wir auch das Gegenteil zu: dass wir beschenkt, befreit und sogar geliebt werden.

Aber es fühlt sich immer riskant an. Immer.

Wenn wir ständig ein solches verletzliches Leben führen können – das Leben, das wir in Gott gespiegelt sehen, der als drei Personen beschrieben wird, die ständig geben, sich entäußern und empfangen –, dann wirkt jene Zentrifugalkraft, die durch uns, aus uns heraus und über uns hinaus fließt. In der Dreieinigkeit wird ein geistliches Leben ganz einfach zur „Nachahmung Gottes"[61], so unmöglich das klingt, wenn wir unsere normale Achtsamkeit und Durchhaltekraft zum Maßstab nehmen.

So also sieht das Wirken des Heiligen Geistes aus: Er lässt uns wachsen und hält uns verletzlich. Für das Leben und die Liebe. Bezeichnend dabei ist, dass die wichtigsten biblischen Metaphern für den Heiligen Geist immer dynamisch, energisch und beweglich sind: Wind, Taube, Feuer, Wasser. Vom Geist geleitete Menschen hören nie auf zu wachsen, sich zu verändern und neue Gelegenheiten zu erkennen. Seltsam, dass ein so großer Teil unserer Religion in der Verehrung des status quo verharrt – bis wir erkennen, dass unser Ego nichts so sehr hasst und fürchtet wie Veränderung.

Aber wie sieht dann der Weg zur Heiligkeit aus? Es ist derselbe Weg wie der zur Ganzheitlichkeit. Und wir sind nie am Ziel. Wir sind immer im Fluss.

Versuchen Sie nicht, den Fluss zu drängen oder zu zwingen. Er geschieht schon, Sie können ihn ohnehin nicht aufhalten. Sie können ihn nur erkennen, genießen und zulassen, dass er Sie trägt und mitnimmt.

Und die große Überraschung und für einige auch die große Enttäuschung ist: Dieser Fluss hat nur sehr wenig mit uns zu tun. Wie der leider verstorbene irische Dichter und Priester John O' Donohue sagt:

> Ich würde gern leben,
> wie ein Fluss fließt,
> getragen von der Überraschung
> der eigenen Entfaltung.[62]

Der Fluss hat nichts mit Perfektion zu tun. Auch nicht zwingend damit, dass Sie recht haben. Es geht nicht darum, zur richtigen Gruppe zu gehören. Sie müssen ihn nicht mal verstehen. Wie könnten Sie das? Sie haben sicher schon bemerkt, dass Jesus keine Checkliste abhakt, bevor er jemanden heilt. Er fragt nur: „Lässt du zu, dass ich dich berühre? Wenn ja, dann kann es losgehen."

Die Berührbaren werden geheilt. So einfach ist das. Es gibt keinen Test, ob wir alle Lehrmeinungen verstehen und teilen. Es gibt auch keinen Moraltest. Niemand überprüft, ob wir schwul, Juden oder getauft sind. Oder zum wievielten Mal wir verheiratet sind. Es gibt nur eine Frage: *Willst du geheilt werden?*

Wenn die Antwort verletzlich, vertrauensvoll oder zuversichtlich ist, dann fließt der Fluss und der Mensch wird geheilt. Versuchen Sie das zu widerlegen!

Und ob Sie es glauben oder nicht: Es ist viel schwieriger, diese Berührung zuzulassen und sich dem Fluss hinzugeben, als einen festen moralischen Standpunkt zu der einen oder anderen Sache zu haben oder Lehrmeinungen über dies und das zu glauben. Deshalb verlassen sich so viele Menschen auf diese Dinge, statt einfach voller Vertrauen im verletzlichen Fluss des Lebens zu bleiben.

Die Weisheit der Schwäche

Lassen Sie uns noch einen Moment bei der Verletzlichkeit bleiben und letztlich auch bei ihrem weniger schmeichelhaften Synonym: der Schwäche.

„Schwach“ möchten wir alle nicht sein, und doch assoziiert der Apostel Paulus Gott mit Schwäche. Er sagt: „Gottes Schwäche ist stärker als alle menschliche Stärke.“[63] Wie kann Gott schwach sein? Das ist neu.

Wir können ruhig zugeben, dass wir Stärke und Bedeutung bewundern. Wir schätzen Eigenständigkeit, Durchsetzungsfähigkeit, Menschen, die sich aus eigener Kraft hervorgearbeitet haben. Diese „Schwäche Gottes“, wie Paulus sie nennt, bewundern wir jedenfalls nicht. Und wir wollen sie auch nicht imitieren.

Vielleicht begründet das ein Stück weit unseren Widerstand gegen das Geheimnis der Dreieinigkeit.

Menschliche Stärke würde ich als Selbstgenügsamkeit beschreiben.

Gottes Schwäche beschreibe ich als Inter-Sein. Inter-Sein ist eine andere Art, im Leben zu stehen, als die Art des Selfmade-Menschen. Menschliche Stärke bewundert das Durchhalten. Das ist nicht ganz falsch, es hat durchaus positive Seiten. Die Ironie daran ist nur, dass es bei diesem Mysterium viel mehr um Loslassen geht, was zugegebenermaßen ziemlich nach Schwäche aussieht. Jedenfalls nicht nach Stärke.

Und so ist das Geheimnis der Dreieinigkeit uns fast ein wenig peinlich. Vielleicht haben wir uns deshalb noch nicht näher damit beschäftigt.

Menschliche Stärke bewundert Autonomie – Gottes Geheimnis beruht auf Gemeinsamkeit.

Wir schätzen Kontrolle – Gott, so scheint es, liebt die Verletzlichkeit.

Wenn Jesus das Ebenbild Gottes ist, dann lässt sich Gott viel eher als „absolute Verletzlichkeit zwischen drei Personen“ beschreiben denn als „der eine Allmächtige“. Trotzdem beginnen unglaublich viele christliche Gebete mit irgendeiner Form von „Allmächtiger Gott“. Wenn wir in das Geheimnis der Dreieinigkeit eintauchen, dann müssen wir auch vom „allverletzlichen Gott“ sprechen.

Leider wird Verletzlichkeit in unserer Kultur nun mal nicht anerkannt, obwohl Brené Browns Bücher so beliebt sind[64]. Würde ein verletzlicher Kandidat zum US-Präsidenten gewählt werden? Sehr zweifelhaft. Der Normalfall scheint doch zu sein, dass man klüger erscheinen muss, als man ist. Aus irgendeinem Grund beeindruckt uns das. Wenn wir nicht in Berührung mit unserer eigenen Verletzlichkeit sind, dann versuchen wir, wenigstens nach außen unverwundbar zu scheinen. Das gilt vor allem für Männer; viele Jahre mit Initiationsriten für Männer haben mich das gelehrt.[65]

Menschliche Stärke will eine klare Vorstellung von Identität und Autonomie fördern, projizieren und schützen, kein Inter-Sein und auch kein tiefes Gesehenwerden.

„Ich weiß, wer ich bin“, sagen wir gerne. Dabei haben wir doch Vater, Sohn und Heiligen Geist, die aus einer Identität leben, die einer durch den jeweils anderen empfängt: „Ich bin Sohn nur in Beziehung zum Vater, und er gibt mir mein Sein.“

Wir bewundern es, wenn jemand niemand anderen braucht. Die Dreieinigkeit jedoch bewundert offenbar die Bedürftigkeit.

Eine Bedürftigkeit nach allem – vollkommene Gemeinschaft mit allen Dingen und allem Sein, wenn auch vielleicht nur im metaphorischen Sinne. Wir sind darin geübt, uns zu verstecken und zu schützen. Wir spielen nicht mit offenen Karten. Gott jedoch scheint vollkommene Offenlegung zu feiern.

Menschliche Stärke definiert sich durch das Ziehen von Grenzen. Gott, so scheint es, ist damit beschäftigt, Grenzen aufzulösen. Wir begeben uns also mitten in ein Paradoxon hinein: Drei ist eins, und was eins ist, ist drei. Wir können das nicht lösen, und so verwechseln wir Einheit mit Einheitlichkeit.

Gott erschafft Diversität und lässt sie zu. Endlos. Man muss nur die Tierwelt anschauen, die Unterwasserwelt, all die verborgenen kleinen Insekten oder auch einfach nur die Menschen in einem Supermarkt.

Gott liebt die Unterschiedlichkeit, das ist eindeutig. Die Schöpfung liefert keinen einzigen Beweis dafür, dass Gott Uniformität schätzt. Wir Menschen stehen darauf, weil sie dem Ego ein Gefühl von Kontrolle gibt. Ein falsches Gefühl. Und so verwechseln wir ständig Einheitlichkeit und Einheit, Gehorsam und Liebe, Konformität und Loyalität unserer tiefsten Identität gegenüber – die viel mehr Zuversicht und Mut verlangen würde.

Das Geheimnis, von dem wir reden, ist Diversität. Die Drei sind verschieden, unterschiedlich, individuell. Und doch sind sie eins. Was ist dran an dieser Diversität, die so wichtig ist für die DNA der Dreieinigkeit? Lesen Sie weiter.

Die Freuden der Diversität

Fast am schönsten an der Anrede Gottes als Vater, Sohn und Heiliger Geist finde ich die Bestätigung, dass es eine der Dreieinigkeit innewohnende Pluralität der Güte gibt. Halten Sie diesen Gedanken mal einen Moment fest.

Güte hat nichts mit Gleichförmigkeit zu tun. Güte braucht, um Güte zu sein, sogar Kontrast und Spannung, keine Uniformität. Wenn Vater, Sohn und Heiliger Geist alle Gott sind und doch ganz klar unterschiedlich, und wenn wir diese Unterscheidung begrüßen, wenn wir aller Versuchung widerstehen, sie zu einem amorphen Brei zu vermischen, dann gibt es mindestens drei Formen purer Güte. Und vermutlich noch viel mehr.

Gottes Ziel, so scheint es mir, ist immer noch dasselbe wie in der Schöpfung. Es geht um die Erschaffung von *Personen*, nicht um einen uniformen Mob. Es gibt klare Diversität und eine Art „offenes Ende" in der gesamten Natur. Diversität ist das Wesen der Schöpfung. Mit anderen Worten: Der Himmel ist genau das Gegenteil von uniform. Weil wir die Dreieinigkeit nicht in Ehren gehalten haben, waren so viele Christen vollkommen unvorbereitet auf jede Vorstellung der Evolution und haben reflexartig mit Ablehnung darauf reagiert. Und schon haben wir wieder viele mögliche Gläubige in den Atheismus getrieben.

Als ich noch jünger war, habe ich mir über die Diversität des Himmels nicht viele Gedanken gemacht. Ich dachte, wir würden alle dermaleinst dasselbe weiße Gewand und dieselbe Standard-Harfe in die Hand gedrückt bekommen. Und dann würde man uns eine Wolke zuweisen, auf der wir die Ewigkeit verbringen würden.

Aber jetzt kommt Jesus und zerstört diesen scheußlich uniformen „McHeaven". Er sagt uns: „Im Haus meines Vaters sind viele Wohnungen."[66]

Welch ein Kontrast! Selbst in der Ewigkeit sind wir immer noch ganz wir selbst, auf dem Weg, auf dem Gott uns führt, auf unserer ganz persönlichen Reise, mit den speziellen Lasten, die wir tragen. Aus alledem setzt sich die einzigartige Alchemie unserer Seele zusammen, unsere persönliche Heiligkeit und unsere individuelle Reaktion auf die Anforderungen des Weges. Auch in der ewigen Seite des Lebens entdecken wir, dass Gott nur eins von uns will: uns.

Es ist so demütigend, weil es sich immer so anfühlt, als wäre es nicht genug, nicht wahr?

„Ich möchte sein wie der heilige Franziskus", sagte ich in meinem ersten Jahrzehnt als Franziskaner immer wieder zu meinem geistlichen Begleiter.

Irgendwann sagte er: „Ehrlich, Richard, du bist nicht Franz von Assisi, und du wirst es auch nie sein. Du bist ihm nicht einmal entfernt ähnlich, verstehst du? Du bist nun mal leider Richard Rohr aus Kansas."

Und ich dachte: *Das klingt nicht so dramatisch oder aufregend.* Bis ich irgendwann begriff: Alles, was Gott will, ist Richard aus Kansas.

Aber ich habe keine Ahnung, wie ich dir das geben soll, Gott!

Es fühlt sich so unbedeutend an, aber das ist das große, befreiende Geheimnis: *Ich bin das Geschenk, das Gott sich wünscht.*

Er wünscht sich nichts mehr als meine vollständige, demütige Hingabe. Es besteht eine Einheit zwischen dem Weg, den wir einschlagen, und dem Ziel, das wir am Ende erreichen. Heilige sind nicht gleichförmig, sondern Unikate der Gnade, gebildet auf dem ganz persönlichen Weg, auf dem Gott sie geführt hat.

So sieht Gottes großes Risiko der Freiheit aus. Er gestattet uns die Freiheit, unser eigenes Ding zu machen. Der Skandal der Gnade besteht darin, dass Gott – Selbstentäußerung! – sogar die Fehler und losen Fäden zu unseren Gunsten nutzt. Das ist die ultimative Kehrtwende der Liebe: Jeder von uns hat seine eigene, frei erschaffene, von Gnade geformte Schönheit. Dichter und Dramatiker sprechen in diesem Zusammenhang oft von „tragischer Schönheit".

Fühlen Sie sich deswegen nicht schlecht. Schauen Sie auf das Kreuz.

Ist das nicht tragische Schönheit? Sind wir nicht auch so? Wir kommen auf dem Weg der Tragödie zu Gott. Nicht indem wir alles richtig machen, sondern ausnahmslos, indem wir etwas falsch machen. Das ist das große Geschenk. Wir lernen so viel mehr aus unseren Fehlern als aus unseren Erfolgen!

Wenn ich die Initiationsriten mit Männern durchführe, sage ich ihnen in der letzten Nacht, dass Erfolg uns geistlich nichts, absolut nichts lehren kann, wenn wir erst einmal über 30 sind. Er fühlt sich nur noch gut an, das ist alles. In meinem Alter – ich bin ja inzwischen über 70 – lernt man nur noch durch Scheitern, Demütigung und Leid. Durch Dinge, die auseinanderfallen. Auflösung ist der einzige Weg, der der Seele erlaubt, an einen tieferen Ort zu gehen.

Wie kann ich das sagen und nicht befürchten, dass Sie mich einen billigen Humanisten nennen? Wie kann ich wissen, dass dieser Don-Quichoteske, mäandernde Charakter der Heiligkeit nicht nur meinem Wunschdenken entspringt?

Weil es die Dreieinigkeit gibt. Sie offenbart ein Muster vollkommener Freiheit in einer Beziehung, in der jede Person der anderen erlaubt, sie selbst zu sein, und doch ganz und gar in der Hingabe aneinander bleibt, unter totaler Beibehaltung ihrer Andersartigkeit.

Der Franziskanergelehrte Ilia Delio fragt, ob wir unser ganzes Verständnis von Gott, der Freiheit und der Beziehung vollkommen neu und trinitarisch denken können:

> Können wir die Dreieinigkeit als unendlichen Offenbarungsprozess verstehen? In dieser Hinsicht steht Veränderung nicht im Widerspruch zu Gott, sondern gehört zu Gott. Weil Gott Liebe ist und Liebe sich ständig selbst überschreitet auf dem Weg zu einer neuen Einheit… Das dynamische Leben der Dreieinigkeit als immer neue Liebe bedeutet, dass jede göttliche Beziehung ein Neuanfang ist, weil jede göttliche Person ein transzendenter Horizont der Liebe ist. Sein ist Transzendenz in Liebe, und Gottes Sein in der Liebe ist ewig frei. [67]

Hier finden wir das Muster, das uns erlaubt, authentische Gemeinschaft und Einheit zu erschaffen und authentische Freiheit zu feiern. Jeder mag das Wort „Freiheit“, aber ich glaube nicht, dass wir es in seinem ganzen geistlichen Sinn verstehen. Dieser Sinn verlangt nämlich viel mehr von uns als den Schutz unserer Grenzen vor Terroristen. Echte geistliche Freiheit kann, soweit ich das sehe, nur von jemandem erreicht werden, der in Gottes vollkommener Freiheit ruht. Diversität wird in dreieiniger Liebe erschaffen und erhalten. Freiheit wird in dreieiniger Liebe erschaffen und erhalten. Diversität und Freiheit bedrohen die Einheit nicht.

Die Welt in einem Wort

Ein Mensch auf dem Weg zur Dreieinigkeit ist jemand, der von den Ketten des Narzissmus befreit ist. Ein Partner im göttlichen Tanz ist jemand, der sich darauf einlässt, in der gegenseitigen Beziehung zu stehen, die Gott ist – der Beziehung, in die Gott uns bereits aus Gnade hineingezogen hat. Der Laien-Zisterzienser und Lehrer Carl McColman schreibt dazu:

> Gott ist in uns, weil wir in Christus sind. Als Glieder des mystischen Leibes haben Christen tatsächlich Anteil am göttlichen Wesen der Dreieinigkeit. Wir beobachten den Tanz nicht nur, wir tanzen ihn. Wir nehmen Christus an der Hand, und der Heilige Geist fließt durch uns hindurch und zwischen uns, und unsere Füße bewegen sich in der liebenden Umarmung des Vaters. Indem wir Glieder des mystischen Leibes Christi sind, sehen wir die freudige Liebe des Vaters durch die Augen des Sohnes. Und mit jedem Atemzug atmen wir den Heiligen Geist.[68]

Aber Händehalten, Umarmungen und gemeinsames Atmen – das klingt nicht immer besonders attraktiv für uns. Verletzlichkeit, Loslassen, vollkommene Offenheit, Hingabe – das alles fällt uns in unserem kulturellen Kontext nicht eben leicht. Eine Kultur fußt immer auf einer Bewegung in Richtung Herrschaftsstrukturen, Vergrößerung der Gruppe, Streben nach Erfolg. Daraus ergibt sich der innere Konflikt, den die Bibel bereits als Konflikt zwischen der Welt und dem Geist beschreibt.

Und bitte behalten Sie im Hinterkopf, dass im Neuen Testament der Begriff „Welt“ nicht die Schöpfung meint. Die beste Übersetzung wäre wohl „System“. Das System ist die Art, wie wir die Wirklichkeit strukturieren, und sie steht fast immer im kompletten Gegensatz zum Geheimnis der Dreieinigkeit. Das Höchste, worauf Jesus hoffte – und deshalb können wir Jesus nicht ohne die Dreieinigkeit verstehen – war, dass seine Gruppe eine „kleine Herde“ würde.[69] Heute sprechen wir von einer „kritischen Masse“. Das

Evangelium spricht von den Zwölfen.[70] Jesus redet von Sauerteig[71] und Hefe[72]. Er hat offenbar die Geduld und Demut, um einen langsamen Gärprozess abzuwarten. Das unterscheidet sich drastisch von Herrschaftsstrukturen oder „dem Christentum“, das sich auf die Ausübung von Macht verlässt.

Es gibt keinen Hinweis darauf, dass Jesus erwartete, seine kleine Bewegung solle die Weltherrschaft anstreben – also das „System“ übernehmen. Es ging eher darum, dass es immer gerade genug Menschen geben würde, die sich weit genug auf das Prinzip der Dreieinigkeits-Gemeinschaft einließen, dass sie den Sauerteig der Schöpfung bilden konnten und die Menschheit so von der totalen Verblendung und Selbstzerstörung abhalten würden. Das soll uns aber nicht zu dem Schluss verleiten, Gott würde diejenigen nicht lieben, die sich innerhalb des Systems befinden. Sie leiden nur unter geteilten Loyalitäten. Doch damit können sie sogar sehr gute „Zielsuchgeräte“ sein, manchmal weitaus besser als die, die vorgeben, außerhalb oder über dem System zu stehen.

Wenn Sie wirklich erlöst sind, das heißt, wenn Sie geliebt und befreit leben – wissen Sie, woran man das merkt? An Ihrer Fähigkeit, die leuchtende Präsenz Gottes überall zu sehen. Wenn Sie sie nicht sehen, dann sind Sie meiner Meinung nach nicht sehr erlöst. Ihr Sehvermögen und Ihre „Zulassbereitschaft“ passen nicht zu der Gottes. Es ist mir egal, wie oft Sie zum Gottesdienst gehen. Es ist mir auch egal, wie viele Ehrenämter Sie bekleiden und wie viele Gebote Sie befolgen. Sie sind nicht erleuchtet, nicht transformiert, nicht erlöst – suchen Sie sich Ihr religiöses Lieblingswort aus –, und Sie vertrauen dem Geheimnis immer noch nicht.

Aber es gibt eine gute Nachricht: Sie können auch schon vor der nächsten Fastenzeit den Hang zur Verurteilung aufgeben und all Ihre Widerstände im leeren Grab zurücklassen. Je mehr Licht und Güte Sie sehen können, desto dreieiniger sind Sie! Wenn Sie sehen können, wie Jesus und mein geistlicher Vater Franziskus sehen, dann erkennen Sie das göttliche Licht in jedem Menschen, und gerade in denen, die „die anderen“ sind, Sünder, Verletzte, Aussätzige und Lahme. Diejenigen, in denen sich, wie die Bibel sagt, Gott am deutlichsten zeigt. Mutter Teresa hat das auf eucharistische und kenotische Weise zusammengefasst:

> Wir [die Missionarinnen der Nächstenliebe] sind dazu aufgerufen, mitten in der Welt kontemplativ zu leben, indem wir …
> … das Antlitz Gottes in allem, in jedem, überall, immer suchen und indem wir seine Hand in allem sehen, was geschieht.
> … die Gegenwart Jesu suchen und anbeten, vor allem in der einfachen Form des Brotes und der verstörenden Gestalt der Armen.[73]

Das Maß, in dem Sie das Bild Gottes sehen können, wo Sie es lieber nicht sehen würden, sagt mir, wie stark dieses Bild Gottes in Ihnen wirksam ist.

Ihr Leben gehört Ihnen nicht mehr. Sie sind ein Spiegel geworden, der sein Bild in beide Richtungen wirft.

Unser Bild neu formen

Fangen Sie bitte nicht mit der Vorstellung einer abstrakten Wesenheit an, um dann zu sagen: *Also gut, durch Jesus haben wir herausgefunden, dass diese Wesenheit Liebe ist.*

Nein, die Dreieinigkeit sagt: *Fang mit der Liebe an, sie ist die neue Definition allen Seins.* Es liegt eine *verborgene Ausrichtung* im Herzen des Universums. Alles wirkt zusammen, unser Blei in Gold zu verwandeln. Die letztliche Richtung der Geschichte zielt auf die Auferstehung: Alpha wird zu Omega[74]. So sagen es Bonaventura und Teilhard de Chardin. Wenn Sie diese Spur weiterverfolgen wollen, können Sie in meinen Büchern *Das wahre Selbst*[75] und *Die Liebe leben*[76] mehr darüber lesen.

Aber lassen Sie uns die Formen verändern. Manchmal kann es helfen, geometrische Figuren zu verwenden, um neu zu denken.

Diejenigen unter uns, die mit einer vor-trinitarischen Gottesvorstellung aufgewachsen sind, haben die Welt wahrscheinlich mehr oder weniger bewusst als pyramidenförmiges Universum gesehen, mit Gott an der Spitze des Dreiecks und allem anderen darunter. Ein Großteil der christlichen Kunst und der Kirchenarchitektur spiegelt dieses Weltbild. Schon daran sehen wir, wie wenig Einfluss die Dreieinigkeit in unserer Geschichte gehabt hat.

Ich will die Pyramide nicht gänzlich verwerfen. Natürlich wollen wir uns ein Gefühl der Ehrfurcht vor der Größe Gottes bewahren. Ich weiß, dass Gott weit über mir steht, sonst könnte ich ihn gar nicht respektieren. Aber wenn die Dreieinigkeit die Gestalt Gottes ist und wenn die Menschwerdung wirklich geschehen ist, dann wäre eine ehrlichere und hilfreichere geometrische Form vielleicht, wie wir schon gesehen haben, ein Kreis oder eine Spirale. Lassen Sie Ihre christliche Fantasie vom Kreistanz Gottes neu ausrichten. Vergessen Sie den „alten Mann mit dem weißen Bart auf einem Thron".

Der trinitarische Strom ist wie das Steigen und Fallen der Gezeiten an einer Küste. Alles Geschehen lässt sich als unendliches Ausströmen beschreiben, das eine ewige Umhüllung und Entfaltung ermöglicht und hervorbringt. Dieser ewige Strom findet seinen Widerhall in der Geschichte im menschgewordenen Christus und im uns innewohnenden Geist. Und wie Meister Eckhart und andere Mystiker sagten: Die Entfaltung steht immer in Verbindung mit dem Ausströmen. Deshalb auch das schöne deutsche Wort „Dreifaltigkeit" – dreifache Entfaltung.

Die grundlegend gute Nachricht ist: Die Schöpfung und die Menschheit sind Teil dieses Stroms. Wir sind keine Außenseiter oder Zuschauer[77], sondern Teil des göttlichen Tanzes.

Einige Mystiker, die ein besonders intensives Gebetsleben pflegten, haben diese Idee zu Ende gedacht. Für sie ist die Schöpfung die vierte Person der Dreieinigkeit. Ich habe es schon gesagt: Der göttliche Tanz findet nicht in einem geschlossenen Kreis statt, wir sind alle eingeladen. Wie der Autor und Fliegendesigner (ja, genau, fürs Fliegenfischen) C. Baxter Kruger sagt:

> Das Erstaunliche ist ja, dass dieser dreieinige Gott in unfassbarer und großzügiger Liebe entschlossen ist, den Kreis zu öffnen und das Leben der Dreieinigkeit mit anderen zu teilen. Das ist der eine, ewige und beständige Grund für die Erschaffung der Welt und des Menschen. Es gibt keinen anderen Gott, keinen anderen Willen Gottes, keinen Plan B, keine versteckte Agenda für den Menschen. Schon vor der Erschaffung der Welt haben Vater, Sohn und Heiliger Geist uns geliebt und den Plan gefasst, ihr gemeinsames Leben mit uns zu teilen, damit wir es kennen und erfahren dürfen. Dazu wurde der Kosmos erschaffen, der Mensch erdacht und Adam und Eva mit einer Aufgabe in der Heilsgeschichte versehen. Bis Jesus Christus kam, der Sohn des Vaters, in dem und durch den der Traum unserer Kindschaft verwirklicht wurde.[78]

Das stimmt mit dem „dynamischen" metaphysischen Prinzip überein, dass „die Verwebung der drei [immer] ein Viertes erschafft". Wenn auch auf einer anderen Ebene.[79]

Natürlich klingt das alles nach Ketzerei, vor allem für verschlossene Herzen, die alles allein machen wollen. Aber es ist eben auch der vierte Platz, der in Andrei Rubljows Dreifaltigkeitsikone aus dem 15. Jahrhundert mit einem Spiegel reserviert ist.

Wer dieses offene Geheimnis kennt, dessen sterbliche Natur hat eine unendliche Richtung und Würde … eine Quelle und ein Selbstvertrauen, wie man es kaum auf eine andere Weise erlangen kann. Sie wissen, dass Ihr Wert nicht darauf beruht, dass Sie persönlich alles richtig machen. Vielmehr ist Ihre Menschlichkeit eine Sache des Zulassens und Liebens des göttlichen Stroms, den Christen normalerweise den Heiligen Geist nennen.

Das Leben mit Gott besteht nur darin, da zu sein und Ja zu sagen.

Tatsächlich ist eine trinitarische Spiritualität vor allem eine gemeinschaftliche, historische und soziale Vorstellung von Erlösung. Das wurde in der Ostkirche immer viel mehr geschätzt als im Westen. Wir werden über die Häresie des westlichen Individualismus noch ausführlicher sprechen.

Doch natürlich können wir auch Nein sagen und uns weigern, an dem göttlichen Fluss teilzunehmen[80]. Leider muss man diese Möglichkeit mitdenken, sonst hat der freie Wille keine Bedeutung. Liebe kann nur gedeihen und wachsen, wenn sie in vollkommener Freiheit existiert.[81]

Atomare Verbindungen

Wie ich schon gesagt habe, übt der göttliche Tanz zentripetale Kraft aus und zieht Energie zu sich, aber dann wird er zur Zentrifugalkraft und lässt die Energie nach außen strömen. So funktioniert unser Universum, in all seinen Aspekten und ohne Ausnahme.

Alles ist aus diesem göttlichen Tanz entstanden, und unsere neugefundene Wertschätzung der Dreieinigkeit schenkt uns auch gleich eine neue Grundlage für die interreligiöse Verständigung. Sie verschafft uns eine wunderbare neue Verständnisgrundlage, wie sehr dieses Geheimnis als Code nicht nur in unsere religiösen Konstrukte, sondern in alles eingebettet ist, was existiert.

Wenn es nur einen Gott gibt und wenn dieser Gott ein ganz bestimmtes Muster hat, dann können wir wunderbarerweise erwarten, dieses Muster in absolut allem zu finden. Ich glaube, ein Grund für das große aktuelle Interesse der Theologen an der Dreieinigkeit liegt darin, dass Quantenphysik, Biologie und Kosmologie endlich einen Entwicklungsstand erreicht haben, in dem unser Verständnis des Universums vom Atom über die Galaxien bis hin zu einzelnen Organismen die alte trinitarische Auffassung bestätigt und zulässt. Und dies nun mit ganz neuer Wertschätzung.

Das ist eine ganz neue Ebene von: „Mein Gott, es könnte tatsächlich wahr sein!“

Stellen Sie sich das vor: Die tiefsten intuitiven Annahmen unserer Dichter und Mystiker und der Verfasser der Heiligen Schrift stehen im Einklang mit den modernen Erkenntnissen der Naturwissenschaft und Empirie! Wenn innere und äußere Welt sich so aufeinander einstimmen, dann passiert etwas sehr Schönes: die Umkehrung eines Jahrhunderte alten Familienstreits zwischen Naturwissenschaft und Glaube, Kopf und Herz.

Physiker und Geistliche bestätigen gleichermaßen, dass das grundlegende Wesen unserer Welt Beziehung ist. Alles steht in Beziehung zu allem. Als christliches Mysterium haben wir dies schon von Anfang an so gesagt, so wenig wir seine Bedeutung begriffen haben.

Obwohl wir als bekennende Christen wohl kaum das Geheimnis der Dreieinigkeit leugnen würden, tun wir es in der Praxis eben doch. Wie schon gesagt: Die meisten von uns, die als Christen aufgewachsen sind, haben einen monarchischen Gott im Kopf, einen Pharao, der auf der Spitze einer großen Pyramide sitzt. Oder?

Wir sind als praktizierende Monarchisten aufgewachsen, während die revolutionäre Idee der Dreieinigkeit bescheiden dastand, mitten in unserem Blickfeld und doch unbeachtet.

„Ja, klar, ich weiß, dass Gott drei Personen ist. Aber was heißt das eigentlich?"

Wir haben den göttlichen Strom auf ein weitgehend mathematisches Problem reduziert. Erst die Mystiker haben mir den Schlüssel in die Hand gegeben: Fang nicht mit dem Einen an und versuch dann mit Taschenspielertricks, drei daraus zu machen. Fang mit den Dreien an und versuch zu begreifen, dass sie das einzige Wesen des Einen ausmachen.

Fang mit dem Geheimnis der Beziehung und Verbindung an. Darin liegt der Schlüssel für alles, der Antrieb und die Kraft! Genau das sagen uns auch die Atom- und Astrophysiker heute.

Schöpfer und Zerstörer

Keine halbe Stunde von meinem Zuhause in Albuquerque entfernt liegt das *National Atomic Museum*. Von den vier Atombomben, die in Los Alamos gebaut wurden, fiel eine südlich von Albuquerque, und zwar am 16. Juli 1945. Eine zweite wurde auf Hiroshima abgeworfen, eine dritte auf Nagasaki. Die Hülle der vierten ist noch hier in der Stadt. So kommt mir das Geheimnis physisch sehr nahe.

Ist es nicht auffällig und spannend, dass der Grundbaustein unseres gesamten physikalischen Universums „Atom“ genannt wird? Denn das Atom ist nichts anderes als eine sich gegenseitig umkreisende Struktur dreier Teilchen: Protonen, Elektronen und Neutronen. Und diese drei stehen in ständigem Wechselspiel miteinander.

Eine gewisse Ironie besteht darin, dass Robert Oppenheimer, der „Vater der Atombombe“, die letzte Stufe und den Ort der Detonation in New Mexico „Trinity“ nannte. Später sagte er, die Namenswahl sei nicht bewusst erfolgt, auch wenn sie wohl ein Stück weit von John Donnes metaphysischem Gedicht „Holy Sonnet #14“ inspiriert war.

Donnes Meditation stellte eine Art Dreieinigkeit vor, aber ist es die Dreieinigkeit, von der wir bisher gesprochen haben? Ich bin nicht sicher, ob man darauf eine eindeutige Antwort geben kann. Ich finde dieses Gedicht schön und verstörend zugleich:

> Zerschlag mein Herz, Drei-Personen-Gott, für dich.
> Lass es schlagen, atmen, leuchten und Heilung suchen,
> Damit ich aufstehe, wirf mich um und nutze deine Kraft,
> Um mich zu brechen, zu zerstören, zu verbrennen und neu zu machen.
> Wie eine besetzte Stadt will ich
> Mich mühen, dich einzulassen, aber ach, vergeblich.
> Vernunft, dein Statthalter in mir, sollte mich verteidigen.
> Aber er ist gefangen, schwach oder treulos.
> Ich liebe dich von Herzen und würde mich wiederlieben lassen.

Doch ich bin mit deinem Feind verlobt.
Trenn mich von ihm, löse den Knoten,
Nimm mich mit, sperr mich ein,
Denn wenn du mich nicht zum Sklaven machst,
Werde ich niemals frei sein.
Wenn du mich nicht verführst,
Werde ich niemals keusch sein.[82]

Was für ein Kontrast der Bilder! In einem anderen Museum, das Naturwissenschaft und Kunst gewidmet ist, heißt es über den Testort Trinity: „Das ‚Holy Sonnet #14' beginnt: ‚Zerschlag mein Herz, Drei-Personen-Gott, für dich.' In diesem Sonnett spricht der Dichter Gott direkt an und bringt starke, paradoxe Emotionen an die Oberfläche, alle im Kontext der Kriegsmetaphorik. Gewalttätige Bilder (zerschlagen, umwerfen, brechen, zerstören, verbrennen) paaren sich mit der Bitte um Heilung und Erneuerung und rufen ein Gefühl von Kampf und innerem Krieg hervor."[83]

Als Oppenheimer in Los Alamos seine Bombe entwickelte, befanden wir uns wie so oft im Krieg. Und es scheint, dass er selbst in einen inneren Kampf verwickelt war und hoffte, diese Tod bringende Waffe könne irgendwie Leben schenken. Als wünschte er sich, eine Armee, die darauf vorbereitet war, Städte zu besetzen und das Kriegsrecht selbst gegen Bürger des eigenen Landes einzusetzen, könne Frieden im eigenen Land und im Ausland bringen. Durch die Kraft der Vernichtung.[84]

Vielleicht ist der kühnste Widerspruch von allen Oppenheimers Bild einer „Schattentrinität", als er den Namen des Testortes aussuchte. Ich muss unwillkürlich an die dunklen Orte denken, an denen das Christentum unter dem Einfluss des Systems auf Abwege geriet. Wenn wir die Dreieinigkeit nicht gleich ignoriert haben, dann haben wir sie zu einer Karikatur aus Befehlsgebern und -empfängern verzerrt: Im Unterschied zu der biblischen oder mystischen Dreieinigkeit sehen wir eine hierarchische Delegation, in der ein sturer Vater-Herrscher fordert, dass ein braver Sohn seine ungeheure Kraft einsetzt, um die Menschheit zu zerschlagen und zu brechen.

Und tragischerweise trägt dieses Gottesbild allzu oft den Sieg davon. Was seine Folgen hat, von Missbrauchsbeziehungen bis hin zur Entwicklung von Massenvernichtungswaffen.

Oppenheimer war nicht blind für diese Folgen. Offenbar fürchtete er, durch die Atomspaltung würde auch eine Spaltung der Dreieinigkeit vollzogen, eine Umkehrung, indem das aus drei Teilchen bestehende Atom destabilisiert und damit die Quelle unserer Realität zerstört würde. Kein Wunder, dass er nach der ersten furchtbaren Explosion den Hindu-Gott Vishnu anrief und aus der Bhagavad Gita zitierte: „Jetzt bin ich der Tod, der Zerstörer der Welten."[85]

Unsere Vorstellungen von einer oberen und einer unteren Welt können der Kraft des Lebens und des Todes nützen[86]. Das Geheimnis der nuklearen Sprengkraft, so haben mir Atomphysiker erklärt, liegt nicht in den Protonen und auch nicht in den Elektronen oder Neutronen. Ob Sie es glauben oder nicht: Die Sprengkraft entsteht aus der Interaktion zwischen allen dreien. Und diese Nuklearenergie kann alles verändern.

Macht dieses Bild die Dreieinigkeit für Sie etwas klarer? Wir reden hier kein Fachchinesisch, auch wenn es manchmal so klingen mag, vor allem da, wo ich wirklich um Formulierungen ringe. Theologen und Kontemplative beschreiben den Tanz der Drei in Einem auf ähnliche Weise, wie die Physiker das Geheimnis der Nuklearenergie beschreiben. Die Sache selbst ist noch seltsamer als die Beschreibung, seltsamer als alles, was wir verstehen können.[87]

Die *Philosophia perennis,* die versucht, ewige, universal gültige Erkenntnisse aller weltweiten Religionen und Philosophien zu sammeln, hat oft gesagt: Wie oben, so unten. Allein der Gedanke „Gott im Himmel" bedingt sofort den nächsten nach sich, „Dinge hier unten auf Erden". Wir finden ein Echo dieser sprachlichen Beziehungen sogar im Vaterunser: „Dein Reich komme, dein Wille geschehe, wie im Himmel, so auf Erden."[88] Wenn wir das sprachlich auf die Post-Quantum-Ära übertragen, wenn wir von der „großen Kette des Seins“ zur „eingebetteten Holarchie des Seins“ übergehen, wie es der Philosoph Ken Wilber[89] nennt, dann können wir mit Fug und Recht sagen: Wie im Innen, so im Außen. Wenn alle Realität ein Holon ist und fraktalen Charakter besitzt, wie die Physiker uns erklären, dann enthält jeder Teil das Ganze und spiegelt es wider. Wenn der Kosmos, wie wir ihn kennen, aus einem „Urknall“ entstanden ist, aus einem einzigen „Es werde“, dann heißt das, *ein* Punkt explodiert zum Leben und gebiert viele Leben.

Doch an welchem Punkt hören diese Vielen auf, eins zu sein? Gab es je einen Punkt, an dem dieses Eine die Vielen nicht enthielt?

Nein, einen solchen Punkt gab es nicht. Das sagt uns jedenfalls das grundlegende Beziehungsmuster des Universums, von der Gottheit bis zur Geochemie und auch in Bezug auf alles andere, was dazwischen liegt.

Die Form des Kosmos vom Quasar bis zum Quark ist dreieinig. Und wie können wir diese Wahrheit der Realität praktizieren? Naturwissenschaftler und Mystiker sagen es uns: Sei präsent! Experimentiere! Bleib neugierig! Das ist sozusagen der „Grundkurs Kontemplation“: Lass los, was du für das Zentrum deiner Intelligenz hältst. Denn das, was du für deine Intelligenz hältst, kann das Atom nicht verstehen, nicht die Galaxien und nichts, was alles Sein gebiert und belebt.

Diese ungeheure Wahrheit kann gelegentlich begriffen werden – gelehrt werden kann sie nicht so leicht.

Wir stecken mitten in einem erstaunlichen Geheimnis – dem Leben selbst –, und es gibt nur eine angemessene Antwort darauf: Demut. Wenn wir uns zu diesem Weg entschließen – ins Geheimnis hinein, ohne Gott festhalten zu wollen, sondern um von Gott und der Wirklichkeit gehalten zu werden –, dann könnte Religion endlich ihr Ziel erreichen.

Aristoteles und Boethius: der Preis des Substantivs

Wenn wir auf Aristoteles' Annahme aufbauen, dass Substanz höher und wichtiger ist als Beziehung (oder anders gesagt, dass Substantive wichtiger sind als Verben), dann haben wir eine absolut nicht-dreieinige Vorstellung vom Menschen geerbt. Unser Menschenbild ist dann autonom, statisch und ohne die metaphysische Fähigkeit zur Vereinigung mit dem eigenen Sein oder gar mit dem göttlichen Wesen Gottes[90]. In dieser metaphysisch gelähmten Version der Wirklichkeit sind wir auch nicht „nach dem Bilde Gottes" erschaffen.

Wir haben 2000 Jahre ineffektiver Spiritualität damit zugebracht, diese vermeintlich grundlegende Inkompatibilität zwischen Gottheit und Menschheit zu überwinden. Dicke Bände mit ungeschickten Versuchen einer Systematisierung oder aufdringlichen „evangelistischen" Aufrufen sind verfasst worden, um unüberbrückbare Klüfte zu beschreiben – sowohl Medium als auch Botschaft sind aber die Antithese jeder Beziehung.

Obwohl Jesus die Grenzen durchbrach und uns die Wahrheit mitbrachte, haben wir sie noch nicht theologisch verwurzelt. Wir hatten keine unterstützende Philosophie (und Anthropologie), die Beziehung und Zusammengehörigkeit und gegenseitiges Teilgeben und Teilhaben als etwas anderes zu etablieren als nur Gefühlsduselei und fromme Hoffnungen.

Boethius (480–524), dessen „Tröstungen der Philosophie" großen Einfluss auf das gesamte Mittelalter ausübten, fungierte als eine Art Brückenbauer zwischen der klassischen Kultur des Westens und dem Christentum. Er definierte den Menschen als „eine individuelle Substanz rationaler Natur", und eigentlich gilt diese Definition bis heute. Es gibt keinen Beweis dafür, dass Boethius von der Trinitätslehre beeinflusst war, und das merkt man auch.

So dominierten in der gesamten westlichen Anthropologie menschliche Individualität und Rationalität statt grundlegender Beziehungsabhängigkeit und einer Anerkennung der intuitiven Natur des Menschen – dem Lebensraum gesunder Religion. Eine Theologie der Dreieinigkeit hätte uns sagen können, dass das

Personsein des Menschen komplett auf Beziehung beruht und tatsächlich ebenso Beziehungen aus bedingungsloser Liebe erschafft wie die drei Personen der Dreieinigkeit. Genau das meinen wir, wenn wir Genesis zitieren und sagen, dass wir nach dem Bilde Gottes erschaffen sind. Aber unser Menschenbild gründet sich eben leider nicht auf ein solches trinitarisches Fundament.

Die negativen Auswirkungen der Bevorzugung von Substanz vor Beziehung sind unermesslich. Die gesamte nachfolgende Tradition hat sich sehr schwer damit getan, eine solide, nachvollziehbare Grundlage für die Bedeutung der Vereinigung mit Gott, Heiligkeit, Erlösung oder gar Wiedergeburt zu entwickeln. Wir haben einen hohen Preis dafür bezahlt, denn die Folge ist eine ausgeweidete christliche Theologie, eine leere Hülle, die uns kaum mehr bietet als ein weiches, sentimentales Weltbild.

Scotus und Merton: Zurück zum Verb

Um wahrhaft lebendig zu sein, müssen wir der christlichen Spiritualität und Heiligkeit so etwas wie einen metaphysischen Kern geben, nicht nur einen verhaltensmäßigen, psychologischen oder moralischen Kern. Eine trinitarische Metaphysik bietet uns einen solchen lebendigen, uns innewohnenden Kern. Die Dreieinigkeit muss zu unserer fest verwurzelten Identität werden, die nicht kommt und geht, steigt und fällt, sondern bleibt. Das ist der Fels der Erlösung.

Natürlich ist es interessant, dass diese feste Wurzel sich vollkommen in den drei Teilen jedes Atoms spiegelt, die umeinander kreisen – der Grundbaustein des Universums. Was passiert, wenn man diese Atome absichtlich destabilisiert? Dann entsteht eine Bombe, die Tod und Zerstörung bringt.

In den vielen Umwandlungen, die uns zum modernen Individualismus geführt haben, haben die Christen sich ein eher heidnisches Menschenbild bewahrt, das den ursprünglichen trinitarischen

Gebrauch des Wortes „Person“ (lat. *per* „durch“ und lat. *sonare* „tönen“) vollkommen umkehrt. War die trinitarische Person ein dynamisches Durchströmen und Durchklingen, so ist die heidnische und bis heute gebräuchliche Person ein autonomes Selbst, das am Ende des Tages mit niemandem verwandt ist.

Wie würde es aussehen, wenn wir eine trinitarische Metaphysik entwickelten und wieder ein wahrhaftiges, vollständiges Personsein des Menschen aufbauen würden?

Zunächst einmal müssten wir anerkennen, dass jeder Mensch von Gott erschaffen ist, einzigartig und unersetzlich. Als eine Person, auf die Gott in der Beziehung sein eigenes Bild übertragen hat und die ihrerseits dieses Bild auf andere Geschöpfe übertragen und spiegeln kann. Das gilt für jeden Einzelnen von uns.

Merton hat diesen festen Grund in einer trinitarischen und „personalen“ Philosophie und Theologie gefunden: in dem Werk von Johannes Duns Scotus, einem franziskanischen Philosophen und Theologen des 13. Jahrhunderts. Ein tiefer Einblick in das Denken von Scotus hat es Merton erlaubt, sich zu ungeahnten Höhen kontemplativer Achtsamkeit aufzuschwingen. Die meisten dringen nicht bis zu diesem Kern vor; Erlösung und Heiligkeit bleiben Wunsch und Hoffnung, bestenfalls eine verbale Behauptung: „Ich und der Vater sind eins.“ Doch allzu oft – in der heutigen Religion und Spiritualität gleichermaßen – haben wir keine konsistente, ausgeformte Grundlage, um das wirklich zu glauben.

So ist denn auch die große Mehrheit der Christen nicht in der Lage, die Kluft zwischen dem Personsein Gottes und dem Personsein des Menschen zu überwinden. Sie haben sich damit begnügt, die Kluft durch magische Überhöhung der Sakramente zu überbrücken, wenn sie katholisch oder orthodox waren, oder durch transaktionale Vorstellungen von einem starken Glauben und moralischem Verhalten, wenn sie Protestanten waren. In beiden Fällen fehlt die Möglichkeit der Vereinigung mit Gott, die in unserer Seele wiedererweckt und auf die aufgebaut werden könnte. Die meisten Christen kreisen um einen sehr instabilen Kern, der, wenn wir ehrlich sind, häufig nur auf „So-tun-als-ob“ beruht.

Vollkommene Freiheit

Der feste Kern einer Seele, die aus und für Beziehung erschaffen ist, kann nur in Gott ganz und gar erkannt und geliebt werden. Und nicht nur *in* Gott, sondern auch *als* Gott, so kühn das klingen mag.

Konkret gesagt: Wir sind in die Selbsterkenntnis und Selbstliebe Gottes eingeschlossen, von Anfang an. Lesen Sie einmal den Text aus diesem aufwühlenden alten Apostelbrief, als wäre es das erste Mal. Ich habe mir das nicht ausgedacht!

> Gelobt sei Gott, der Vater unseres Herrn Jesus Christus! Er hat uns mit seinem Geist reich beschenkt und uns durch Christus Zugang zu seiner himmlischen Welt gewährt. Schon vor Beginn der Welt, von allem Anfang an, hat Gott uns, die wir mit Christus verbunden sind, auserwählt. Er wollte, dass wir zu ihm gehören und in seiner Gegenwart leben, und zwar befreit von aller Sünde und Schuld. Aus Liebe zu uns hat er schon damals beschlossen, dass wir durch Jesus Christus seine eigenen Kinder werden sollten. Dies war sein Plan, und so gefiel es ihm.
>
> Mit all dem sollte Gottes herrliche, unverdiente Güte gepriesen werden, die wir durch seinen geliebten Sohn erfahren haben. Durch Christus, der sein Blut am Kreuz vergossen hat, sind wir erlöst, sind unsere Sünden vergeben. Und das verdanken wir allein Gottes unermesslich großer Gnade.
>
> Ja, in seiner Liebe hat er uns überreich beschenkt: Er hat uns mit Weisheit erfüllt und uns seinen Willen erkennen lassen. Sein Plan für diese Welt war bis dahin verborgen, doch nun hat er ihn uns gezeigt. Durch Christus verwirklicht er ihn genau so, wie er es sich vorgenommen hat. So soll, wenn die Zeit dafür gekommen ist, alles im Himmel und auf der Erde unter der Herrschaft von Christus vereint werden.
>
> Weil wir nun zu Christus gehören, hat Gott uns als seine Erben eingesetzt; so entsprach es von Anfang an seinem Willen. Und was Gott einmal beschlossen hat, das führt er auch aus.

Jetzt sollen wir mit unserem Leben Gottes Herrlichkeit für alle sichtbar machen, wir, die wir schon lange auf unseren Retter gewartet haben.

Durch eure Verbindung mit Christus gelten diese Zusagen auch für euch, die ihr erst jetzt das Wort der Wahrheit gehört habt, die gute Botschaft von eurer Rettung. Nachdem ihr diese Botschaft im Glauben angenommen habt, gehört ihr nun Gott. Er hat euch sein Siegel aufgedrückt, als er euch den Heiligen Geist schenkte, den er jedem Glaubenden zugesagt hat.

Ihn hat Gott uns als ersten Anteil an unserem himmlischen Erbe gegeben, und dieser Geist verbürgt uns das vollständige Erbe, die vollkommene Erlösung. Dann werden wir Gott in seiner Herrlichkeit loben und preisen.[91]

Personsein ist keine statische Vorstellung, sondern ein ganz und gar dynamisches Beziehungsgeschehen, das zwischen den göttlichen Personen und allen menschlichen Personen geteilt wird – als Geschenk schon bei ihrer Schöpfung. Nicht durch spätere Hinzufügung, nicht durch Erkenntnisse, Sakramente oder auch nur unsere Zustimmung, obwohl all das nötig ist und uns oft sehr dabei hilft, zu unserer ursprünglichen Identität in Gott zurückzukehren.

Alles menschliche Personsein verlangt, dass wir uns in die Liebe hineinbegeben!

Sünde ist jede Weigerung, uns in die Richtung unserer tiefsten Identität zu bewegen: der Liebe.

Und jede Definition des Menschen als Substanz statt Beziehung blendet die Bewegung, das Wachstum und das gegenseitige Spiegeln aus, die uns vorwärtsbringen.

Unser Selbst verbirgt sich immer in einer vielversprechenden Dunkelheit, einer undurchsichtigen Offenbarung, die wir langsam zulassen, der wir vertrauen und uns überlassen können. Das ist der Kern des Glaubens.

Nach Scotus' Vorstellung von vollkommener Freiheit Gottes kennt und liebt Gott alle potenziellen Geschöpfe in sich selbst. Und „er selbst" ist das, was wir Christen als den Sohn bezeichnen, den Christus, den „Logos“: das Muster, das alles möglich macht und zusammenhält.

Und dann wählt Gott in freier Entscheidung einige aus, die als „Dies“ (Person) in Erscheinung treten sollen.

Gott entscheidet, welche Möglichkeiten sich zur Existenz entfalten sollen. Scotus bezeichnet diese Entscheidung als Gottes vollkommenen, freiesten Akt der Liebe, ohne irgendeinen Zwang oder irgendein Sündenproblem, das gelöst werden müsste.

Und deshalb sind wir, genau wie die Dreieinigkeit, nicht Substanz, sondern Beziehung.

Wir sind immer dabei, geliebt zu werden und Liebe weiterzugeben.

Gott kennt und liebt uns, bevor er uns ins Leben ruft. Und Gottes freie Entscheidung, uns ins Leben zu rufen, wird zu einer weiteren einzigartigen Beziehungstat der Dreieinigkeit mit uns. Wir werden ins Leben geliebt, weil Liebe nur in der Freiheit existieren kann. In diesem ersten, vollkommenen und absolut freien Liebesakt entscheidet Gott, dass wir existieren sollen.

Fortsetzung der Schöpfung

Daniel Walsh, Mertons wichtigster Philosophie-Lehrer, erklärt, er sei nicht sicher, ob der Mensch eigentlich rechtmäßig als *Geschöpf* bezeichnet werden könne. Denn wir seien eine Fortsetzung, eine Ausströmung jener Beziehung, die wir Dreieinigkeit nennen.[92] Wir stehen in Kontinuität mit Gott, wir sind kein abgetrenntes Geschöpf. „Schon bevor er die Welt erschuf, hat er uns vor Augen gehabt als Menschen, die zu Christus gehören; in ihm hat er uns dazu erwählt“, wie es im Epheserbrief heißt.[93]

Ein reifes Christentum ist also eine Einladung, am persönlichen Leben Gottes teilzunehmen, an der Dynamik der Liebe, die sich unendlich in Raum und Zeit fortsetzt, durch Gottes Geschöpfe.

Gottes Selbst-Erkenntnis umfasst also das Wissen um uns. Und Gottes Selbst-Liebe schließt seine Liebe zu uns ein.

Es ist dasselbe Wissen, dieselbe Liebe, dieselbe Freiheit. Tatsächlich werden wir irgendwie ein „Gegenüber", das von Gott getrennt betrachtet werden kann, aber von Gottes Seite her werden wir immer von Subjekt zu Subjekt erkannt und geliebt, so wie die Personen der Dreieinigkeit einander kennen und lieben. Gott und der Mensch müssen und können einander erkennen, von Mitte zu Mitte, von Subjekt zu Subjekt – nie von Subjekt zu Objekt.

Dies ist vielleicht die klarste Beschreibung für Gottes bedingungslose Annahme unseres Seins, für seine Vergebung unserer Fehler, für seine Barmherzigkeit unter allen Umständen: Wir sind für Gott nie ein Objekt. Gott kann sein Bild in uns nur lieben.

Eine wahrhaft christliche Theologie und Philosophie des Menschen muss also die Aussage treffen, dass unser Menschsein aus dem göttlichen *Logos* stammt, aus dem ewigen Christus. Wir sind Abbilder und Spiegelungen der göttlichen Beziehung. Wir sind von derselben Beziehung geformt, die zwischen Vater, Sohn und Heiligem Geist besteht.

„Der Mensch ist auf das Ziel hin erschaffen, die Wahrheit Christi in der Liebe Gottes innerhalb der göttlichen Dreieinigkeit zu manifestieren."[94] Auf dieser Theologie der Personalität baute Thomas Merton sein monumentales Weltbild auf, und wir dürfen es ihm gleichtun.

Göttliches und menschliches Personsein sind wechselseitige, sich gegenseitig spiegelnde Konzepte. Gottes Beziehungsnatur erschafft unsere Beziehungsnatur, und wir werden von derselben Bindung bestätigt, die sich in endloser Offenheit und Fähigkeit zur Liebe manifestiert.

Wir müssen wissen, dass wir tatsächlich objektiv liebenswert sind, damit wir fähig werden, uns selbst zu lieben. Das versichert und garantiert das göttliche Personsein. Ein falsches Selbstbild ist nicht fähig zu bedingungsloser Liebe. Liebe und Respekt, ja. Aber nicht bedingungslose Liebe – nur Liebe unter bestimmten Bedingungen.

Dies ist Mertons Fundament für das, was er das wahre Selbst nennt, das immer, objektiv und ewig ganz und gar liebenswert ist – allen Nebensächlichkeiten zum Trotz. Ich glaube, das war die ursprüngliche gute Nachricht des Evangeliums, der Fels der Erlösung – eine Grundlage für das menschliche Personsein, die nicht schwankt und nicht fallen kann. Jesus verkündigt es mit seinen Worten und zeigt es an seinem Tisch und in seiner Lehre gleichermaßen: Wir Menschen sind Teil der unerschöpflichen und unendlichen Liebe der Dreieinigkeit. Einen solchen Ort kann man nicht „erreichen", man kann dort nur ausruhen und sich von Herzen freuen.

Verlorene Paradigmen

Gott ist also nicht in erster Linie ein „Wesen", das leichthin beschließt, gute Menschen zu lieben und böse Menschen zu bestrafen. Vielmehr enthüllt sich die absolute Liebe in Name und Form allen Seins selbst. Liebe bildet und nährt das Wesen allen Seins, im Gegensatz zu einem scheinbar fordernden und launischen Wesen, das mal liebt und dann wieder nicht. Ein solches Wesen wäre – und ist – eine sehr unsichere, wacklige Standfläche für die menschliche Seele.

Die Dreieinigkeit ist der ultimative Paradigmenwechsel. Sie hätte immer zur absoluten Grundlage der christlichen Offenbarung gehören müssen. Und das hätte eigentlich alles verändern müssen, tat es aber nicht. Die Trinitätslehre wurde im Wesentlichen als peinliche Abstraktion abgeheftet, selbst von den meisten Predigern, Lehrern und Theologen. Gott wurde verkleinert, und wir alle konnten dabei nur verlieren. Das ganze Drama unserer Befreiung wurde Jesus aufgebürdet. Er konnte das schultern, aber eigentlich gab es doch eine viel breitere Grundlage, einen Rahmen, eine Dynamik und eine Energie, die in der Gleichung des Heils fehlen. Juliana von Norwich hat diese Wirklichkeit bereits im 14./15. Jahrhundert in England erlebt:

> Plötzlich erfüllte die Dreieinigkeit mein Herz mit größter Freude. Und ich begriff, dass es im Himmel immer so sein wird, für alle, die dort einst sein werden. Denn die Dreieinigkeit ist Gott und Gott ist die Dreieinigkeit. Die Dreieinigkeit ist unser Schöpfer und Beschützer, sie ist für immer unser lieber Freund, unsere Freude und Seligkeit, durch unseren Herrn Jesus Christus. Das zeigt sich schon in den ersten Offenbarungen und danach immer wieder. Denn es scheint mir, dass wir, wenn wir von Jesus sprechen, eigentlich die Heilige Dreieinigkeit meinen.[95]

Wir können Jesus nicht aus der Dreieinigkeit herauslösen. Doch der Durchschnittschrist in der Kirchenbank hatte nie die Chance, die viel größere Ökonomie der Gnade zu genießen. Wir sind in einem kleinen, ärmlichen Tümpel herumgeschwommen, und das zeigt sich in unserer kleinlichen, geizigen Politik und Wirtschaft.

Selbst unsere alten Katechismen erklärten, die „geistlichen Tugenden" Glaube, Hoffnung und Liebe, die der Natur des Wesens Gottes eigen sind, seien ein Angebot an uns, am Leben Gottes teilzunehmen. In der mittelalterlichen Kirche hieß es, sie seien nicht in erster Linie ein Geschenk an Individuen, sondern an die Gesellschaft, die Geschichte und die Menschheit als Ganzes.[96]

Zwei große Denker der Kirche waren hier Vorreiter: Augustinus und Thomas von Aquin. Beide argumentierten, die Tugend der Hoffnung gelte zunächst für das Kollektiv und erst dann dem Individuum.

Und doch haben wir versucht, Hoffnung in dem isolierten Individuum zu wecken, während wir es in einem Kosmos, einer Gesellschaft und Menschheit dahintreiben ließen, die sich in Richtung Hoffnungslosigkeit und Strafe bewegten.

Es ist sehr schwierig für Individuen, Glaube, Hoffnung und Liebe – die Dinge, die am Ende bleiben[97] – zu genießen oder zu predigen, wenn die Gesellschaft um sie herum nicht in kollektiver Weise von Glaube, Hoffnung und Liebe getragen ist. Das ist heute unser größtes Problem. Wir haben der Welt keine gute Botschaft ganzheitlicher Hoffnung vermittelt, sondern nur bedrohliche Botschaften von Apokalypse und Armageddon.

Der dreieinige Gott gibt der ganzen Gesellschaft eine Hoffnung, die auf dem inneren Wesen des Lebens selbst beruht und nicht auf dem schwankenden Verhalten von Individuen, die immer instabil sind. Harren Sie einen Moment mit mir hier aus, dann werden das Problem und seine Lösung deutlich.

Zunächst jedoch wollen wir uns das Beispiel von Kindern ansehen, um die individuelle Tugend der Hoffnung zu betrachten. Wir müssen ja bei unserer eigenen Menschlichkeit ansetzen. Marketingexperten sagen, Kinder (und Hunde) hätten in der Werbung eine noch stärkere Wirkung als Sex. Warum? Weil Kinder und Hunde von der natürlichen Hoffnung und Erwartung erfüllt sind, dass ihr Lächeln erwidert werden wird. Sie neigen zu direktem Blickkontakt, schauen mitten in uns hinein und lächeln einfach (außer natürlich, sie sind misshandelt worden).

Das ist reines Sein.

Das ist ungehemmter Fluss.

Genau deshalb hat uns Jesus geraten, so zu werden wie die Kinder. Nichts kann den reinen Fluss in einem Kind oder einem Hund aufhalten, deshalb sind wir alle, sofern wir einen Funken Eros, Menschlichkeit und Liebe in uns tragen, gegen so viel vorbehaltlose Präsenz einfach machtlos.

Man muss sich anstrengen, um ein kleines Kind nicht zu herzen und einen treuen Hund nicht zu streicheln. Man möchte sie einfach liebevoll an sich ziehen, weil sie in diesem Moment – ich bitte um Entschuldigung! – Gott sind.

Oder ist es eigentlich anders herum? Werden wir zu Gott, wenn wir in einem so ungehemmten Fluss stehen?

Natürlich ist beides richtig. Wir sehen den Strom in der Anziehungskraft aller Schönheit, in aller Bewunderung, in jeder Ekstase, in der Verbundenheit mit Leidenden. Wer sich auf diesen Fluss einlässt, sieht das Bild Gottes selbst an hässlichen und zerstörten Orten. Das ist das universale Sehen der Dreieinigkeit.

„Wer in der Liebe lebt, lebt in Gott und Gott in ihm."[98]
Wenn ich das gesagt hätte, würde man mich sicher einen leichtfertigen Esoteriker nennen. Doch ich teile nur Johannes' tief trinitarische Theologie – mit all ihren Implikationen. Das ist wahrer Traditionalismus.

Brüder und Schwestern, die Dreieinigkeit sagt uns, dass Gott tatsächlich Inter-Sein ist. Viele Buddhisten tun sich mit dieser Aussage leichter als wir. Welche Ironie! Aber wir wissen ja, dass die Wahrheit eins ist, und deshalb sollte sie uns nicht überraschen oder enttäuschen. Wir sind diejenigen, die durch die Dreieinigkeit gelernt haben sollten, dass Gott kein einfaches Wesen ist, schon gar kein isoliertes Wesen. Und das heißt, alle Geschöpfe, die aus dieser Quelle kommen, sind ebenfalls Inter-Sein.

Das wirft ein interessantes Licht auf die Faszination, die Sexualität auf uns ausübt, wie alle schönen Dinge, die Natur, Tiere, Musik und Kunst. Wir werden von Natur aus von lieblichen Dingen außerhalb und jenseits unserer selbst angezogen. Wir wollen zu ihnen hinlaufen und uns mit ihnen in jeder denkbaren Weise verbinden. Das funktioniert manchmal und manchmal eben auch nicht – das nennt man dann beispielsweise Abhängigkeit oder „Sünde".

Von jetzt an können Sie Gott auf mindestens drei unterschiedlichen, aber immer wunderbaren Ebenen lieben: auf der transpersonalen Ebene als Vater, auf der personalen Ebene als Jesus und auf der nicht-personalen Ebene als Heiligen Geist. Was übrigens, falls es Sie interessiert, genau zu dem passt, was Ken Wilber und andere als „Eins Zwei Drei Gottes" bezeichnen.[99]

Wenn Sie erst einmal anfangen, die Realität aus dem inneren Kreis der Dreieinigkeit heraus zu betrachten, können und wollen Sie Gott in allem kennen, lieben und dienen. Die Metaphern, Rituale und Lehren anderer Religionen werden Ihnen nicht mehr bedrohlich vorkommen, sondern oft sogar hilfreich. Der dreieinige Gott macht „Konkurrenzdenken" zwischen Religionen zu einer Zeitverschwendung. Doch nur die Mystiker scheinen zu begreifen, dass die einzige Art, wie wir von Gott reden können, nur metaphorisch sein kann.

Deutliche Vereinigung

Sprechen wir also weiter über die Drei. In der Dreieinigkeit existiert eine perfekte Balance, die die persönliche Identität und das totale Einssein gleichzeitig schützt. Wir hören, dass Vater, Sohn und Heiliger Geist (um die klassischen Namen wieder zu verwenden) jeder für sich einzigartig sind und doch ein tieferes, festeres Einssein entstehen lassen, indem sie diese Einzigartigkeit einander liebevoll hingeben. Die Parallele zu tiefer sexueller Vereinigung ist schon erstaunlich.

Und lassen Sie es mich ganz deutlich sagen: Es lohnt sich nicht, viel über das Geschlecht der Drei zu streiten. Die männlichen Namen, die man zweien von ihnen gegeben hat, und der weibliche Anklang des Heiligen Geistes sind nebensächlich, verglichen mit dem darunter liegenden Geheimnis. Die frühen Theologen waren sich weitgehend einig, dass es um die Beziehung zwischen den Dreien geht, nicht um individuelle Namen oder Geschlechter. In der Heiligen Schrift wird der Schöpfer als Fels[100] und als stillende Mutter[101] bezeichnet. Jesus wird als Weisheit[102] und Glucke[103] beschrieben, der Heilige Geist als Atem[104] (*ruach* im Hebräischen, ein weibliches Wort)[105], und als Tröster, *parakletos* im Griechischen[106], ein übergeschlechtlicher Begriff[107]. Bedenken Sie alle diese Bilder, ebenso wie die vom Feuer[108] und anscheinend sogar von einem „wilden Hund“[109]! Nichts anderes dürfen wir von einem Gott erwarten, in dem Männliches und Weibliches gleichermaßen wahre Anteile vom Bild Gottes spiegeln. Unser dreieiniger Gott ist ganz offensichtlich eine wilde Mischung aller möglichen Ausdrucksformen, die alle denkbaren Schubladen gleichzeitig überschreiten und einschließen.

Wichtig ist dabei, dass die Drei durch das Ausströmen und ungehinderte Fließen selbst gebildet und definiert werden. Dieses Fließen formt und schützt die Drei, und die Drei geben den Fluss aus. Dieselbe Dynamik gibt es auch in einer gesunden Gesellschaft, nicht wahr?

Aber wir neigen dazu, uns bei Extremen aufzuhalten. In der westlichen Welt geht es heutzutage entweder um einen intensiven

Individualismus (in progressiven und konservativen Ausprägungen), der das Allgemeinwohl zu einem verlorenen, unmöglichen Ideal macht. Oder die Menschen leben in gedankenlosen Kollektiven, verhaftet in Stammes- und Gruppendenken, in dem zu viele Menschen gesunde Autonomie oder Individualität vermissen lassen. Auch hier gibt es progressive und konservative Ausprägungen, was nur zeigt, dass diese sehr gebräuchliche Form des Sehens uns zwei nutzlose Kriterien für die Wahrheitsfindung anbietet.

Wie können wir also tiefe und echte Werte bewahren, die dieses Spektrum überspannen? Diese Frage stellt sich unweigerlich. Ich möchte nicht esoterisch klingen, aber: Die Dreieinigkeit schenkt uns ein geradezu ideales Paradigma, ein Modell und eine Einladung. Einen gangbaren Weg, der auf so viele problematische und politische Themen angewandt werden könnte.[110] Versuchen wir es noch einmal.

Das Wort „Person", wie wir es heute verwenden, meint ein einzelnes menschliches Individuum. In der hebräischen Bibel findet sich dieses Wort überhaupt nicht. Aber die Vorstellung von einem Antlitz, einem Gesicht, findet sich sehr wohl. Die hebräischen Autoren wollten vermitteln, was passiert, wenn man Gott YHWH *von Angesicht zu Angesicht* gegenübersteht, der die innige Kommunikation suchte: „der Herr lasse sein Angesicht leuchten über dir und sei dir gnädig; der Herr hebe sein Angesicht über dich und gebe dir Frieden."[111] Ähnliche Formulierungen finden sich in mehreren Psalmen[112]. Dort wird das „Gesicht" oft als „Gegenwart" übersetzt, als erkennbar gemachte Präsenz, die sich von einem Selbst zum anderen überträgt.

In der griechischen Übersetzung der Bibel wird für „Gesicht" das Wort *proposon* verwendet, was eigentlich die Bühnenmasken bezeichnet, die griechische Schauspieler trugen. Sie dienten zum einen der Erweiterung der Identität, zum anderen als Verstärker für die Stimme. Lehrer wie Tertullian und die kappadozischen Väter verwendeten das lateinische Wort *persona* und bewahrten damit die ganze Freiheit und Identität der drei „Personen" der Dreieinigkeit, die trotzdem eine vollkommene und totale Gemeinschaft bilden.

Jedes Mitglied der Dreieinigkeit galt als „persona“ oder „Gesicht“ Gottes. Jede Person der Dreieinigkeit teilte ihr Gesicht und ihre Güte den anderen voll und ganz mit, behielt dabei aber die eigene Identität bei. Jede Person der Dreieinigkeit klang durch (per-sonare) die anderen hindurch.

Ironischerweise ist „Person“ heute unser Ausdruck für einen autonomen Menschen, dabei meinte das Wort ursprünglich genau das Gegenteil. Alle drei wissen, dass sie „Durchklänge“ der jeweils anderen sind. Identität wird gleichzeitig erhalten und komplett geteilt, und genaugenommen ist nur so reife Liebe möglich. Da würde wohl jeder gute Psychologe zustimmen.

Wir alle sind ein Durchklang von etwas Größerem, von jemand anderem, und das wird unser Selbst. Wir sind aber auch eine Bühnenmaske, ein Gesicht, wir empfangen und offenbaren unsere gemeinsame DNA, unsere Vorfahren und die Kultur unserer Vergangenheit. All das formt unser Verständnis dessen, was wir heute eine „Person“ nennen. Was zunächst aussagte, dass alle Identität geteilt ist, meint heute das Gegenteil: ein abgegrenztes Individuum. Dass wir alle ein Durchklang sind, wird nicht mehr wirklich (an)erkannt. Diese Verzerrung hat das ursprüngliche moralische Prinzip des Gemeinwohls zu einem fast unmöglichen Ideal verkommen lassen.

Denken Sie an Ihre eigene Erfahrung: Wie viele Menschen kennen Sie, sich selbst eingeschlossen, die wirklich mit einem angemessenen und gut ausbalancierten Maß an Selbstliebe und Hingabe an dem göttlichen Tanz teilhaben? Dabei wäre dies die exakte Definition psychischer Reife. Es ist wirklich ein Tanz, bei dem wir uns ständig gegenseitig auf die Füße treten.

Wer ein angemessenes Maß an Selbstliebe empfangen, gehalten und genossen hat, wer darauf vertraut und daran teilnimmt, kann sie in demselben Maß an den Rest der Welt weitergeben. Sie können und müssen Ihren Nächsten lieben *wie sich selbst*, wenn Sie ganz werden wollen. Und er auch.

Die goldene Regel ist also der „Goldstandard“ für jede Form von Wachstum und Entwicklung. Das lernen wir von der Dreieinigkeit.

Es ist ein niemals endender Tanz, eine Bewegung nach innen und außen, ein Empfangen und Geben.

Und denken Sie daran: Wenn es nicht aus Ihnen herausströmt, dann wahrscheinlich, weil Sie nicht zulassen, dass es in Sie hineinströmt. Liebe kann in jedem Moment zu ihnen hinfließen: durch das Bild in einer Blume, einem Sandkorn, einer Wolke, einem Menschen, dem Sie erlauben, Sie zu erfreuen. Und dann fangen wir an, ohne offensichtlichen Grund zu lächeln.

Waschmittelpakete im Supermarkt

Einmal stand ich in einem Supermarkt im Gang mit den Waschmitteln. Ich weiß, diese Geschichte fängt vielversprechend an, nicht wahr? Warten Sie es ab!

Ich stand ganz allein in diesem Gang, zum Glück, und ich lächelte die Waschmittelpakete an. Ich weiß nicht, wie lange ich das tat, aber es ging durchaus ein paar Minuten lang so, schätze ich. Irgendwann kam ich zu mir und schaute mich um. Dankenswerterweise hatte mich niemand beobachtet, denn mir war mein albernes Lächeln wirklich ein bisschen peinlich. Solche Grundlos-vor-sich-hin-Grinser sind ja meist psychisch instabil. Und mir war durchaus klar, dass Waschmittel an sich kein Anlass zu größerer Freude sind.

Oder vielleicht doch? Sollte ich mich mal bei einem der Hersteller bewerben?

Geistliche Freude hat nichts damit zu tun, dass etwas gerade objektiv gut läuft. Sie hat alles damit zu tun, dass etwas geschieht, dass sich in Ihnen etwas *bewegt*. Es geht um innere Lebendigkeit. Freude findet eigentlich immer in unserem Inneren statt. Sie wird nicht von dem Objekt bestimmt, über das wir uns freuen, sondern vom bereitwilligen Auge dessen, der sich freut.

Und wenn Sie im Fluss sind, dann spielt es keine Rolle, was Sie tun. Sie müssen kein Priester am Altar sein, kein Prediger auf der

Kanzel, das ist sicher. Ich höre förmlich die Erleichterung, noch während ich dies schreibe. Gern geschehen!

Sie können eine Hausfrau beim Einkaufen sein oder ein Bauarbeiter auf dem Gerüst, es spielt keine Rolle. *Alles* ist von innen her heilig und zutiefst befriedigend. Elizabeth Barrett Browning, eine Dichterin aus dem 19. Jahrhundert, schrieb dazu: „Die Erde ist randvoll mit Himmel, und in jedem gewöhnlichen Busch brennt Gott.“[113]

Alles ist ganzheitlich und heilig, wenn wir es sehen, weil wir im Fluss der Liebe stehen, ohne die negative Wirkung des Zweifels.[114]

Das ist alles, was es wirklich gibt. Nennen Sie es Bewusstsein, nennen Sie es Gott, nennen Sie es Liebe. Es ist der Grund allen Seins, aus dem alle Dinge – und besonders alle guten Dinge – kommen.[115]

Es ist ein Zulassen, ein tiefes Sehen, ein Genießen. Es ist die Schöpferkraft des Universums. Der Fluss fließt, und wir sind darin, ob wir es genießen oder nicht.

Was also ist Ihr Fluss in diesem Moment?

Saugen Sie ihn ein oder lassen Sie ihn ausströmen?

Wehren Sie sich oder öffnen Sie sich?

Bestimmt negative Energie oder Lebensenergie diesen Ihren Tag?

Sind Sie in Verteidigungsstellung oder können Sie sich in diesem Moment verletzlich machen?

Dies sind zwei ganz verschiedene Richtungen und Energieflüsse, und Sie müssen den Unterschied in sich selbst bemerken lernen. Sonst wissen Sie nicht, wofür Sie beten sollen, was Sie wirklich brauchen und wer Sie in jedem einzelnen Moment wirklich sind.[116]

Alles Rohmaterial für das richtige Sehen ist in Ihnen vorhanden, weil Sie den Heiligen Geist als inneren Anwalt und Verteidiger haben.[117] Der Geist ist Ihr innerer Kompass, der Ihnen sagt, wie Sie beten, hoffen und lieben sollen. Paulus sagt es ganz ehrlich: „Wir wissen nicht, wie wir beten sollen.“[118]

Sie müssen nur alles loslassen, was sich in Ihrem Inneren gegen den Fluss stellt, ihn für unmöglich hält. Alle Scham, die den innewohnenden Geist daran hindert, Sie zu leiten. Denn wissen Sie was? Ihre Sünden sind oft Ihre besten Lehrer. Der große Fluss nutzt alles, absolut alles. Selbst Ihre Fehler werden zu Ihren Gunsten gebraucht, wenn Sie es zulassen. So gut ist Gott.

Die falschen Leute lieben

„Nur wir haben den Geist." So hieß es in meiner Kirche, als ich aufwuchs. Und dann fand ich heraus, dass alle Religionen dasselbe sagen. Das fand ich ganz interessant.

Es gibt einen Ausdruck dafür: Gruppen-Narzissmus. Es hat nichts mit der Liebe zu Gott zu tun, es ist auch keine Suche nach Wahrheit oder Liebe. Es ist ein Haschen nach Kontrolle, und jede Gruppe wird in ihren unreiferen Entwicklungsstufen versuchen, Gott in die Tasche ihrer Mitgliederjacken zu stecken.

Warum sage ich das so deutlich? Weil ich Sie herausfordern möchte, mir eine Weltreligion zu nennen, die sich nicht so verhält. Wir müssen ja nur in unser eigenes Altes Testament schauen. Dort gibt es einige religiöse Glaubenssätze, die noch in die Welt Jesu hineinwirkten. Und wir wissen, wie Jesus darauf reagierte.

„Gott ignoriert die Samariter", hieß es da.

Die Samariter waren Nachbarn der Juden und galten als ein Mischvolk mit einer „Mischreligion". Deshalb gab man sich als Jude natürlich nicht mit ihnen ab, wie es auch das Johannesevangelium ganz deutlich sagt (4,9). Aber dann kommt Jesus und erzählt ein Gleichnis, in dem die außerordentliche Freundlichkeit eines Samariters gelobt wird (vgl. Lukas 10,25-37). Und als er durch Samaria reist, überrascht er eine Samariterin ebenso sehr wie seine eigenen Jünger, indem er sie anspricht und dann in ein Gespräch über tiefe geistliche Angelegenheiten verwickelt (vgl. Johannes 4,4-42). Auch an anderen Stellen zeigt er Gottes positive Haltung zu den Samaritern (vgl. z.B. Lukas 9,52-56; 17,11-19).

„Gott weiß nicht, dass die Syrophönizier überhaupt existieren."

Die Syrophönizier lebten nördlich von Israel und galten als Außenseiter und Heiden. Aber eine syrophönizische Frau, die verzweifelt um die Heilung ihrer Tochter kämpft, bittet Jesus um Hilfe, und er lobt ihren großen Glauben und heilt die Tochter (vgl. Markus 7,24-30; Matthäus 15,22-28).

„Wir sind das auserwählte Volk, im Gegensatz zu allen anderen Völkern."

Jesus bestätigt Gottes besondere Beziehung zum Volk Israel, aber er zeigt auch Gottes Barmherzigkeit für und Annahme von Menschen aller Herkünfte. Seine Jünger und die Zuhörer hatten das so nicht erwartet. Als die Jünger endlich seine Ziele verstanden, handelten sie wie er. Sie sahen, dass alle Völker – Juden, Proselyten, „Heiden" und „Ausländer" – sich dem Tanz der Dreieinigkeit anschließen und erfahren konnten, wie der Heilige Geist über sie ausgegossen wurde (vgl. z.B. Apostelgeschichte 2,1-11; 10,1-49).

Jesus bringt alles durcheinander! Was macht er da? Ständig macht er Außenseiter zu Helden seiner Gleichnisse und zu Empfängern von Gottes facettenreicher Gnade. Wer das nicht erkennt, macht sich der Ignoranz schuldig.

Im Großen und Ganzen haben wir es nicht begriffen. Die katholische Kirche hat die ritualgebundenen und gesetzlichen Fehler des Judentums beinahe bis ins Detail übernommen, und der Protestantismus hat die katholische Kirche allzu gut imitiert, nur dass er an ganz anderen Stellen gesetzlich wurde, damit es nicht so auffiel. Aber das Ego-Spiel ist dasselbe.

Man könnte nun leicht argumentieren, dass der Dritte im Bunde der abrahamitischen Religionen, der Islam, unser fürchterliches „Nur für Mitglieder"-Gehabe auf die Spitze getrieben hat. Aber so ist es nun mal mit unreifen Religionen: Es geht nie um die Suche nach dem heiligen Mysterium und nach der Frage, wie man am meisten lieben lernt. Unreife Religionen suchen nach einer Bestätigung des Egos, nach dem moralischen hohen Ross und natürlich danach, dass man besser ist als diese „anderen" da drüben.

Um noch einmal auf Karl Rahner zurückzukommen: Er hat vorgeschlagen, wir sollten alle mal 50 Jahre lang aufhören, das Wort „Gott" zu gebrauchen. Denn er sagt, im Grunde haben wir keine Ahnung, wovon wir da reden. Das zeigt sich ganz deutlich, wenn man sich ansieht, was wir mit Jesus gemacht haben, der uns als vollkommen sichtbare und offensichtliche Verkörperung Gottes gegeben wurde. Bis heute missbrauchen wir ihn für unsere kleinlichen Kulturkriege. Wir ziehen ihn in unsere kleine Psyche hinein und aus der schützenden Stille der Dreieinigkeit heraus. Wir tun so, als hätten wir ihn total verstanden, zumindest wenn wir ihn für unsere eigenen Kämpfe, Vorurteile und Dominanzspielchen benutzen konnten. Armer Jesus.

Lassen Sie uns also demütig sein und Gott 50 Jahre lang nur „das heilige Mysterium" nennen, um die Wunde auszubrennen, die wir unserer Kultur und uns selbst zugefügt haben. Vielleicht klärt sich dann nach einem halben Jahrhundert die Sprache soweit, dass wir in aller Demut und Dankbarkeit angesichts des heiligen Mysteriums anerkennen können, dass wir nicht besonders viel auf die Reihe bekommen und auch nicht viel verstehen.

Nur die Leere kann die Fülle empfangen

Um die Überschrift zu rechtfertigen, möchte ich aus einer der ältesten Hymnen der Kirche zitieren:

„Er, der in göttlicher Gestalt war, hielt es nicht für einen Raub, Gott gleich zu sein, sondern entäußerte sich selbst und nahm Knechtsgestalt an."[119]

Könnte diese erste Strophe aus dem großen Hymnus des Philipperbriefs in ihrer Fülle auf die ganze Dreieinigkeit angewandt werden, nicht nur auf Jesus? Das glaube ich schon.

Die Drei leben als eine einzige ewige Selbstentäußerung. Im Griechischen heißt das *kenosis.*

Wenn Sie sich selbst schützen, wenn Sie Ihr Selbstbild und Ihre Identität sichern wollen, dann halten Sie fest. Ihr Ego ist voll von sich selbst. Das ist das Gegenteil von *kenosis*.

Das Faszinierende an dem Prinzip der Gegenseitigkeit, das die Dreieinigkeit trägt, ist, dass die Namen, Rollen, Energien vollkommen austauschbar sind.

Wir wollen den Vater nicht als den einzig Ewigen typisieren, den Sohn als den einzig Lebendigen und den Geist als einzig Innerlichen. Alles ist ganz und gar dem anderen gegeben und losgelassen worden; aber für unseren Verstand ist es hilfreich, drei Personen zu identifizieren.

Wenn alle drei dieser göttlichen Eigenschaften anfangen, Sie anzuziehen und wenn Sie sich mit Unendlichkeit, Lebendigkeit und Innigkeit vertraut fühlen – also mit allen Dreien –, dann leben Sie endlich mitten in einer trinitarischen Spiritualität.

Das ist Gottes lebenslange Arbeit in Ihnen. Ich hoffe, das überrascht oder enttäuscht Sie nicht, aber ich habe oft festgestellt, dass diese göttlichen Eigenschaften besonders ausgeprägt bei Menschen sind, die an den Rand gedrängt oder unterdrückt werden, die „arm“ oder „geistig behindert“ sind.

Sie müssen noch mehr als andere auf die Liebe vertrauen. Sie brauchen Gemeinschaft. Sie wissen, dass nur verletzliche Menschen sie verstehen. Sie profitieren von Gegenseitigkeit. Sie leben immer in Beziehung. Sie finden kleine Möglichkeiten, ihrer Gemeinschaft zu dienen, den Kranken zu helfen, denen, die noch ärmer sind als sie selbst. *Sie wissen, dass nur ein leidender Gott sie retten kann.*

Sie können dieses Muster als unfehlbares Zeichen dafür nehmen, dass ein Mensch in Gott lebt. Menschen, die vom Fluss erfüllt sind, bewegen sich von der Notwendigkeit weg, ihre eigene Macht zu schützen. Und sie werden von den Machtlosen, dem Abgründigen, dem Bodensatz, dem Einfachen und dem Schlichten angezogen. Sie haben alle Macht, die sie brauchen, und diese Macht fließt über und sucht sich, wie das Wasser, die tiefsten Spalten, um sie als Erste zu füllen.

Zwischenraum

Manchmal versuchen Menschen, die Dreieinigkeit „überzudefinieren“: „*Dies* ist das Werk des Vaters“, sagen sie voller Gewissheit. „Und *dies* ist die Rolle des Sohnes. Und *so* sieht der Heilige Geist aus.“ Indem sie die drei Personen auseinanderzuhalten und in eine Art Diagramm einzuordnen versuchen, verlieren sie etwas Lebensnotwendiges: den Raum *zwischen* den drei Personen.

Das Innenleben der Dreieinigkeit ist ein Mysterium, das die Sprache an ihre Grenzen bringt. Die spezifischen Funktionen oder Rollen der einzelnen Personen sind sicher interessant, aber ehrlich gesagt halte ich das nicht für besonders wichtig. Selbst die drei Namen sind eigentlich nur Platzhalter, und es gibt tausend schöne Namen für Gott, mit denen man sie austauschen könnte, wie ich es im Anhang zu diesem Buch mit den Bezeichnungen für den Heiligen Geist tue und wie ich es schon immer mit Christus und Jesus getan habe.

Das Wichtigste ist, die Energie und die Qualität der Beziehung zwischen diesen Dreien zu begreifen. Denn genau dieses existentielle Mysterium verwandelt uns.

Das können Sie nur erfahren, wenn Sie in der Beziehung leben (Gebet?). Als die Jünger Jesus fragten, wo er lebe, gab er ihnen diese intime Einladung: „Kommt und seht.“[120] Göttliche Gastfreundschaft in Aktion.

Seit Jahren nutze ich eine Metapher dafür, die vor allem Eltern sofort verstehen. Wenn die Kleinen schlafen gehen sollen, können Sie ihnen das hübscheste Zimmer mit dem gemütlichsten Bett anbieten, aber wollen sie dort bleiben? Nein! Sie denken sich tausend Ausreden aus, um ins Bett ihrer Eltern zu krabbeln. Und ich bin sicher, es gefällt Ihnen. Vielleicht nicht jede Nacht, aber doch manchmal …, bis sie Ihnen die Füße in den Hals bohren.

Warum lieben Kinder es so sehr, bei den Eltern zu schlafen?

Weil dort die Energie fließt.

Weil dort die Sicherheit und Zärtlichkeit sind, die sie brauchen.

Zwischen ihren beiden Eltern.

So bekommen sie das Beste von Ihnen beiden, sie ruhen buchstäblich im Raum Ihrer Beziehung: zwischen Ihnen. Welches Kind würde sich nicht am liebsten zwischen Mama und Papa einkuscheln?

So muss das Nirwana aussehen. Der Himmel! Totale Sicherheit, wenn man in der Nacht nur die Hand ausstrecken muss und beide Eltern links und rechts von sich fühlen kann. Jeder Elternteil repräsentiert eine bestimmte Form der Energie, die, wäre er allein, in ihm selbst verbleiben würde, doch durch die Existenz eines Dritten – des Kindes – kommt etwas ganz Neues in die Mischung. Manche nennen dies „das Gesetz der Drei" und sagen, dass nur so wirkliche Veränderung geschieht.

Wie das Gesetz der Drei alles verändert

Denken Sie sich einmal in folgende Situation: Es ist Wahlkampfzeit, und Sie unterstützen leidenschaftlich Ihren Lieblingskandidaten. Sie sind damit die „erste Kraft" im Gesetz der Drei – Sie stehen in der Ecke Ihres Kandidaten. Ein Kollege von Ihnen, oder vielleicht ein Elternteil, unterstützt den anderen Kandidaten mit derselben Leidenschaft. Das ist die „zweite Kraft".

So, wie wir oft unser Leben führen, ist an dieser Stelle Schluss. Jemand vertritt Position A, jemand anders vertritt die entgegengesetzte Position B. Rivalität und Gegensätze bestimmen das Leben. Ein solches Verhalten findet in einem binären System statt: Zweigeteiltheit in der Opposition. Im besten Fall versuchen wir, eine Art Kompromiss oder Synthese der Positionen zu erreichen – wenn wir aufgehört haben, uns anzuschreien. So sah der Philosoph Hegel die Welt: eine Welt sich duellierender Dualismen.

Das Gesetz der Drei stellt die Frage: Was würde passieren, wenn wir nicht in einem binären, sondern in einem *ternären* Universum leben würden?

Wenn die Dreiheit die Essenz des Kosmos mehr erfasst als die Zweiheit, dann heißt das, wir können unsere Sichtweise von der ersten und zweiten Kraft beibehalten und dabei auf eine dritte Kraft hoffen, die kommen und uns aus unseren ordentlichen kleinen Schubladen hauen wird. Es geht hier nicht um eine bloße Synthese zwischen Ihrer Position und der Ihres Kollegen, sondern etwas wirklich Neues betritt die Bühne, eine Position C.

Das könnte ein ernstzunehmender dritter Kandidat sein, der die Fantasie beflügelt. Es könnte eine drastische Veränderung in einer der beiden politischen Parteien sein. Oder etwas vermeintlich „Schlechtes" von außen könnte eintreten, ein Sturm oder eine Naturkatastrophe, die alle in Ihrem Umfeld auf ungeahnte Weise zusammenbringt. Es könnte auch eine unpolitische Lösung sein, die sich mit solcher Dringlichkeit und Wichtigkeit aufdrängt, dass alle vergessen – wenn auch vielleicht nur für eine Saison –, worüber sie gestritten haben.

Welche Form die dritte Kraft annimmt, ist nicht der Punkt. Es geht auch nicht darum, dass die erste und zweite Kraft ungültig werden, nur weil da ein neuer, leuchtender Debütant auftritt. Stattdessen *erlöst* diese dritte Kraft jede der Positionen und weist allen eine wertvolle Rolle in der Erschaffung von etwas ganz Neuem zu. Und dieses Neue ist die vierte Möglichkeit, das Spielfeld unseres neuen gemeinsamen Einsatzes.

Genau deshalb habe ich einmal ein ganzes Buch dem Versuch gewidmet, denen, die es hören wollten, zu sagen: Alles gehört zusammen.

Das können wir erwarten, nicht nur als Idee, sondern als erlebbare Erfahrung. Wenn wir das Leben der Dreieinigkeit erfassen, das in der gesamten Schöpfung am Werk ist, dann sitzen wir als geladene Gäste an Rubljows schönem rundem Tisch:

Die Magie der Drei holt uns aus unseren dualistischen Sackgassen und lädt immer eine vierte Welt ein, in die wir eintreten können.[121]

Ist es ein Junge oder ein Mädchen?

„Vater" und „Sohn" sind zweifellos sehr maskuline Bezeichnungen für Mitglieder der Dreieinigkeit, und selbst der Heilige Geist wird häufig als männlich angesehen. Nachdem aber die letzten 200 Jahre zu einer Wiederbelebung der Würde und des Wertes von Frauen geführt haben – sowohl in der Kultur insgesamt als auch in der Kirche –, fragen sich viele, warum die Sprache, mit der wir über Gott reden, so maskulin ist.

Ich habe das Problem in meinem eigenen geistlichen Leben folgendermaßen zu lösen versucht: Ich habe akzeptiert, dass Tausende Jahre einer agrarischen, paläolithischen, von der Kultur des fruchtbaren Halbmonds dominierten patriarchalen und schließlich imperialen Trägheit diese hauptsächlich männlichen Bezeichnungen für Gott hervorgebracht haben.[122]

Aber wissen Sie, was ich glaube? Ich glaube, dass die Zwischenräume zwischen den einzelnen Personen der Dreieinigkeit eindeutig weiblich sind. Ihre festen Formen oder Manifestationen sind die maskuline Dimension und das diffuse, intuitive, geheimnisvolle und wunderbare Unbewusste dazwischen ist weiblich. Und dort liegt die wahre Macht – im Raum zwischen den Personen viel mehr als bei den einzelnen Personen selbst.

Insofern ist es wirklich gut, dass wir in den letzten Jahren in unseren biblischen Studien, unserer Theologie und unserer Anbetung der weiblichen Natur Gottes die ihr gebührende Aufmerksamkeit geschenkt haben. In Anbetung und Gottesdienst ist das besonders wichtig, damit die Menschen nicht weiterhin ein allzu männliches Gottesbild mitnehmen.[123]

Das Geheimnis der Dreieinigkeit gibt mir die Möglichkeit, der weiblichen Natur Gottes nachzuspüren. Es ist in Ordnung, wenn Sie bei den traditionellen männlichen Namen bleiben wollen – Sie müssen das nicht tun, aber es funktioniert, wenn Sie dabei auf die Zwischenräume zwischen den Personen achten, sie mit berücksichtigen, deutlich machen und verstehen: die Beziehung, die

Bewegungen des Tanzes der Drei. Hier liegt, so wie ich es verstehe, die weibliche Dimension Gottes.

Dort ist auch die Schöpferkraft angesiedelt. Hildegard von Bingen sprach von *veriditas,* der „Grünkraft". Neues Leben. Wie das naturwissenschaftliche Prinzip von „Ockhams Rasiermesser" nahelegt (Wilhelm von Ockham ist eine unserer weniger bekannten franziskanischen Geistesgrößen), ist die wahrste Antwort normalerweise sowohl schlicht als auch elegant. Und ich finde, diese Erklärung hat beides, Schlichtheit und Eleganz.

Nehmen Sie sie in Ihr Gebet auf, bewegen Sie sich in dieser männlich-weiblichen Polarität hin und her, tanzen Sie und schauen Sie, ob es etwas in Ihnen bewirkt. Die Geschichte hat bisher nur selten eine schöne Balance gefunden.

Die Kraft konzentrischer Kreise

Was wäre, wenn wir uns tatsächlich in diesen Strom fallen ließen und ihn zu unserem wichtigsten Lehrer machten? Selbst unsere grundlegendsten Vorstellungen von Gesellschaft, Politik und Herrschaft würden sich verändern, weil hier noch fast immer von oben nach unten und von außen nach innen gedacht wird.

Es ist wenig überraschend, dass die westliche Idee des Gottesgnadentums von Königen sich so viele Jahrhunderte halten konnte. Wir sehen bis heute, dass die meisten Leute fasziniert von Menschen sind, die sie für „wichtig" oder „mächtig" halten, seien es Sportler, Politiker, geistliche Leiter oder Stars aus der Unterhaltungsbranche. Es ist, als hätten sie *mana,* eine einzigartige Kraft oder Energie, die ihnen von außen oder von oben zufließt – statt von innen. Die meisten Menschen leben in einer tiefen Koabhängigkeit von ihrer eigenen Art von Cargo-Kult[124]. Die Macht ist immer irgendwo „da draußen" oder „da oben". Ich glaube, wir würden nicht so abgespalten handeln, wenn wir in lebendiger Verbindung mit der Dreieinigkeit stünden.

Die Theologie der Dreieinigkeit besagt, dass die wahre Macht nicht hierarchisch, sondern eher kreis- oder spiralförmig ist.

Sie ist hier, sie ist in uns. Sie wird geteilt und ist teilbar, sie ist ganz und gar für uns da (vgl. Römer 5,5 und alles andere!). Gottes Geist ist in uns eingepflanzt und wirkt in, mit und durch uns! Schauen Sie nicht zur Spitze der Pyramide. Hören Sie auf, das sogenannte „eine Prozent" zu verehren. Da oben gibt es nichts Wertvolles, was nicht auch hier unten existieren würde. Und vor allem, diese Haltung hat den übrigen 99 Prozent der Weltbevölkerung einen unnötigen und tragischen Minderwertigkeitskomplex angehängt.

Die Dreieinigkeit sagt, dass Gottes Macht nicht in Dominanz, Drohungen oder Zwang besteht, sondern von ganz anderer Art ist. Nicht einmal die Jünger Jesu haben es geschafft, sich darauf einzulassen. Wenn der Vater den Sohn nicht dominiert und der Sohn nicht den Heiligen Geist, wenn auch der Geist nicht Vater und Sohn dominiert, dann gibt es keine Dominanzstrukturen in Gott. Alle göttliche Macht ist geteilte Macht. Das hätte die Politik und Beziehungen von Christen grundlegend verändern müssen.

In der Dreieinigkeit gibt es keine „Macht über", sondern nur „Macht mit" – ein Geben, Teilen, Loslassen und unendliches Vertrauen. Gegenseitigkeit. Und das alles hat die Macht, alle Beziehungen zu verändern: in der Ehe, in der Gesellschaft, selbst im internationalen Bereich. YHWH hat schon versucht, dem Volk Israel diese Haltung nahezubringen, wie wir in den vier Liedern vom Gottesknecht sehen. Er wollte, dass Israel das „Licht der Völker" wird[125], aber in der Geschichte Israels sehen wir vorweggenommen, was das Christentum später wiederholte: Wir ziehen Könige und Systeme jeder leidvollen Dienerschaft vor.

Macht ist nach dem dreieinigen Jesus nichts, was man „ergreifen" kann.[126] Ich, Richard, muss mich nicht an meinen Titel, meine Auszeichnungen, meine Autorenschaft oder was auch immer klammern, wodurch ich mich mächtig und wichtig fühle. Wenn ich im trinitarischen Tanz erwache, begreife ich, dass all dies ziemlich unwichtig ist, oft nur Verstellung und Show, die mich von meinem wahren Selbst abhalten. All das steht der Ehrlichkeit, Verletzlichkeit und Gemeinschaft im Wege. Unsere Macht (*dynamis*) ist bereits in uns und zwischen uns. Jesus sagt sogar, wir wären damit „bekleidet"![127]

Mir scheint, die einzigen Menschen, die mit Macht umgehen können, sind diejenigen, die nicht so viel davon brauchen, die sie ebenso gut loslassen und teilen können. Tatsächlich würde ich sagen, in diesen schwierigen historischen Zeiten sind die einzigen Menschen, die mit Macht umgehen können, diejenigen, die Zeiten der Machtlosigkeit durchlebt haben. Die meisten anderen scheinen sie zu missbrauchen, wie die uns überlieferte Weisheit der universell praktizierten männlichen Initiationsriten zeigt.[128]

„Uninitiierte" Männer, die zu leicht an Macht kommen, nutzen sie fast immer zu ihrem eigenen Vorteil, selten für das Gemeinwohl. Das muss kaum noch bewiesen werden – nur Liebe kann gut mit Macht umgehen. Die Dreieinigkeit, die erste und letzte Quelle, beginnt die Schöpfung mit dem Satz, der alles andere möglich macht: „Es werde Licht!"[129]

Licht ist nicht das, was wir sehen, sondern das, *wodurch* wir alles andere sehen. Gott ist der große Ermöglicher, der die Gestalt innewohnender Gnade und ständiger Entwicklung annimmt. Die Dreieinigkeit ist so demütig, dass es ihr gleichgültig zu sein scheint, wer die Lorbeeren erntet. Es ist wie mit dem Licht: Wir sehen Gott nicht, sondern Gott erlaubt uns, alles andere durch richtig gute Augen zu sehen.

Diese Macht ist auch nicht einzeln, sondern geteilt – und spiegelt damit die Dreieinigkeit. Wie schon der kroatische Theologe Miroslav Volf schreibt:

> Weil der christliche Gott kein einsamer Gott ist, sondern eine Gemeinschaft dreier Personen, führt der Glaube Menschen in die göttliche Gemeinschaft. Und man kann keine isolierte Gemeinschaft mit dem dreieinigen Gott haben – eine Viererschaft

> dann eigentlich –, denn der christliche Gott ist kein Privatgott. Gemeinschaft mit diesem Gott ist immer auch Gemeinschaft mit anderen, die sich ihm in demselben Glauben anvertrauen. Deshalb versetzt der eine Akt des Glaubens den Menschen in eine neue Gemeinschaft sowohl mit Gott als auch mit anderen, die in Gemeinschaft mit Gott stehen.[130]

Dazu muss man wissen, dass eine geteilte Initiation nicht die Sprache der auf Wirtschaftlichkeit und Gewinn ausgerichteten Kultur der Großunternehmen ist. Sie entspricht auch nicht der Kultur der oberen Zehntausend, die uns vorgeben, wie wir sein und was wir wollen sollten. Wir müssen diese tiefere Weisheit jetzt und hier lernen, sonst wird sich unsere Kultur weiter in die Abwärtsspirale stürzen. Hingabe, Unterordnung, Vertrauen und Dienen werden dem Ego nie gefallen. Doch wenn wir ihre Weisheit ignorieren, ist das unser Untergang.

Beim Glauben geht es nicht darum, „unmögliche Dinge für wahr zu halten". Es ist vielmehr ein Weg des wachsamen Lernens, wie man in der ultimativen Liebe und in der unendlichen Quelle zur Ruhe kommt. Auf einer sehr praktischen Ebene werden wir dann fähig, darauf zu vertrauen, dass wir *gehalten und geleitet* werden.

Tatsächlich lernen wir nach einer Weile, dass fast alles eine Art Führung ist – nein, absolut alles.

Erst Ihre Bereitschaft, darauf zu vertrauen, dass es so etwas wie Leitung gibt, erlaubt ihr, sich als solche zu zeigen. Ein erstaunlicher Zirkelschluss, ich weiß, aber tun Sie es nicht ab, bevor Sie es ernsthaft ausprobiert haben. Ich bin zuversichtlich, dass Sie es im großen Ganzen der göttlichen Ökonomie der Dinge als wahr erkennen werden.

Aber ich muss Sie warnen: Wenn Ihr berechnender Verstand anspringt, werden Sie hören, wie Sie zu „profunden" Urteilen kommen wie: *Ach, das ist doch nur ein zufälliges Zusammentreffen. Es ist halt einfach so passiert.* Oder: *Verflixt, warum ist das passiert?* Oder gar: *Ich wünschte, ich könnte das ändern.* In einem dreieinigen Leben werden Sie aber das genießen, was einige Physiker heute „Quantenverschränkung“ nennen, andere Koinzidenz oder eben Zufall.

Wenn Sie die Möglichkeit solcher Dinge anzweifeln, haben Sie gerade den Fluss angehalten. Wenn Sie jedoch auf dem Weg des Zulassens und Vertrauens weitergehen, dann wird Ihnen der Geist es ermöglichen, sich voller Zuversicht hinzugeben: *Es gibt einen Grund für das, was passiert. Ich lebe im Fluss, getragen von den Überraschungen seiner/meiner Entfaltung. Ich werde geführt. Cool bleiben, alles ist gut.*

Bitte verwechseln Sie das nicht mit einer fatalistischen Haltung, als könnten wir unsere Situation nicht verändern oder verbessern. Tatsächlich ist das Gegenteil der Fall, Sie können das sehr wohl. Was ich meine, ist dies: Zuerst muss in Ihrem Herzen und Ihrer Seele ein Ja entstehen, kein Nein. Vertrauen statt Widerstand. Und wenn Sie mit dem Ja weiterkommen und sich gestatten, Gott in allem zu sehen, dann werden Sie erkennen, dass diese Energie nie verloren geht, sondern *immer* Leben und Liebe hervorbringt. Die Heiligen haben in diesem Zusammenhang vom „Vertrauen in die göttliche Vorsehung“ gesprochen.

Richard von St. Victor und die höchste Freude

Ich habe festgestellt, dass unser franziskanischer Heiliger Bonaventura (1221–1274), der viel über die Dreieinigkeit geschrieben hat, stark von einem weniger bekannten Mann namens Richard von St. Victor beeinflusst war. St. Victor war im frühen Mittelalter ein sehr wichtiges Pariser Kloster. Viele Innovatoren der damaligen Zeit kamen aus diesem Kloster, so viele, dass man sie unter dem Sammelnamen „Victoriner“ zusammenfasste. Immer wieder hörte ich: „Richard, du musst Richard lesen!“ Also tat ich es irgendwann. Und ich bin froh darüber! Hier eine kurze Zusammenfassung dessen, was er in mehr als zwei Kapiteln natürlich sehr viel schöner entwickelt:

Um gut zu sein, reicht es, wenn Gott *ein* Gott ist. Um liebevoll zu sein, muss Gott zwei sein. Denn Liebe ist immer Beziehung, verstehen Sie? Aber damit Gott „größte Freude" und „Vergnügen" teilen kann – und das ist der wahre Durchbruch! –, muss er drei sein, denn die höchste Freude entsteht, wenn zwei Personen ihre gemeinsame Freude mit einer dritten teilen.[131] Man muss nur beobachten, was mit einem Paar geschieht, wenn ihr gemeinsames Baby geboren wird, dann versteht man die tiefe Wahrheit dieser Aussage.

Als ich Richard von St. Victor zum ersten Mal las, erinnerte ich mich an das, was ich immer wieder sagte, als ich durch meine Tätigkeit als Lehrer, Redner, Autor und Seminarleiter bekannter zu werden begann. Auf einmal wollten lauter Leute mir nah sein, meine besten Freunde sein und so weiter. Wie sollte ich zwischen all diesen neuen möglichen Freunden auswählen?

Ich begriff, dass die Menschen, die ich wirklich mit Hingabe und in aller Freiheit liebte, nicht diejenigen waren, die mich besonders mochten, sondern diejenigen, *die das liebten, was ich liebte*. Menschen, denen Gemeinschaft, das Evangelium, die Armen, Gerechtigkeit und Ehrlichkeit wichtig waren. Mit ihnen war der Fluss entspannt, natürlich und lebensspendend. Viele andere Leute, so schien mir, liebten mich aus den falschen Gründen; sie brauchten Liebe mehr, als sie sie geben konnten. Sie waren eher abhängig von mir, als dass sie mir eine kreative Beziehung anboten.

Fast immer stehen am Anfang von etwas wirklich Neuem, Kreativem und Riskantem zwei Leute, die sich für dasselbe begeistern. Das meinte Jesus wohl, als er in seiner ganz einfachen ersten Definition von Kirche davon sprach, dass sich „zwei oder drei" in seinem Namen versammeln.[132]

Wie schon gesagt, wir bewegen uns von einer binären zu einer ternären Landkarte des Lebens, vom Gesetz zum Dreiermuster.[133]

Ich denke, jeder von uns bringt dieser ternären Landkarte einen gewissen Widerstand entgegen, weil unser ganzes Leben von binären Gegensätzen geprägt war. Wir denken einfach so. In meinem Buch

Pure Präsenz nenne ich das dualistisches Denken. Die meisten Menschen fechten in Entweder-Oder-Situation, in binären Gegensätzen vor und zurück – schauen Sie sich nur unsere politischen Parteien an. Wer am lautesten schreit, scheint zu gewinnen, aber irgendwie bleiben wir immer unzufrieden zurück und kommen uns betrogen vor. Und das ist ja auch so.

Im *Center for Action and Contemplation* versuchen wir einen sogenannten Dritten Weg der Konflikt- und Problemlösung und der Kreativität zu praktizieren. Dazu muss man erlebt haben, wie die Zwei einen fallenlassen. Man muss beinahe an ihnen sterben. Man muss bereit sein, von ihnen beiden enttäuscht zu werden.

Die meisten Menschen jedoch – wohl um ihr Ego und ihr Bedürfnis nach Rechthaben zu sichern – stellen sich deutlich auf eine Seite und machen einen Gott aus ihrer Ideologie, Religion oder Teilerkenntnis. Doch zu welchem Preis! Immer ist eine Niederlage der Intelligenz, der Weisheit, der Tiefe und der Wahrheit die Folge.

Wer sich in einem binären System auf eine Seite schlägt, missachtet die Wahrheit. Das Evangelium ist weder liberal noch konservativ, sondern wendet sich mit strenger Kritik gegen jede dieser beiden falschen Entscheidungen. Die wirklich gute Nachricht Jesu wird nie Stadien füllen, weil dualistisch geprägte Massen niemals gemeinsam einen noch so hell erleuchteten Dritten Weg annehmen können. Er fühlt sich ja auch, kontemplativ gesprochen, eher nach nichts an, weil wir in dieser Position wirklich sind wie Jesus und „keinen Ort haben, an dem wir unser Haupt betten“[134].

Wie das Mysterium des Vaters.

Wie die Kreuzigung des Sohnes.

Wie die Nichtgreifbarkeit des Geistes.

Im Wesentlichen gibt es zwei Arten von Menschen: diejenigen, die Sicherheit wollen, und diejenigen, die verstehen wollen. Und diese beiden Gruppen können sich tatsächlich nie einig werden.

Wer Sicherheit vom Leben verlangt, wird darauf bestehen, selbst wenn die Fakten dagegen sprechen. Das hat nichts mit Logik zu tun und auch nicht mit Wahrheit. „Lass mich mit der Wahrheit in

Ruhe, ich habe meine Schlüsse bereits gezogen!" Wenn Sie Sicherheit brauchen, ziehen Sie Ihre eigenen Schlüsse. Sie werden sich mit diesen Schlüssen umgeben und sich darin einhüllen.

Glaube steht aber per definitionem im totalen Kontrast zu diesem Denken. Wissen Sie, warum ich glaube, dass Jesus (und jede der Drei) gefährlich wird, sobald man ihn aus der Dreieinigkeit herausnimmt? Weil wir dann den Glauben als statisches Konzept fehldefinieren und nicht mehr als dynamischen, sich ständig verändernden Fluss.

Wir verwandeln den Glauben in ein Recht auf Sicherheit, während das Geheimnis der Dreieinigkeit uns das Gegenteil zuflüstert: Wir müssen in einer wunderbaren, schrecklichen Demut vor der Realität leben. In diesem Raum schenkt uns Gott die forschende Sehnsucht und den Wunsch zu verstehen. Und nur in dieser immerwährenden Suche nach Verstehen werden wir zu mitfühlenden Menschen – und zu weisen Menschen.

Wenn Sie glauben, Sie hätten ein Recht auf Sicherheit, dann zeigen Sie mir bitte einmal, wo das Evangelium Ihnen das verspricht oder anbietet. Das Neue Testament ist allerdings in einer Sprache geschrieben, die Jesus nie gesprochen hat. Wenn Gott uns Beweise, rationale Erklärungen und vollkommene Eindeutigkeit hätte geben wollen, dann hätte er mit der Menschwerdung von Jesus bis zur Erfindung von Aufnahmegeräten und Videokameras gewartet.

Rationale Gewissheit ist genau das, was die Bibel uns *nicht* liefert. Sie bietet uns aber etwas viel Besseres an, eine ganz andere Art des Wissens: eine innige Beziehung, eine Reise durch die Dunkelheit, einen Pfad, auf dem wir für uns selbst entdecken müssen, dass Gnade, Liebe, Barmherzigkeit und Vergebung absolut notwendig für unser Überleben sind – in einer immer und ewig unsicheren Welt. Wir brauchen nur so viel Klarheit und festen Boden unter den Füßen, dass wir wissen, wie wir ohne Gewissheit leben können. Schließlich sind wir durch den *Glauben* erlöst. Menschen, die so leben, hören nie auf zu wachsen, sie sind nicht leicht unterzukriegen und es ist ein einziges Vergnügen, mit ihnen zusammenzusein.

Dave Andrews, ein australischer Theologe und Aktivist, gibt der erhellenden Maxime von Richard von St. Vincent einen zeitgenössischen und gemeinschaftstauglichen Dreh:

> Man braucht *eine* Person, um ein Individuum zu sein. Man braucht *zwei* Personen, um ein Paar zu bilden. Und man braucht mindestens *drei* Menschen, um eine Gemeinschaft zu gründen (…). Eine „Dreierschaft“ bedeutet eine exponentielle Explosion der Möglichkeiten von Beziehungen, nicht nur in der Quantität, sondern auch in der Qualität. Eine Dreierschaft macht es Menschen möglich, über ihre persönlichen Interessen hinauszudenken. Sie bildet den Anfang eines Gefühls für Gemeinwohl, einen kollektiven Sinn jenseits der individuellen Interessen. Eine Dreierschaft bringt die *Stabilität* und *Sicherheit* hervor, die für jede Gemeinschaft wichtig sind …
> Weil die letzte Wirklichkeit des Universums, wie sie in der Dreieinigkeit aufscheint, eine Gemeinschaft von Personen in Beziehung zueinander ist, wissen wir, dass die Dreierschaft die einzige Möglichkeit ist, wie Menschen in Beziehung miteinander treten, mit der Individualität des einen, der Gegenseitigkeit der zwei und der *Stabilität, Subjektivität* und *Objektivität* der drei.[135]

Das Paradox der rastlosen Zufriedenheit

Ein authentisches christliches Leben und ein Leben im Fluss der Dreieinigkeit sind ein und dasselbe. Und dieser Fluss wird immer durch zwei scheinbar widersprüchliche Dinge charakterisiert. Das eine ist: Sie werden immer Sehnsucht haben und nach mehr verlangen, so wie die Drei sich endlos danach sehnen, sich selbst zu verströmen und hinzugeben. Es ist eine Art heiliger Unzufriedenheit oder Unbefriedigtheit, eine heilige Sehnsucht nach mehr Leben, Liebe und Produktivität.

Aber sie entsteht nicht aus einem Gefühl der Leere oder des Mangels, sondern gerade weil Sie mit *tiefer Zufriedenheit* und *Erfüllung* in Berührung gekommen sind. Es gibt immer noch mehr, was ich tun, erschließen und erfahren kann. Es gibt immer noch mehr Menschen, denen ich dienen kann. Es gibt noch mehr, was Gott mir geben will und was er gern von mir hätte. Das alles wird sich zu verschiedenen Zeiten im Leben eines reifen Christen zeigen. Nie wird sich das Gefühl einstellen: „Ich bin jetzt am Ziel und habe alles." Ein selbstzufriedener Mensch ist nicht Teil des trinitarischen Flusses. Wie können Erfülltsein und die Sehnsucht nach mehr so harmonisch gemeinsam existieren? Auf diese Frage habe ich keine Antwort, aber ich weiß, es ist wahr.

Im Leben der Dreieinigkeit können Sie immer in einer tiefen Zufriedenheit ruhen: Alles ist im Grunde genommen gut und in Ordnung. Jeder Augenblick ist so vollkommen, wie er nur sein kann, und ich muss nicht immer neu meine Präferenzen festlegen, Urteile treffen oder Forderungen stellen. Das meint wohl auch Paulus, wenn er von Christus sagt, sein Wesen sei das Ja.[136] Und das ist der Frieden, den die Welt uns nicht geben oder nehmen kann.[137] Wenn ein Mensch nicht grundlegend im ewigen Sabbat ruht, lebt er auch noch nicht im trinitarischen Fluss.

Aber ich habe eine gute Nachricht für Sie: Alle emotionalen Haken, Versuchungen und Ablenkungen sind nur *negatives Potenzial,* in diesen Frieden zu kommen. Sie laden uns ein, uns wieder neu zu entscheiden, und jedes Mal vergrößern wir unsere Freiheit. Das dürfen Sie mir ruhig glauben.

Ein trinitarisches Leben ist deshalb in der Lage, eine wunderschöne kreative Spannung in dieser Welt aufrechtzuerhalten: Wir müssen keine Angst vor der Abhängigkeit haben, aber auch nicht vor der Selbstgenügsamkeit. Wir können wir selbst sein und der andere – wie es die ständige Lektion der Dreieinigkeit vorlebt.

Kehren wir noch einmal zu Johannes Duns Scotus zurück, dem franziskanischen Philosophen und Theologen aus dem 13. Jahrhundert. Er hat in diesem Zusammenhang von der *Harmonie der Güte* gesprochen: Wahre Liebe zum Selbst fließt immer in die

Liebe zum anderen über. Es handelt sich um ein und denselben Strom. Und Ihre Freiheit, die Liebe auf andere auszudehnen, gibt Ihnen immer ein Gefühl von Würde und Macht im eigenen Selbst. So sieht das Paradox aus.

Tatsächlich können Sie nicht das eine ohne das andere haben. Der Versuch, andere zu lieben, wenn man sich selbst nicht schätzt, endet in Bedürftigkeit, Manipulation und haltloser Vernarrtheit – alles Schlachtfelder endloser Konflikte und (Co-)Abhängigkeiten. Und den Versuch, nur sich selbst zu lieben, ohne andere zu lieben, nennen wir Narzissmus. Besonders gefährlich wird er, wenn er die Form von religiösem Narzissmus annimmt, der Gott für die eigene Selbstüberhöhung benutzt.[138]

Sie können Dinge nicht erkennen, wenn Sie ihnen nicht erst einmal grundlegenden Respekt entgegenbringen – wenn Sie sie nicht lieben, bevor Sie sie mit dem Verstand begreifen. Davor warnt uns die Genesis schon ganz am Anfang, im archetypischen Garten Eden[139]: Wenn ihr gierig von dem verbotenen Baum der Erkenntnis esst, ohne das, was ihr da esst, zu respektieren und zu ehren, dann werdet ihr zu stolzen Menschen mit starkem Anspruchsdenken. Und dann wird das ganze Leben nur noch zu einem Konsumgut.

Paulus fasst dieses Muster gut zusammen: „Aber Erkenntnis allein macht überheblich. Nur Liebe baut die Gemeinde auf. Wer meint, etwas ‚erkannt' zu haben, hat noch lange nicht erkannt, worauf es bei der Erkenntnis ankommt."[140] Göttliches Wissen ist demütig und nicht besitzergreifend. Es wird immer einen gemeinschaftsbildenden Prozess einleiten, keine Munition oder ein Mittel zur Machtausübung sein. Seine Grundlage ist die Ehrfurcht! Liebloses Wissen ist gefährlich für die eigene Seele und die Gesellschaft. Dann kritisieren Sie fast alles, was Ihnen begegnet, und haben womöglich sogar die Hybris, diesen reflexartigen Zynismus als „Denken" zu bezeichnen. Dabei ist es nur die narzisstische Reaktion Ihres Egos auf den Augenblick. Sie werden Dinge vorschnell als „richtig" oder „falsch" einordnen, als „für mich" oder „gegen mich". Und meistens werden Sie sich irren.

Dieser Baum, der Ihnen göttliches Wissen über Gut und Böse verspricht, ist in Wirklichkeit der Baum des Todes.[141] Alles menschliche Wissen ist unvollkommen, als ob wir durch einen dunklen Spiegel sehen[142], und muss zwingend mit Demut und Geduld einhergehen.

Und doch geht Gott in seiner Freiheit das immense Risiko ein, uns die Erlaubnis zu geben, von allen Bäumen im Garten zu essen[143]. Wir dürfen sogar vom Baum des Lebens essen und das ewige Leben erlangen.[144] Nur denen soll es nicht erlaubt sein, von diesem Baum zu essen, die arroganterweise denken, sie sind wie der dreieinige Gott und könnten Gut und Böse unterscheiden.[145] Das ist die grundlegende menschliche Hybris. Welch eine erstaunliche Erkenntnis! Der Text der Genesis scheint zu wissen, dass dieses arrogante Wissen niemals zum Leben führt, sondern immer zum Tod. (Und lassen Sie sich von niemandem erzählen, die Schöpfungsberichte der Genesis seien nicht zutiefst inspiriert! YHWH benutzt hier übrigens einmal mehr den Plural, wenn er über sich spricht – ziemlich erstaunlich im Rahmen einer monotheistischen Religion.)

Wir leben in einer Welt, in der nacktes Faktenwissen über alles gestellt wird. Es gibt viele gebildete Leute mit Doktortiteln und Technokraten mit einem riesigen Schatz an Informationen. Aber wir haben nur eine geringe Fähigkeit, diesen Überfluss an Wissen für das Wohl unserer Welt zu nutzen oder überhaupt für etwas anderes als unser privates Gefühl der Überlegenheit. Wahrscheinlich sind all diese Leute absolut keine schlechten Menschen, aber ihnen fehlt die Erkenntnis, dass alles Sein nach dem Vorbild der Dreieinigkeit „gut, wahr und schön“ und damit auf irgendeiner Ebene immer liebenswert ist. In der scholastischen Philosophie spricht man von den „drei transzendentalen Eigenschaften des Seins“.

Das war Johannes Duns Scotus’ Lehre von der „Univozität des Seins“, wie es bis heute franziskanische Lehre ist.[146] Wir können auf allen Ebenen des Seins mit „einer Stimme“ Sprechen, von den Pflanzen über Tiere und Menschen bis hin zu Gott. Ich hoffe, Sie können erkennen, was für ein Durchbruch das für alle Dichter, Mystiker und Seher ist: Alles ist ganz und gar liebenswert, noch bevor es ganz und gar wissenswert ist. (Die umgekehrte „dominikanische“ Sichtweise lehrte, man müsse Dinge erst als wahr erkennen, bevor man sie lieben könne.)

Körperwissen

Wir sind dazu aufgerufen, die Liebe Gottes in unserem Leben zu verkörpern. Nicht nur darüber zu reden oder nachzudenken oder zu beten. Wir müssen sie leben, in unseren Eingeweiden, unseren Muskeln, unserem Herz, unseren Augen, unseren Ohren, unserer Zunge. Wir manifestieren diese Liebe, wenn wir den ganz gewöhnlichen Rhythmus des Lebens mit anderen teilen, die ebenfalls danach streben, in Liebe und Mitgefühl zu wachsen. Eine solche Liebe drückt sich ganz natürlich in Gemeinschaft aus, auch mit Gott: Christen erkennen in Gott eine Dreieinigkeit von Personen, die traditionell als Vater, Sohn und Heiliger Geist bezeichnet werden. Die hingebungsvolle Liebe dieser Drei zueinander ist es, die, um mit Dante zu sprechen, „die Sonne und die Sterne bewegt“.[147]

Das grundlegende „sakramentale Prinzip“ ist eben dieses: Wir können geistliche Dinge durch die physische Welt und körperliches Handeln erkennen.

Ich erinnere mich, wie ich in den Sechzigerjahren im Priesterseminar Sakramentaltheologie lernte. Der alte Pater Lukas erklärte uns, wie man tauft. Er war ein ziemlich strenger Typ und sprach ausführlich darüber, was man beim Taufen alles richtig und falsch machen kann. Letztlich war aber das Einzige, worauf er felsenfest bestand: Das Wasser muss fließen. Wenn das Wasser nicht fließt, sagte er, ist es kein lebendiges Wasser, und dann ist der Mensch auch nicht wirklich getauft. Normalerweise ging es eher um korrekte Worte, aber in diesem Fall, glaube ich, hatte der strenge alte Pater Lukas recht, ohne es selbst zu wissen.

Die Taufe ist ein riskantes, physisch erlebtes Symbol des Ertrinkens oder Untergehens im Fluss[148], und es ist sehr bezeichnend, dass die offizielle Tauffomel in fast allen Kirchen immer schon ganz klar trinitarisch war: Man wird nicht im Namen Jesu getauft, sondern „im Namen des Vaters und des Sohnes und des Heiligen Geistes", auf der Grundlage von Matthäus 28,19. Natürlich ist alles Leben *objektiv* gesehen immer schon ein Teil des Flusses, aber die Taufe war im Idealfall ein Übergangsritus, der das subjektive Begreifen dieser Tatsache und den Beginn einer positiven Wertschätzung markierte. Wie in den meisten sakramentalen Augenblicken fällt auch die Taufe nur selten mit dem eigentlichen Moment der Transformation zusammen, aber alle Sakramente weisen zumindest deutlich darauf hin, dass der Moment wichtig und möglich ist.

Und dann haben wir ja diese wunderbare körpersprachliche Ausdrucksform (eine Art sakrales Joga), die in den älteren Kirchen praktiziert wird, das „Zeichen des Kreuzes". Wir sprechen noch später in diesem Buch darüber, aber ich möchte Ihnen schon einen Vorgeschmack dieser Praxis geben: Viele von uns bekreuzigen sich, seit sie kleine Kinder sind, während andere, die aus anderen christlichen Traditionen kommen, das noch nie getan haben und im besten Fall für rein äußerliche Handlung halten, im schlimmsten Fall für eine abergläubische. Wenn Sie sich noch nie bekreuzigt haben, hoffe ich, Sie denken einmal über den Wert dieses Tuns nach. Und wenn Ihnen die Praxis vielleicht allzu vertraut ist, dann hoffe ich, Sie können es wieder bewusst und voller Vertrauen tun.

Das Ritual selbst sagt uns, dass wir etwas physisch wissen können, dass unser Körper daran erinnert werden muss, in wessen Namen er lebt, sich bewegt und existiert.[149] Einige sprechen in diesem Zusammenhang von „kinästethischem Wissen" oder gar von einem „Körpergedächtnis". In früheren Jahrhunderten und Kulturen, als die meisten Leute noch nicht lesen und schreiben konnten, war dieses Körperwissen vermutlich die vorherrschende Art, wie Menschen die Realität „wussten".

Aber lassen Sie uns auf die ganze Geste schauen, die am Kopf beginnt – meiner Meinung nach kein guter Anfang. Aber wir bewegen uns ja auch rasch weg von ihm. Mit *„Im Namen des Vaters"* geht es los.

Dann führen wir die Hand zum Bauch, über Herz und Brust. *„… und des Sohnes"* umfasst auch die Schöpfung – die körperliche und scheinbar niedere materielle Welt.

Und dann kreuzen wir diesen Weg mit der ganzen Welt der Vielfalt und Differenzierung von Schulter zu Schulter: *„… und des Heiligen Geistes."*

Die Bedeutung dieser Körpergeste ist ganz klar und präzise: *Ich existiere nun unter und in einem neuen Namen. Nicht als Richard, sondern in meiner dreieinigen Identität. Ich bin tatsächlich gezeichnet und signiert.*

Wir stehen in dieser Ganzheitlichkeit. Es ist wirklich ein wunderbares Beispiel für ein Körpergebet. Wie schon gesagt: Wenn Sie nicht aus einer Tradition stammen, die dieses Zeichen kennt, dann versuchen Sie es einmal. Und wenn Sie es schon so lange kennen, dass Sie es vielleicht gedankenlos und oberflächlich tun, dann lassen Sie die Routine einmal beiseite und atmen Sie sich durch die ganze Geste hindurch, jeden Schritt einzeln, wie ich es gerade getan habe. Die Theologie der Dreieinigkeit hat eine große Kraft, uns aus dem Kopf in den Fluss zu holen, und das können wir in unseren Körpern und Herzen am besten erleben.

Ich möchte Ihnen das noch auf eine andere Weise illustrieren. Um das Jahr 2000, gegen Ende meiner Eremitentage in der Fastenzeit und nach fast 40 Tagen Alleinsein, wurden der innere Fluss, das Glück und die Lebendigkeit in mir sehr reich und tief spürbar. Ich hatte das Gefühl, ständig weiter geheilt und erweitert zu werden. Da erinnerte ich mich an ein wenig bekanntes Gedicht des Priesters und Dichters Gerard Manley Hopkins, der im 19. Jahrhundert gelebt hat. In „Das Goldene Echo" schreibt er:

Gib es her, so früh, lange vor dem Tod
Gib die Schönheit zurück, Schönheit, Schönheit, Schönheit,
gib sie Gott zurück, der Schönheit selbst und ihrem Spender.[150]

Und an einer anderen Stelle:

Dies, all diese blühende Schönheit.
Dies, all diese sprudelnde Frische.
Gib es Gott, solange es wert ist, genossen zu werden.[151]

Ich wusste, dass Hopkins meine eigene Erfahrung fast vollständig wiedergibt, was eigentlich zu erwarten ist, wo doch derselbe wunderbare Strom in uns fließt. An jedem Morgen und Abend machte ich von da an einen langen Spaziergang einen steilen Berg hinunter und wieder hinauf. Aber hinauf ging ich rückwärts, sodass ich voller Freude in das weite Wüstental vor mir schauen konnte, mit all seinen Kakteen, die jetzt ihre Frühlingsblüten trugen. Ich lernte, mit den Worten des Gedichts zu atmen: „Schönheit" beim Ausatmen, „zurück" beim Einatmen. Und hier und da blieb ich stehen und rezitierte die Verse vollständig. Ich nahm während dieser Fastenzeit nicht an der Eucharistiefeier teil, sondern lernte, während des größten Teils des Tages in der Gemeinschaft mit Gott zu leben. Und ich denke, das ist das Ziel jedes echten Sakraments und jeder geistlichen Übung.

Dafür muss man nicht viel denken, man braucht auch nicht viel Theologie oder Bildung. Und schon gar nicht Moral. Sie müssen nur gehen und atmen und empfangen und geben, und schon sind Sie im Fluss! Es wird allerdings nichts passieren, wenn man nur darüber nachdenkt.

Es ist, als wäre man dem Geheimnis des Universums auf der Spur, und doch könnten Sie es niemandem beweisen, so wie ich es Ihnen jetzt und hier nicht beweisen kann. Auch so ist schon das bloße Hineinkommen in den Fluss genug, um Sie für immer zufrieden zu machen. Ihr ganzes Leben lang. Es genügt, zu wissen, dass Sie wirklich in Ordnung sind und dass auch die Welt in

Ordnung ist. Das ist gemeint, wenn wir davon sprechen, vom dreieinigen Fluss mitgenommen zu werden.

Johannes vom Kreuz spricht von einem Erwachen in der Freude, von einem Gefangensein im großen Sein, vom Atmen der gleichen Luft wie Jesus.[152]

Wir können das genießen, was auch Jesus genießen durfte. Ja, warum denn nicht?

Die Vielen gehören zum Einen

Erinnern Sie sich noch an den alten philosophischen Streit um „den Einen und die Vielen"? Wir haben schon darüber gesprochen.

Die meisten von uns wissen nicht, wie man unterschiedlich und gleichzeitig eins sein kann. In einer ungesunden Religion gibt es das pathologische Bedürfnis, alle gleich zu machen. Die Kirche ist immer mehr zu einer „Ausschlussinstitution" geworden statt zum Austragungsort des großen Festbanketts, zu dem Jesus immer wieder Sünder, Ausgestoßene, Randständige einlädt…, all die Tunichtgute dieser Welt.

Tatsächlich sagt er: „Geht hinaus an die Straßen und Zäune und ladet alle ein, Gute und Böse gleichermaßen." Steht im Matthäusevangelium. Kapitel 22. Ich habe mir das nicht ausgedacht, das hat Jesus gesagt![153]

Aber es gefällt uns nicht, oder? Wir wollen nicht mit *diesen Leuten* an einem Tisch sitzen. Wir können ihnen vielleicht ein bisschen Geld oder ein paar Missionare rüberschicken, aber bitte, holt sie nicht an *unseren* Tisch.

Unsere kleine Kultur sieht die „Bösen" als die, die anders sind, weil das Ego sich in einem gleichartigen Umfeld viel wohler fühlt. Menschen, die so aussehen und reden wie ich, bedrohen meine Grenzen nicht.

Was für ein Gegensatz zu dem dreieinigen Gott, der alle Ansprüche auf Grenzen um des anderen willen aufgibt! Jeder der Drei nimmt an, dass er von den anderen beiden vollkommen angenommen ist.

Das könnte die Essenz des geistlichen Weges für uns alle sein – wenn wir annehmen könnten, dass wir angenommen sind, und dann losgehen und so leben. Aber das können wir nicht, weil wir in Selbstanklage und in manchen Fällen auch Selbstbestrafung leben. Wir sind so überzeugt davon, dass wir *nicht* der Leib Christi sind, dass wir unwürdig und getrennt von ihm sind, dass wir wie betäubt für die gute Nachricht sind, dass die Frage des Einsseins ein für alle Mal beantwortet ist.

Sie können das Einssein mit Gott nicht „machen", es ist Ihnen objektiv schon geschenkt. Es gibt nur Menschen, die sich bewusst auf diese Vereinigung berufen, und solche, die es (noch) nicht tun.

Ich will es noch einmal sagen: Der Unterschied besteht nicht darin, dass manche Menschen mit Gott verbunden sind und andere nicht. Schon der Psalmdichter fragt:

> Wohin könnte ich fliehen vor deinem Geist,
> wohin mich vor deinem Angesicht flüchten?
> Steige ich hinauf in den Himmel, so bist du dort;
> bette ich mich in der Unterwelt, bist du zugegen.[154]

Wir sind alle mit Gott verbunden, aber wir wissen es nicht alle. Die meisten von uns leugnen oder bezweifeln diese Tatsache.

Wenn wir ehrlich sind, ist es einfach zu gut, um wahr zu sein. Deshalb heißt es ja auch Gute Nachricht. Aber *so* gut kann sie nicht sein, oder? Doch! Deshalb heißt sie so, deshalb steht sie im Ruf, eine gute Nachricht zu sein.

Wenn wir unsere Verweigerung genauer ansehen, dann kommen wir zu folgendem Ergebnis: Anzunehmen, dass wir angenommen sind, fühlt sich ironischerweise im ersten Moment (glauben Sie es mir!) wie ein Machtverlust an.

Das Ego will „selfmade“ sein, nicht von einem anderen gemacht. Und daraus entsteht unser Problem mit der Gnade. Wenn die Gnade wahr ist, liebe Leser, wenn wir alle durch Gottes Barmherzigkeit gerettet sind, warum versuchen wir dann ständig, uns wieder davon zu trennen?

Wir projizieren unsere Art zu lieben auf Gott. Unsere Liebe jedoch hängt an der vermeintlichen *Liebenswürdigkeit* einer Person: „Sie ist hübsch“, „Er ist nett“ und so weiter. *Ich entscheide in meiner Großmut, dich zu lieben, weil du so hübsch oder so nett bist.*

Natürlich hat das wenig mit Liebe zu tun, aber es *fühlt sich an* wie Liebe und es ist vielleicht auch der erste Schritt zu ihr hin. Wir können uns keine Liebe vorstellen, die nicht durch die Liebenswürdigkeit des Objekts hervorgerufen wird. Und deshalb versuchen wir, uns aufzuhübschen, uns so attraktiv und würdig wie möglich zu machen.

Wagen wir es, unsere religiösen Schönheitsideale aus dem Fenster zu werfen und stattdessen kühn die Wirklichkeit anzunehmen?

Gott liebt Sie nicht, weil Sie gut sind. Gott liebt Sie, weil Gott gut ist.

Ich sollte an dieser Stelle einfach aufhören zu schreiben. Mehr ist eigentlich nicht zu sagen, und es wird den Rest Ihres Lebens in Anspruch nehmen, das zu verinnerlichen.

Unser Ego weiß nicht, wie es mit dieser Realität umgehen soll. Sie fühlt sich wie ein Machtverlust an, denn – verflixt noch mal! – ich kann nichts mehr tun, um mich selbst über die anderen zu erheben oder ihnen einen Schritt voraus zu sein!

An dieser Stelle spricht natürlich das Ego. Es möchte beweisen, dass es die Gnade verdient hat. Nur leider sagt Paulus ja im Epheserbrief (2,4-10), dass die Gnade dann keine Gnade mehr ist. Man würde dann die ganze Chemie der Gegenseitigkeit auflösen, die wir als Gnade bezeichnen und in der Gott immer, immer die Initiative ergreift.

Selbst wenn Sie in einem bestimmten Moment das Bedürfnis haben zu beten, ist es Gott, der Sie mit seiner magnetischen

Anziehungskraft zu sich zieht und ein Gebet in Ihnen wachruft. Und Sie sagen: „Oh, ich glaube, ich möchte jetzt beten." Selbst diesen Moment haben Sie Gott zu verdanken. Der Geist in uns ist wie ein Navigations- oder Ortungsgerät, das ständig Signale aussendet, um uns immer neu auf die Freude des ewigen Einsseins mit Gott auszurichten.

Wenn Sie jemanden lieben wollen oder jemandem vergeben wollen, dann ist Ihr eingebautes Navi am Werk. Es ruft Sie heim in die Gemeinschaft. Wie gesagt: Das Universum ist nicht nur seltsamer, als wir denken, sondern tatsächlich seltsamer, als wir denken können.[155] Unsere Logik muss nicht nur vor dem Wesen des Universums in die Knie gehen, sondern auch vor dem Geheimnis der Dreieinigkeit.

Wir können also nur durch Erfahrung wissen, wie es ist, Teil dieses kosmischen Tanzes zu sein. Deshalb unterrichte ich das Gebet der Sammlung (*Centering Prayer*) und Kontemplation und viele andere kluge religiöse Rituale und Praktiken: Um Sie an einen Ort der Nacktheit und Verletzlichkeit zu führen, an dem Ihre Ego-Identität von Ihnen abfällt, an dem Ihre Erklärungen nichts bedeuten und Ihre Überlegenheit keine Rolle spielt.

Dort sitzen Sie dann in Ihrem nackten Wer-Sein. Wenn Gott Sie erreichen will und wenn die Erfahrung der Dreieinigkeit in Ihnen lebendig werden will, dann haben Sie in solchen Schwellenmomenten die beste Chance dazu.

Zutritt zum göttlichen Kraftfeld

Wenn wir unsere Herzen auf mehr Wahrnehmung einstimmen, beginnen wir Gott fast wie ein Kraftfeld wahrzunehmen, um eine Metapher aus der Physik zu verwenden (es würde auch mit den Begriffen „Schwerkraft", „elektromagnetisches Feld", „Licht" und anderen funktionieren). Und wir alle befinden uns bereits innerhalb dieses Kraftfeldes, ob wir es wissen oder nicht, gemeinsam mit Hindus und Buddhisten und Menschen aller Hautfarben und Nationalitäten. Gott macht nicht an der Grenze zwischen den USA und Mexiko Halt, ebenso wenig wie an der Grenze zwischen Israel und Palästina, zwischen Nord- und Südkorea oder irgendwelchen anderen Linien, die jemand in den Sand gezogen hat. Diese menschengemachten „Kraftfelder" verblassen vor dem göttlichen Kraftfeld, das alles umfasst.

Wenn Sie Menschen sehen, die ihre kleinen, selbstgebastelten „Stammesidentitäten" verteidigen, als handelte es sich um etwas Dauerhaftes oder Bedeutsames, dann wissen Sie, dass diese Menschen noch keine substanzielle Wirklichkeit erlebt haben. Wenn Sie dem Fluss der göttlichen Wirklichkeit gestatten, Ihr Leben zu durchströmen, dann sind Sie katholisch im wahrsten Sinne des Wortes: ein allgemein-weltweit-universaler Mensch, der über die lächerlichen menschengemachten Grenzen hinauslebt. Paulus sagt sehr kreativ dazu: „Wir sind Bürger des Himmels."[156]

Je älter ich werde, desto mehr wird der Glaube für mich zu einer täglichen Bereitschaft, dieses Kraftfeld zuzulassen und ihm zu vertrauen, zu wissen, dass es gut ist, dass es ganz und gar auf meiner Seite ist und dass ich mich bereits darin befinde. Wie könnte ich sonst Frieden empfinden? Ich habe nie eine dauerhafte Alternative gefunden. Nur in einem ganz grundlegenden Vertrauen und Zulassen kann ich aufhören, Dinge in meinem Kopf in Ordnung zu bringen oder mir sogar Probleme auszudenken, an denen ich arbeiten kann. Der menschliche Verstand lebt in einem solchen Hamsterrad! P.D. Ouspensky, ein Lehrer aus dem frühen 20. Jahrhundert, hat uns eingeladen, „in uns die Mechanik von der Bewusstheit zu trennen, zu sehen, wie wenig Bewusstheit da ist, wie selten es funktioniert und wie stark die Mechanik ist: mechanische Gewohnheiten, mechanische Absichten, mechanische Gedanken und mechanische Wünsche." Die meisten unserer tiefsten Geschenke und Wunden sind im Unterbewusstsein angesiedelt. Und nur Gebetsformen, die uns dort erreichen, sind zu irgendetwas nütze.

Eine trinitarische Art, auf diese Einladung zu reagieren, wäre die Erneuerung unseres Verstandes durch eine achtsame Beobachtung des „Helfers“, also des Heiligen Geistes, um zu sehen, was in uns auf Autopilot läuft, und sich dann auf den Vater zu verlassen, dass er uns das „Upgrade“-Bewusstsein gibt, das in der Gesinnung Christi zu finden ist.[157] Lassen Sie uns das weiter auspacken.

Es gibt viele Möglichkeiten, die Realität der Achtsamkeit, des Loslassens und des Eintauchens in den Fluss zu beschreiben. Und immer mehr gute Lehrer tauchen heute auf, die ganz verschiedene Worte dafür verwenden, aber uns allesamt zeigen, wie wir an jenem Ort zur Ruhe kommen, an dem unser innerer Kommentar an uns vorbeirauscht und wir ihn loslassen können.[158]

Stellen Sie sich diese Haltung als den „Gnadenthron“ vor, der sich oberhalb der Bundeslade befand, dieser tragbaren Präsenz, die mit dem Gottesvolk zog. Als einen offenen Horizont, der von zwei goldenen Cherubim bewacht und beschützt wird.[159] Durch die Bewachung der Präsenz merken wir überhaupt erst, dass das Kraftfeld existiert. Innere Räume müssen bewacht und beschützt werden. Und in diesem Raum, sagt YHWH dem Volk Israel, „werde ich dir begegnen“[160]. Aber die meisten von uns haben die Praktiken oder die Geduld nicht gelernt, die man braucht, um an diesem scheinbar leeren Ort zu wachen, wo der innere Zeuge, der stille innere „Wisser“ wohnt. Sie müssen lernen, diesem Wisser zu vertrauen. Der Geist bewirkt das Wissen und Lieben in Ihnen, mit Ihnen und für Sie.[161] Das ist der Kern einer kontemplativen und wahrhaft christlichen Erkenntnis. Doch nur wenige wissen von diesem bereits übergebenen Geschenk, selbst unter denen, die hauptberuflich im Dienst der Kirche stehen, so scheint es oft.

Kontemplation wurde die meisten Christen nicht gelehrt. Kontemplation ist die Erfahrung, in und bei dem inneren Zeugen zu bleiben, der in uns lebt, also dem Heiligen Geist[162], der fast perfekt durch die Bundeslade symbolisiert wird. Wenn Sie wie die beiden Cherubim über den gefährlichen offenen Raum Ihrer vorüberziehenden Gefühle und Gedanken wachen[163], dann sitzen Sie tatsächlich auf dem Gnadenthron, wo Gott im Heiligen Geist lebt. Das vorüberziehende Strandgut Ihres Bewusstseinsstroms hat dann nur noch wenig Macht, Sie in die Falle zu locken oder einzusperren.

Der einzige tatsächliche Unterschied zwischen Menschen besteht zwischen denen, die zulassen, dass dieser Raum durchflossen wird, und denen, die das nicht zulassen können oder wollen. Denn an diesem Punkt sind wir wie Maria, das große Vorbild aller Kontemplativen: Es geschieht uns, wir können es nur zulassen.[164]

Und das gilt zu jeder Zeit.

Bewachen Sie die Landebahn Ihres Bewusstseins mit Ihren eigenen goldenen Cherubim, die oft nichts anderes sind als die zwei Seiten jedes Streits. Statt sich auf eine Seite zu schlagen, schützen Sie den offenen Raum zwischen den beiden, dann wird sich die Gegenwart Gottes immer zeigen. Die beiden sind die „besseren Engel unseres Wesens", die Abraham Lincoln während des amerikanischen Bürgerkrieges heraufbeschwor. Sie lassen zu, dass etwas erscheint, was manche als „Antworten der dritten Kraft" bezeichnen. Und diese Antworten sind größer und tiefer als die gewöhnlichen zwei Seiten der meisten Auseinandersetzungen.

Sei es als Taube, Feuer, Wasser oder Wind: Die dritte Kraft des Heiligen Geistes wird sich zeigen.

Sie selbst sind eine Bundeslade, die durch die Wüste zieht. Sie halten und schützen den Raum, in dem sich Gottes Gegenwart zeigt. Aber diese Gegenwart, das Kraftfeld, ist schon in Ihnen enthalten.[165] Sie müssen es nur noch zulassen und wertschätzen.

Andersartigkeit erschaffen

Das Wirken des Geistes besteht immer darin, Andersartigkeit oder noch mehr „Andersheit" zu erschaffen und zuzulassen. Der Plan scheint darin zu bestehen, unendlich viele Formen und endlose Diversität zu erschaffen.

Der Geist erschafft Unterschiede und erhält sie. Gott liebt ganz klar die Vielfalt. Gerade wenn Sie denken, Sie könnten sich keine weitere Form, keinen neuen Typ oder keine andere Lebensweise mehr vorstellen, dann sehen Sie in einer Naturdokumentation oder direkt vor Ihrer Haustür etwas in der Luft, im Meer oder auf der Erde, das Sie sich niemals hätten ausmalen oder vorstellen können.

Und nachdem Gott all diese unglaublich vielen Gestalten erschaffen hat, macht er was?

Er geht hin und lebt in ihnen. Gott zeigt sein innerstes Wesen in jedem wunderbaren Schöpfungsakt. Er fließt hier, liebt da und freut sich dort. Wir nennen dieses Fließen, dieses schöpferische Innewohnen den Heiligen Geist. Denn das ist er: Gottes Sein in allen Dingen. Dies ist das erste und fortwährende Muster, das die Christen „Inkarnation", also Fleischwerdung, nennen. Soweit die Naturwissenschaft heute weiß, hat dieses Muster vor etwa dreizehn bis vierzehn Milliarden Jahren angefangen und dehnt sich immer noch aus. Heute sprechen wir oft vom „Es werde Licht"-Moment oder vom „Urknall". Das ist dasselbe Ereignis; einmal sickert ein religiöser Begriff in die Naturwissenschaft ein, einmal ist es umgekehrt.

Die Inkarnation betrifft also nicht nur Jesus und wird dann irgendwie auf Sie und mich übertragen, die wir nach dem Bild Gottes erschaffen sind. Die Genesis spricht von der Schöpfung als „mit allem, was dazugehört, vollendet"[166], als Gott die Tiere zu Adam bringt, damit er ihnen Namen und damit Würde gibt[167]. Überraschenderweise passiert das noch vor der Erschaffung von Eva[168], was für mich darauf hindeutet, dass die Vielen vor der Zweisamkeit erschaffen wurden. Adam ist natürlich nur ein Archetyp und Platzhalter für die ganze Menschheit, kein Symbol von Männlichkeit oder gar ein historischer Mann. Der Spaltung (lateinisch *sectare* = spalten ist der Ursprung des Wortes Sexus für Geschlecht) in zwei Geschlechter geht eine ursprüngliche Einheit voraus, und die Bibel lehrt uns nicht, dass die Frau eine Abspaltung vom Mann ist, obwohl ich durchaus sehe, dass der Text diesen Eindruck vermitteln kann.

Wichtig und bisher wenig beachtet ist die Tatsache, dass die ganze Schöpfung die gleiche herrliche Freiheit genießt wie die Kinder Gottes[169] und dass sie stöhnt, als läge sie in den Wehen.[170]

Es geht um Wiedergeburt – und „wieder" wird zunächst auf die gesamte Schöpfung angewendet und erst danach auf Individuen. Das birgt tiefgehende und vielfältige Implikationen, nicht zuletzt die, dass die jüdisch-christliche Tradition als erste die Evolution hätte anerkennen und ehren müssen. Die Tatsache, dass so viele Christen schon die bloße Theorie der Evolution bekämpft haben, zeigt, wie klein und völlig äußerlich unser Bild vom Heiligen Geist ist. Gott ist für die meisten von uns immer noch irgendwo „da draußen".[171]

Die Ironie besteht darin, dass „alle Vögel unter dem Himmel und alle wilden Tiere"[172] sich dem Fluss nicht so widersetzen, ihn leugnen oder anhalten wie die Menschen. Sie sagen offensichtlich nicht: „Oh, ich bin ein Hund, dabei wäre ich viel lieber eine Katze." Auch die Samen tragenden Pflanzen und die Bäume mit ihren Früchten[173] beschweren sich nicht ständig über ihr Schicksal. Sie nehmen willig Dürre, Überschwemmung und Feuer hin und überlassen sich dem endlosen Spiel von Vergehen und Werden, in das das gesamte Universum eingebunden ist. Alle nehmen sie den Fluss mit einer natürlichen, angeborenen Anmut an, die Menschen als „Instinkt" abtun.

Alle Geschöpfe scheinen gern das zu sein, was sie sind, und zu akzeptieren, was sie nicht sind. Mit uns Menschen ist es irgendwie anders. Wir wollen nicht so gern das sein, was wir sind. Und was noch schlimmer ist: Wir wollen immer jemand anderes sein. Wir sind nachahmend und neidisch. Wir haben unsere Instinkte gegen Ansprüche eingetauscht, wären gerne dünner oder größer oder schöner oder was auch immer. Jedenfalls ganz sicher etwas anderes als diese kleine Inkarnation, die wir für einen herrlichen kurzen Moment in der Zeit sind. Es fällt uns schwer, die Gnade in diesem „einfach nur das" zu entdecken.

Aber ich kann nur das Gott zurückgeben, und er kann nur das von mir wollen, was er mir zuerst gegeben hat: diesen kleinen Moment der Menschwerdung, mein kleines „Ich bin", das das große und ewige „Ich bin" in dankbarer Achtsamkeit spiegelt.

Wenn Gott das große „Ich bin" ist, dann ist das Böse (oder Satan) das „Ich bin nicht", das ständig andere anklagt (Satan heißt „Ankläger"), der den Menschen ihre Bedeutung abspricht (deshalb heißt er auch „Vater der Lüge"). Verneinung, Opposition und Abtrennung sind seine Hauptaufgaben.[174]

Erinnern Sie sich daran, was die Neurowissenschaft sagt: Angst, Verleugnung und Hass haften wie Klettband an unseren Nerven, während positive Einstellungen, Dankbarkeit und Wertschätzung von den Nerven abgleiten wie Butter von Teflon – wenn wir sie nicht mindestens fünfzehn Sekunden lang bewusst wählen, wahrnehmen und genießen. Erst dann hinterlassen sie einen Eindruck.[175] Denken Sie einmal darüber nach. Das positive, liebevolle und nicht-argumentative Genießen eines Augenblicks nennen wir Kontemplation.

Der brasilianische Befreiungstheologe Leonardo Boff lädt uns ein, uns dem großen Tanz anzuschließen – nicht nur dem Tanz der Dreieinigkeit, sondern der gesamten Schöpfung.

> Die Schöpfung existiert, um die Dreieinigkeit in sich willkommen zu heißen. Die Dreieinigkeit strebt danach, die Schöpfung in sich willkommen zu heißen … [Wenn sie ihre Göttlichkeit erkennen,] werden Männer und Frauen das mütterliche und väterliche Gesicht Gottes in Gemeinschaft erkennen, die Dreieinigkeit in der Schöpfung und die Schöpfung in der Dreieinigkeit. Es ist das Fest der Erlösten, der himmlische Tanz der Befreiten. Es ist das geteilte Leben der Söhne und Töchter im Heimatland der Dreieinigkeit: Vater, Sohn und Heiliger Geist …
> *Dieses ganze Universum, die Sterne über uns, die Bäume, die Vögel, die Insekten, die Flüsse und Steine, alles, alles wird … erhalten, verwandelt und zum Tempel gemacht durch die Heilige Dreieinigkeit. Und wir … leben in einem herrlichen Haus, als eine Familie mit Mineralien, Pflanzen, Tieren und Menschen mit dem Vater, dem Sohn und dem Heiligen Geist. Amen.*[176]

Und so lade ich Sie ein, Brüder und Schwestern, jetzt und für den Rest Ihres Lebens diesen positiven Fluss des Lebens zuzulassen und Ihren Körper bewusst und langsam zu zeichnen und zu segnen mit dem, was schon in Ihnen geschieht: *Im Namen des Vaters, des Sohnes und des Heiligen Geistes.* Amen.

Und nun?

Bevor wir in unserer Erkundung der Dreieinigkeit weitergehen, versuchen Sie, *hier* zu sein. Was, wie Sie wissen, der schwierigste Ort auf Erden ist.

Können Sie in diesem winzigen bisschen Jetzt gegenwärtig sein?

Werden Sie neugierig: Versuchen Sie, auf eine positive Weise da zu sein und zu wissen: Wenn Sie diese Worte lesen, tragen Sie die Ereignisse des Tages, die Erinnerungen des Tages, die Verletzungen des Tages und die Enttäuschungen des Tages mit sich.

Wir können all das jetzt loslassen, wenn wir uns dafür entscheiden, weil wir uns in ein ganz anderes Wissen hineinbewegen, für das der normale Verstand mit seinen normalen Sorgen nicht bereit ist.

Haben Sie keine Angst vor dieser Stille.

Haben Sie keine Angst vor etwas, was sich im ersten Moment anfühlt wie Langeweile oder Nichts.

Haben Sie keine Angst vor der Stille, denn in ihr ist Gott.

Haben Sie keine Angst vor der Einsamkeit und allem, was sie enthalten mag.

Und aus dieser Stille und diesem hoffentlich größeren, erweiterten Ort lassen Sie dieses Gebet in sich aufklingen:

Gott für uns, wir nennen dich Vater.
Gott neben uns, wir nennen dich Jesus.
Gott in uns, wir nennen dich Heiliger Geist.
Du bist das ewige Geheimnis, das alle Dinge möglich macht,
entfaltet und belebt.
Auch uns. Auch mich.

Kein Name wird deiner Güte und Größe gerecht.
Wir können dich nur in dem erkennen, was ist.
Wir bitten um vollkommenes Sehen –
Wie es war im Anfang, so auch jetzt und immer.
Amen, so sei es.[17]

TEIL 2

WARUM DIE DREIEINIGKEIT? UND WARUM JETZT?

Drei Gründe, um gesund zu werden

Es gibt drei Gründe dafür, dass die Wiederentdeckung und erneuerte Wertschätzung der Dreieinigkeit so wichtig ist und warum es gerade jetzt so sehr an der Zeit dafür ist. Aber diese Gründe unterscheiden sich deutlich von den Argumenten des 4. Jahrhunderts, die aus der Dreieinigkeit ein heiß diskutiertes Streitthema machten. Können Sie sich das vorstellen? Ach so, Sie waren schon mal auf den Kommentarseiten der meisten Social-Media-Websites …

1. Die Demut der Transzendenz: Der Individuationsprozess des Menschen hat zu einem sehr verfeinerten Gefühl der „Innerlichkeit" geführt, zu innerer Erfahrung, psychologischer Raffinesse und einer starken Hinwendung zu dem, was authentische Religion wirklich meint. Bis heute haben sich theologische Debatten meist um Zufälligkeiten und Äußerlichkeiten gedreht, und das kritisierte auch C. G. Jung an dem unfruchtbaren Christentum, das er erlebte. Seine Erfahrung wurde von vielen geteilt. Die Dreieinigkeit bietet uns eine viel tiefere Ebene innerer Erfahrung des Göttlichen, und dies auf einem ganz anderen Niveau als in den argumentativen Auseinandersetzungen der letzten 500 Jahre. Die Dreieinigkeit wird Ihr Gebetsleben verändern, vielleicht überhaupt erst anstoßen.

2. Eine Erweiterung des theologischen Wortschatzes: Die Globalisierung des Wissens, die steigende Zahl unserer Berührungspunkte mit anderen Weltreligionen (vor allem denen, die die andere Gehirnhälfte repräsentieren, wie das östliche Christentum und überhaupt die östlichen Religionen) und mit den Naturwissenschaften – all das verlangt von uns, dass wir unseren theologischen Wortschatz erweitern. Ironischerweise führt uns das zurück zu unseren ältesten Traditionen der Dreieinigkeit – und das erlaubt es uns, jeden dieser neuen Kontakte ernst zu nehmen und gibt uns gleichzeitig einen ganz orthodoxen Weg, im ganz menschlichen Gespräch zu bleiben.

3. *Eine Erweiterung des Verständnisses von Jesus und „dem Christus"*. Indem wir Jesus aus der Dreieinigkeit herausgelöst haben und

versucht haben, ihn unabhängig vom übergeordneten Christus zu verstehen, haben wir eine sehr irdische, auf Sühne beruhende Christologie entwickelt, die in sich zusammenfallen würde, wenn wir beispielsweise Leben auf anderen Planeten entdecken würden. Wir haben versucht, Jesus zu lieben, ohne den Christus zu lieben oder auch nur zu kennen. Und daraus hat sich eine ungesunde, auf Wettstreit beruhende Stammesreligion entwickelt, statt auf das zu hören, was Paulus sagte: „Es gibt nur einen Christus. Er ist alles und in allem."[178]

„Der Christus" ist ein kosmisches und metaphysisches Statement vor dem religiösen Statement. Jesus ist ein persönliches und historisches Statement. Die meisten Christen haben den zweiten ohne den ersten Christus. Und so werden beide, Jesus und das Christentum, viel zu klein.

Was hindert uns an echter geistlicher Erfahrung?

Wenn wir den ersten Punkt genauer betrachten, die Transzendenz, dann bitte ich Sie, auf eine Prämisse zu vertrauen:

Eine Erfahrung, die sich in Ihr Gedächtnis einprägt oder Sie auf irgendeiner Ebene verändert, beruht nicht so sehr auf dem, *was* Sie erfahren, also auf dem Inhalt, sondern auf dem *Wie*: Auf welcher Bedeutungsebene haben Sie sie aufgenommen?

Drei Menschen können denselben Reizen ausgesetzt sein und drei unterschiedliche Erfahrungen machen. Wenn Sie Ereignisse, Momente, Beziehungen und Ideen bereitwillig und verletzlich aufnehmen und selbst dem „Darüberhinaus" gestatten, sich zu zeigen, wenn es das will, dann wächst die Wahrscheinlichkeit ganz deutlich, dass Sie das „Darüberhinaus" wirklich erleben. Selbst Quantenphysik und Biologie bestätigen heute, dass der Beobachter zwingend den Inhalt und die Ergebnisse eines Experiments beeinflusst. Unser rationaler Verstand beharrt darauf, dass das nicht wahr ist, aber es ist wahr, aber anscheinend auf einer Ebene, die zu sehen wir nicht geschult sind. Kontemplation kann Sie dafür ausbilden, die übersehene Ganzheitlichkeit aller Dinge zu sehen.

Jesus erklärt dasselbe Prinzip in der Umkehrung am Ende einer seiner Geschichten, als er dem reichen Mann antwortet, der sich wünscht, dass Lazarus von den Toten zurückkehrt, um die Lebenden zu warnen. (Vater Abraham sagt:) „Sie werden sich auch nicht überzeugen lassen, wenn einer von den Toten aufersteht."[179] Wenn Sie nicht offen sind für das „Darüberhinaus" der Dinge, werden Sie sich nicht gestatten, ein Wunder zu erleben, selbst wenn es direkt vor Ihren Augen passiert. Und Menschen, die nicht an Wunder glauben, werden auch nie eines erleben. (Daraus dürfen Sie aber nicht schließen, dass Leute, die „Wunder!" schreien, immer auf das Darüberhinaus deuten. Allzu oft deuten sie dabei auf sich selbst, was unter Umständen auch in Ordnung sein kann.)

Wir sollten diese Erkenntnis aber in dem erden, was vorher schon gesagt wurde: Unsere Entdeckungen können mit dem normalen Verstand nicht verstanden werden. Sie lassen sich am besten mit dem wahrnehmen, was wir den kontemplativen Verstand nennen – ein alternatives Betriebssystem. „Eine Tiefe ruft die andere", sagt der Psalmdichter dazu.[180]

Adrienne von Speyr, eine katholische Schweizer Ärztin und Theologin, hat das sehr schön ausgedrückt. Sie spricht davon, dass der Vater sich unseren Glauben trinitarisch wünscht, lebendig durch den Sohn und ausstrahlend durch den Geist. Unser Glaube soll nicht zweidimensional und theoretisch bleiben, und er will auch nicht, dass wir die jeweilige Person nur sehen, wenn sie sich manifestiert, als wäre sie ein Objekt, das wir aus der Entfernung betrachten. Vielmehr sollen wir fähig werden, jede Person der Dreieinigkeit so wahrzunehmen, wie sie sich in ihrer Einheit mit den anderen offenbart, in ihrer ganzen unendlichen göttlichen Breite. Denn diese Einheit, so Speyr, ist die Ausdrucksform der Liebe.[181]

Tatsächlich ist es nur Gott in uns, der die Dinge Gottes versteht.[182] Wir müssen das sehr ernst nehmen und verstehen, wie er in uns, mit uns, für uns und als wir wirkt. Der misslungene Versuch, unser eigenes Betriebssystem zu erreichen, hat einen Großteil des Christentums in einem sehr unreifen und oberflächlichen Zustand gehalten, angefüllt mit Klischees aus zweiter Hand statt einer ruhigen, klaren und unmittelbaren Erfahrung der Wirklichkeit. Er hat uns Argumente statt Dankbarkeit hinterlassen.

Die meisten Dinge, die wir Erfahrungen nennen, sind tatsächlich nur Hinzufügungen oder vorübergehende Stimulationen. Schlimmer noch, wir sperren sie in den Erfahrungen ein, die wir schon hatten, und deshalb wachsen die meisten Menschen nicht sehr stark. Die meisten von uns verlassen sich auf eine Handvoll Mustervorlagen und Filter für alle ihre Erfahrungen. Alles wird in das hineingezogen, womit mein kleiner Verstand bereits einverstanden ist. Damit kommt man aber nicht sehr weit.

Tragischerweise sieht unsere kulturelle Standardeinstellung für das Innenleben so ähnlich aus wie bei unserer biologischen Entwicklung, nämlich, dass wir mit 17 oder 18 Jahren größtenteils aufhören zu wachsen. Es heißt allerdings, es gäbe noch mal eine Wachstumsaufwallung des Gehirns in den frühen Zwanzigern.

Alles, was dem Bereich des Geheimnisses angehört – und das trifft für alle reife Religion zu, auch für die Vorstellung von der Dreieinigkeit – bleibt dann statisch in der Form von Dogmen oder Doktrinen, höchst abstrakt, metaphysisch dicht und größtenteils irrelevant. Auf jeden Fall verändert es unser Leben nicht – außer, wir lassen uns auf etwas ganz Neues, Bahnbrechendes ein. Dann kommen Erweiterungen des Denkens und Paradigmenwechsel durchaus vor. Aber ich habe gelernt, dass selbst an wirklich guten Tagen die meisten Menschen höchstens bereit sind, fünf Prozent ihrer einmal gewählten Meinungen noch einmal in Frage zu stellen. Ich kann nur hoffen, dass diese Zahl falsch ist.

Haben Sie sich jemals gefragt, warum der westliche Atheismus so viel Aufwind hat? Warum bringt der christliche Westen die bei Weitem höchste Zahl von Atheisten hervor? Ich glaube, wir haben Doktrinen und Dogmen nie auf die Ebene der inneren Erfahrung gehoben. Und ich habe ein Leben lang dafür gearbeitet, genau das zu tun. Solange angelernte Lehre nicht zu Erfahrungswissen wird, werden wir weiterhin jede Menge desillusionierter ehemaliger Gläubiger hervorbringen. Oder sehr starre Glaubende, die auf eine sehr trockene, tote Weise an Doktrinen festhalten, ohne dass irgendetwas davon ihr Inneres erreicht.

Und damit haben wir in der heutigen Landschaft zwei große Gruppen: diejenigen, die das Kind mit dem Bade ausschütten (dazu gehören viele Liberale und Akademiker), und diejenigen, die im Badewasser ertrunken zu sein scheinen (viele Konservative und Fundamentalisten).

Wie wäre es denn damit, das Badewasser über uns und durch uns hindurch fließen zu lassen?

Das tut es ohnehin, aber wir können den Prozess deutlich unterstützen, indem wir die Wasserhähne öffnen, und zwar den kalten und den warmen.

Zwei Wege zum Durchbruch

Vielleicht mache ich es mir zu einfach, aber ich denke, es gibt im Grunde nur zwei Wege, die Menschen zu einer echten neuen Erfahrung führen: der Weg des Staunens und der Weg des Leids.

Wenn Sie zulassen, dass Sie in Staunen und Wunder geführt werden, wenn Sie Aha-Erlebnisse zulassen und bewusst genießen (denken Sie daran, dass Freude und Glück mindestens 15 bewusste Sekunden brauchen, um einen Eindruck in Ihrem Nervensystem zu hinterlassen!), dann kommen Sie zu einer echten neuen Erfahrung. Sonst quetschen Sie ganz schnell alles ins alte Paradigma, und dann wird es keine Erfahrung, sondern bestenfalls eine vorübergehende Ablenkung des Autopiloten, der Ihre Gedanken und Gefühle steuert. Das ist alles.

Staunen und Wunder sind Begriffe, die oft im Zusammenhang mit Geheimnissen stehen. Alle fundamentalistische Religiosität fühlt sich furchtbar unwohl mit Geheimnissen, sie möchte die volle Datenkontrolle, und das Geheimnisvolle entzieht sich nun mal jeder Kontrolle. Doch solche Augenblicke der Verletzlichkeit sind der Raum, in den Gott am ehesten mit frischen Erfahrungen eindringen kann. Tatsächlich bezweifle ich, dass Gott überhaupt auf eine andere Weise zu uns durchdringen kann. Wie gesagt, in der geistlichen Welt können Sie nie abschließend sagen: „Ich weiß es" oder „Ich habe alles begriffen". Wie ich schon im ersten Teil des Buches schrieb: Wenn Sie am Ende angekommen sind, werden Sie die Dreieinigkeit sicher nicht vollumfänglich erfasst haben. Ich kann nur hoffen, dass ich das Geheimnis so umkreise, dass es Sie zum Tanzen einlädt.

Der zweite Weg, der uns für echte neue Erfahrungen öffnet – wenn auch mit großen Kosten und dem Risiko verbunden, dass die Seele sich verschließt –, ist das Leid.

Es muss das Risiko aber wert sein, denn es kommt in jedem Leben notwendigerweise und regelmäßig vor, wie mir scheint – wenn wir nicht zu viele Versicherungen dagegen abschließen. Daher auch Jesus' absichtlich übertriebenes Statement, die Reichen könnten seine Botschaft nicht verstehen.

Leid ist das Einzige, was stark genug ist, unsere Kontrollsysteme zum Absturz zu bringen, unsere Erklärungsmechanismen, unsere logischen Denkmuster, unsere Zuständigkeitsbereiche und unser sorgfältig verwaltetes Gefühl, alles unter Kontrolle zu haben. Gott und die von ihm geführte Seele vertrauen auf das Leid, so scheint es.

Normalerweise muss Gott uns bis an die Grenzen unserer eigenen Kräfte und Möglichkeiten führen. Ein Ereignis, ein Mensch oder eine moralische Situation muss uns zwingen zuzugeben, dass wir es in unserem momentanen Zustand nicht schaffen. So sieht unser Leid aus.

Oder unser Verständnis dafür, was der Sinn hinter einem solchen Geschehen ist, muss auf eine sehr persönliche Weise scheitern: *Ich begreife es einfach nicht. Ich komme da heute nicht durch.*

Das kommt oft vor, wenn es einen physischen Todesfall gegeben hat, oder auch, wenn etwas anderes stirbt: eine Ehe, ein guter Ruf oder eine berufliche Tätigkeit. In all diesen Fällen fühlen Sie sich verängstigt und in der Falle. „Was ist los?", rufen Sie voller Furcht und Ratlosigkeit.

Ein guter geistlicher Begleiter sagt dann leise zu sich selbst (nicht zu dem Leidenden): *„Halleluja, jetzt kann die wirkliche geistliche Reise beginnen!"*

Bis dahin haben wir nur verkopfte Glaubenssysteme wiedergekäut und „rechtgläubige" Überzeugungen nachgeplappert, die wenig bedeuten, selbst für die, von denen wir sie gelernt haben. Die Wenigsten kommen auf die Idee, diese kraftlosen Glaubenssätze zu hinterfragen, weil sie alles sind, was sie haben. Manche klammern sich in Krisen sogar noch fester daran, weil sie keine innere Erfahrung haben, die ihren Glauben begründet. Das trifft vor allem häufig auf besonders rigoros verteidigte Glaubenssysteme zu.

Fragen Sie doch mal jemanden, bei dem Sie das Gefühl haben, dass er wirklich *weiß* – und Sie werden feststellen, dass er vor allem weiß, dass er nichts weiß! Das bekommt man geschenkt, wenn man zumindest einen der beiden Wege schon gegangen ist: Staunen oder Leiden.

Wenn die Religion zu dieser Art von Demut zurückkehrt, könnten wir eine Verringerung der Atheismuszahlen im Westen und einen Anstieg bei den glücklichen Christen erleben.

Das Raumschiff „Explorer", das im Jahr 1977 ins All startete, bewegte sich erst Mitte der 2000er-Jahre aus unserem Sonnensystem hinaus in den riesigen, scheinbar unendlichen Weltraum. Wo wohl sein Ende liegt? Gibt es dort eine Mauer? Und wenn ja, wer hat sie gebaut? Dieses Raumschiff legt seit Jahrzehnten jeden Tag viele, viele Meilen zurück, und jetzt hat es den Rand unseres Sonnensystems erreicht. Doch es wird noch 40 000 Jahre dauern, bis es eine andere Galaxie erreicht.

Wer ist dieser Gott? Was hat dieser Gott vor? Wie kann auch nur eines meiner Worte auf etwas hindeuten, das für den menschlichen Verstand greifbar oder zugänglich ist?

Noch einmal: Diejenigen, die durch Mikroskope blicken, und diejenigen, die durch Teleskope blicken, sehen beide dasselbe Muster: Wenn die Realität überhaupt etwas ist, dann Beziehung. Sie ist eine Umlaufbahn, sie besteht zu einem Großteil aus leerem Raum, und der größte Teil davon ist dunkle Materie oder schwarze Löcher – also nicht durch uns zu kontrollieren. Und dann kommen Mystiker wie Teilhard de Chardin daher und lehren, die physische Struktur des Universums sei die Liebe.[183] In all dem Umkreisen, Explodieren, Ausdehnen und Zusammenziehen sehen wir unendliche Liebe am Werk.[184]

Alles, was Sie mit Ihren Augen sehen, ist Selbstentäußerung Gottes in vielfältigen physischen und sichtbaren Formen.

Mit anderen Worten: Die Unendlichkeit beschränkt sich immer neu auf endliche Ausdrucksformen – man könnte das das „Leiden" Gottes nennen. Der Christus hat diese Selbstentäußerung, die *kenosis*[185], durch sein ewiges Leben in der Dreieinigkeit gelernt. Nicht nur Jesus leidet, sondern das Kreuz ist das sichtbare Symbol dessen, was ständig in Gott vor sich geht!

Denken Sie darüber nach. Das sollte eigentlich genügen, damit jeder die christliche Botschaft einfach lieben muss.

Niemand würde sich gegen eine solche Liebe entscheiden, oder? Und doch wollen viele junge und auch alte Menschen diese Liebe nicht. Scharenweise verlassen sie die rechtgläubigen Systeme ihrer Eltern und Großeltern. Wir erleben einen Massenexodus aus dem organisierten Glauben. Diese sogenannten „Nones", die gar nichts mehr glauben, machen inzwischen 20 Prozent aller Amerikaner und ein Drittel der Amerikaner unter 30 Jahren aus.[186] Eine demografische Studie besagt, dass 42 Prozent aller nicht konfessionell gebundenen Personen sich als „weder religiös noch spirituell" einordnen. 18 Prozent bezeichnen sich als religiös, 37 Prozent als „spirituell, aber nicht religiös".[187]

Vielleicht muss unsere christliche Religion in der heutigen Form erst einmal sterben, damit ein wahrhaft ganzheitlicher und liebeszentrierter Weg zu Gott geboren werden kann. Sie hat einfach zu wenig Geduld und Wertschätzung für das Geheimnisvolle, zu wenig Demut und zu wenig Liebe für Andersartige (ganz zu schweigen von den nicht-menschlichen Teilen der Schöpfung). Ich frage mich wirklich, ob es so kommen muss.

Die überraschende Kraft des Leids

In diesem Buch geht es um die Entdeckung eines Weges, der über Liebe und Staunen zu Gott führt. Einen Teil sollten wir aber sehr ernsthaft dem Leid widmen. Ich weiß, es ist wahrscheinlich nicht Ihr Lieblingsthema – es sei denn, Sie sind Masochist –, aber ein tiefer Einblick in das Wesen leidender Liebe kann wertvoll sein, wenn Sie Ihren eigenen Schmerz betrachten. Ich will Ihnen nichts versprechen, aber es könnte passieren, dass Sie einen Sinn – und Erlösung – in dem finden, was Sie durchgemacht haben.

Eine trinitarische Spiritualität führt uns in eine offene Umarmung des Ganzen – ohne Ausnahme. Das ist der Kreistanz der Freiheit, aber es ist auch ein Kreis des Leids. Die negative Seite lässt sich nicht eliminieren.[188] Alles gehört zusammen. In einem Brief an die Freunde Gottes aus dem 1. Jahrhundert heißt es:

> Gepriesen sei der Gott und Vater unseres Herrn Jesus Christus! Er ist ein Vater, dessen Erbarmen unerschöpflich ist, und ein Gott, der uns nie verzweifeln lässt. Auch wenn ich viel durchstehen muss, gibt er mir immer wieder Mut. Darum kann ich auch anderen Mut machen, die Ähnliches durchstehen müssen. Ich kann sie trösten und ermutigen, so wie Gott mich selbst getröstet und ermutigt hat. Ich leide mit Christus und in seinem Dienst in reichem Maß. Aber ebenso reich sind der Trost und die Ermutigung, die mir durch ihn geschenkt werden.[189]

Sehen Sie die Ganzheitlichkeit der trinitarischen Weltsicht in Aktion? Dieser Brief wurde etwa im Jahr 58 nach Christus geschrieben. Die Theologie der Trinität war noch nicht entwickelt, es würde noch drei Jahrhunderte dauern, bis es so weit war. Aber Paulus, der ein Mystiker ersten Ranges war, spürt es schon. Er spricht schon alle drei Personen der Dreieinigkeit an[190]: als Quellen von magnetischer Anziehungskraft, die seine Erfahrung anleiten und benennen.

Auch der Brief an die Kolosser spricht von unserer Fähigkeit, etwas zu dem Kreislauf ewigen Tröstens und Leidens beizutragen: „Angesichts von all dem freue ich mich auch über die Nöte, die ich durchmachen muss, denn sie kommen euch zugute. Sie gehören zu den Bedrängnissen um Christi willen, die nach Gottes Plan noch ausstehen, und was ich davon an meinem eigenen Körper erleide, nehme ich damit dem Leib von Christus ab, der Gemeinde."[191]

Worum geht es da? Offenbar ist der Verfasser in ein Geheimnis der Teilhabe eingeweiht, in das er immer mehr hineingezogen wird. Früher, wenn ich Lebensbeschreibungen von Mystikern las, dachte ich immer, sie würden darum beten, etwas vom Leid Jesu zu spüren. Sie werden auch immer ein Kreuz tragend oder auf das Kreuz blickend dargestellt. Ehrlich gesagt nahm ich immer an, die meisten von ihnen seien Masochisten.

Aber da irrte ich mich, und ich missverstand sie. Man kann sie nur verstehen, wenn man selbst am Tanz teilnimmt. Ich will Ihnen zwei Beispiele nennen.

Das Erste ist Teresa von Ávila, die spanische Karmeliterin aus dem 16. Jahrhundert, die von Papst Paul VI. 1970 wegen ihrer kühnen Einsichten und ihrem Reformgeist zur Kirchenlehrerin ernannt wurde. Von ihr stammen die folgenden Worte:

> Meine Seele wurde angezündet, und mir schien, als stünde mir deutlich vor meinem geistigen Auge die gesamte Heilige Dreieinigkeit … alle drei Personen waren eindeutig in meiner Seele zugegen und sie sprachen zu mir und sagten, von diesem Tag an würde ich in mir eine Verbesserung spüren, in dreierlei

> Hinsicht, und jede der drei Personen würde mir eine Gunst erweisen: eine die Gunst der Nächstenliebe; die zweite die Gunst, fröhlich leiden zu können; die dritte die Gunst, die Nächstenliebe mit einer brennenden Seele erleben zu können… Mir schien, die drei, die doch nur der eine Gott sind, wären so fest in meiner Seele verankert, dass ich sah, wenn diese Gemeinschaft weiterginge, würde es unmöglich sein, nicht mit hineingenommen zu werden.[192]

Diese Gemeinschaft, Teilhabe und Solidarität mit dem Mysterium kann so tief werden, dass mein zweites Beispiel, Etty Hillesum, im Konzentrationslager Westerbork – bevor sie nach Auschwitz deportiert und ermordet wurde – die folgenden Worte schrieb: „Ich möchte in irgendeiner Weise mit dir leiden, Gott. All dieses Leid ist dein Leid, und ich möchte mit dir daran teilhaben."[193]

Wir alle scheitern tragisch daran, die Fülle des Lebens zu erleben, trotz all unseres Suchens nach Trost und Bequemlichkeit. Zu unserer großen Enttäuschung stellen wir fest, dass es alles nichts nützt. Und irgendwann entdecken wir, dass unsere Herzen und Seelen am Trog der Eigennützigkeit nicht genährt werden.

Gott ist nicht „Es war einmal", Gott ist die „Unendliche Geschichte", in der wir mitwirken![194]

Das sind erschreckend gute Nachrichten, aus denen wir ganz bewusst Freiheit und Sinn ziehen können. Es scheint, als könnten wir wirklich mit Gott zusammenarbeiten, als könnten wir Räume der Freiheit im Herzen der Welt erschaffen. Paulus spricht sogar von einer Art gemeinsamer Schöpfung[195]. Etty Hillesum führte in Westerbork inmitten ungeheuren Leids ein erstaunliches Leben voller Frieden, Liebe und Gemeinschaft mit Gott. Sie schuf sich und anderen kleine Räume der Freiheit. Und sie fand den tiefsten Sinn im Leben.

So sieht die vollständige Wirklichkeit aus. So vollständig, dass sie auch die Schattenseiten einschließt. Etty Hillesum arbeitete in ihrem Leid mit Gott zusammen, sie wirkte in Gott und sogar *als* Gott. Sie war ganz und gar im Inneren des Geheimnisses, in ein

Leben hineingezogen, das größer war als ihr eigenes. Vielleicht hat sie gar nicht verstanden, warum sie etwas so Unlogisches sagte oder dachte wie „Irgendwie möchte ich mit dir leiden, Gott". Wir sind ja nicht auf einer masochistischen Suche nach Schmerz oder Leid, aber wenn wir ihm begegnen, spüren wir, wie unsere Leidensfähigkeit wächst, wenn wir in Verbindung mit dem Fluss bleiben. Natürlich müssen wir auch dann ein gewisses Maß an Leid abblocken, um uns selbst zu schützen. Wir können nicht alles auf uns nehmen. Aber Gott kann das. Das ist der sichtbare Sinn des Kreuzes: Gott nimmt allen Schmerz der Geschichte auf sich. Wir müssen nicht alles auf uns nehmen, aber ganz von uns weisen sollten wir es auch nicht. Lassen Sie den Schmerz sein Geschenk mitbringen, die Verletzlichkeit. Lassen Sie sich von ihm verändern. Wir können uns von ihm aus unserer Komfortzone herausrufen lassen, an diesen größeren Ort, wo wir alle eins sind. *Denn genau genommen gibt es nur ein Leid und eine große Traurigkeit: das Leid Gottes. Und wir alle haben daran teil.*

Ein so empathischer Schritt in die Solidarität mit Gott und der Menschheit kann nie nur aus theologischer Theorie gemacht werden. Viele Heilige haben das als ihre Berufung gesehen, als Einladung und sogar als Privileg.

Ich empfinde diese Solidarität als umso beeindruckender, wenn ich sie durch die Stimmen derer höre, die sie zunächst nicht als Berufung ansahen und schon gar nicht als Privileg. Menschen, die sich in sozialen Situationen befanden, in denen die herrschende Kultur sie entmachtete oder unterdrückte. Hören Sie sich diese Beschreibung des göttlichen Tanzes an, die „von unten her" kommt:

> Als geliebte dreieinige Gemeinschaft tanzt Gott menschliche Gemeinschaften ins Leben zurück, die von Leid, Hass und Trennung zerrissen sind. Gott hat Mitleid mit den Unterdrückten und ihren traurigen Erfahrungen und lenkte ihren Zorn kreativ und konstruktiv in Richtung Gerechtigkeit. Vor allem der Heilige Geist, der von Anbeginn an über der Schöpfung vorhanden war, ist eine kreative und lebensspendende Beziehung

> Gottes, die selbst in ausweglosen Situationen alles möglich macht. „Sie“ ist das Beziehungshandeln, das Gott uns geschickt hat, „um Schönheit aus der Hässlichkeit zu erschaffen, um das Leben mitten im Leid zu feiern und um in Liebe zu leben, mitten im Hass.“ Als lebensspendende Beziehung strebt der Geist prophetisch danach, menschliche Gesellschaften nach dem Abbild Gottes zu realisieren.[196]

Die Dreieinigkeit ist Gott in allem und deshalb ausnahmslos überall zu finden. Wenn man jedoch von einem „Lieblingsplatz“ Gottes sprechen will, dann befindet er sich immer in enger Verbundenheit mit „den anderen“: denen, die machtlos sind. Der schwarze Befreiungstheologe James Cone hat das provokant so formuliert:

> Gott ist schwarz … Gott ist Mutter … Gott ist Reis …
> Gott ist rot.
> Das Schwarzsein Gottes impliziert, dass die Essenz des göttlichen Wesens im Konzept der Befreiung zu finden ist. Die schwarze Theologie nimmt die Dreieinigkeit Gottes ernst und sagt, dass sich der Schöpfergott mit dem unterdrückten Volk Israel identifizierte und auch an der Entstehung dieses Volkes aktiv teilhatte. Als Erlöser wurde Gott zum Unterdrückten, damit wir alle frei von Unterdrückung werden. Als Heiliger Geist führt Gott das Werk der Befreiung weiter. Der Heilige Geist ist der Geist des Schöpfers und der Erlöser, der in der Befreiung unserer heutigen Gesellschaft wirksam wird.[197]

Ob wir – vor allem, wenn wir in einer privilegierteren Situation leben – es wagen, das anzunehmen? Wenn wir die Dreieinigkeit ernst nehmen, dann müssen wir das meiner Meinung nach tun. Gottes Demut verlangt danach. Was für eine absolute Freiheit wir haben, uns dem Geliebten anzuschließen, wo auch immer er sein mag – vor allem in einer geliebten Gemeinschaft, die einen guten Kampf um Würde, Harmonie, Kreativität und Befreiung führt. Wir wissen, dass Jesus während seines gesamten Erdenlebens immer dorthin ging, wo der Schmerz war. Und seine Jünger folgen ihm.

Sühne oder Einssein?

Manchmal spiele ich mit der Kontroverse, denn wir Franziskaner haben Gottes versöhntes Einssein mit den Menschen nie mit der üblichen Sühnetheorie erklärt, die manche Theologen auch als „Stellvertretertheorie" bezeichnen. Seit den Diskussionen des 13. Jahrhunderts haben wir das nicht getan.

Das heißt selbstverständlich nicht, dass ich Gottes Erlösungswerk durch Jesus Christus in Frage stellen würde. Ich stelle nur eine bestimmte *Interpretation* in Frage, die der Antike keine Rolle spielte, aber in den letzten Jahrhunderten mächtig Fahrt aufgenommen hat.

Ich glaube, dass die Stellvertretertheorie sehr riskant ist, vor allem wegen der Implikation, dass der Vater in seiner Freiheit eingeschränkt wäre, seine eigene Schöpfung zu lieben oder ihr zu vergeben.

Es ist schon mühsam genug, Menschen dahin zu bringen, dass sie an die unendliche Liebe Gottes glauben, und diese Theorie ist dafür wenig hilfreich. Das weiß ich, weil ich seit vielen Jahren als geistlicher Begleiter arbeite. Jede Erklärung der Erlösung, die auf irgendeiner Art Transaktion beruht, hindert Menschen an der oh-so-notwendigen Veränderung hin zu Vertrauen und Liebe, die wir alle dringend brauchen. *Menschen verändern sich im Prozess der liebevollen Spiegelung, nicht indem sie einen Preis bezahlen oder eine Schuld begleichen.* Die leblose, transaktionale Sichtweise der Erlösung ist eine direkte, sehr unglückliche Folge der Entfernung Jesu aus der Fülle der Heiligen Dreieinigkeit.

Das Kreuz ist das aufrecht stehende Zeichen und Bild Gottes. Es zeigt uns, dass Gott weiß, wie sich Ablehnung anfühlt. Gott ist im

Erleben totaler Verlassenheit solidarisch mit uns. Gott ist kein distanzierter Beobachter unseres Leids. Er ist, ob wir es glauben oder nicht, mitten im Leid bei uns.

Gott ist nicht nur seltsamer, als wir dachten, er ist seltsamer, als wir denken können. Aber wir haben versucht, die Erlösung in eine verzerrte „Eine Hand wäscht die andere"-Transaktion zu verwandeln oder mit einer auf Vergeltung basierenden Sicht von Gerechtigkeit zu erklären. Gottes Gerechtigkeit, wie sie die Propheten bereits offenbaren, ist immer eine wiederherstellende Gerechtigkeit, aber wir brauchen ein verändertes Bewusstsein, um das zu verstehen. Lesen Sie beispielsweise Hesekiel 16,53 ff., wo der Prophet immer wieder mit solchen Begriffen arbeitet (wiederherstellen, wieder aufbauen). Gott „straft" Israel, indem er es noch mehr und auf einer noch tieferen Ebene liebt. Und so macht er es mit jeder menschlichen Seele. Das ist die biblische Sicht der wiederherstellenden Gerechtigkeit, aber sie widerspricht unserer kulturellen Erfahrung zu sehr, um über den andauernden historischen Trommelschlag der vergeltenden Gerechtigkeit gehört zu werden.

Diese auf Transaktionen und Gegenleistung ausgerichtete Denkweise muss zusammenbrechen, wenn wir uns wirklich mit Gott vorwärtsbewegen wollen. Dies ist die einzigartige Arbeitsbeschreibung der Gnade und der unverdienten Barmherzigkeit. Mystiker sind Menschen, die sich auf diese neue Denkweise einlassen, aber dazu braucht es Hingabe und die Bereitschaft, sich fallen zu lassen. Hesekiel sagt, dass Israel sich schämen wird, dass es verwirrt schweigen wird, wenn Gott ihm alles vergibt.[198] Gnade und Barmherzigkeit sind immer eine Demütigung des Egos. Wir müssen Gottes Wissen und seine Liebe als vollständige, endgültige Form der Güte akzeptieren. Aber dazu müssen wir wissen, dass sich all das für das Ego zunächst einmal wie ein Verlust anfühlt. Und für unseren berechnenden Verstand fühlt es sich wie unverdiente Barmherzigkeit an. Eigentlich ist es ganz einfach: Wir müssen aufhören zu zählen, zu messen und zu wiegen.

Lassen Sie mich den ersten Johannesbrief 4,10 in dieser Richtung wiedergeben: Die Liebe besteht darin, Gott nicht mit menschlichen Formen und Möglichkeiten der Liebe zu limitieren, sondern seiner unendlichen Liebe zu gestatten, unsere Wahrnehmung von Liebe neu zu definieren.

Wenn wir lieben, nehmen wir auf geheimnisvolle Weise am Leid Gottes teil, an der notwendigen Selbstentäußerung, die jedem Neuerfüllen vorangehen muss, weil sie Raum schafft. Ja, wir müssen uns mit aller Kraft gegen das Leid in der Welt einsetzen. Aber paradoxerweise umarmen wir das Leid auch als eine lebenswichtige Form der Teilhabe am Geheimnis des fleischgewordenen Gottes und der Heilung aller Not.

Wir wollen Leid verringern und vermeiden, wo wir können, und menschlichen Schmerz lindern. Ganz sicher wollen wir kein Leid über andere Menschen bringen, obwohl wir alle wissen, dass wir das Leid in der Welt durch unsere Sünde und gegenseitige Entfremdung vergrößern. Aber wenn wir alles getan haben, was in unserer Macht und unseren Begabungen steht, um das Leid zu lindern, stellen wir fest, dass wir das umarmen müssen, was ist. Das, was noch übrig ist – und das ist eben oft Leid und Schmerz.

Vielleicht ist das der große Tod, dieser dritte Raum, in dem ich mich weigere, den Rest meiner Jahre mit Kampf oder Flucht zu verbringen. Wo ich nicht mehr nach jemandem suche, den ich hassen oder beschuldigen kann – mich selbst oder jemand anderen. Ich begebe mich in die Solidarität mit dem Schmerz. Ich weigere mich, an der Vernachlässigung, dem Betrug, der Zurückweisung oder der Marginalisierung anderer Menschen teilzunehmen.

Deshalb gehen die Heiligen, die trinitarischen Gläubigen, immer zu den Rändern, bis ganz nach unten, zu denen, die ausgeschlossen oder ins Abseits gedrängt werden. Jesus geht nach den biblischen Berichten andauernd zu den Aussätzigen und denen, die die Gesellschaft als „Sünder“ bezeichnet. Wie hätte er es noch klarer machen können? Sobald uns die Augen dafür geöffnet werden, fällt es uns viel schwerer, in diese allgegenwärtige Urangst zurückzufallen, dass

Gott Leid verursacht oder zulässt – und die immer schon ein Stolperstein für unseren Verstand gewesen ist.

Am Kreuz sehen wir diesen Mann, der sein ganzes Leben gegeben hat, um Leid zu heilen, selbst ein Opfer des Leids werden. Statt ein Folterknecht, Mörder, Tyrann oder Unterdrücker zu werden, teilt er das Schicksal der Opfer der Menschheit. Und genau hier erlebt Jesus seine eigene Auferstehung. Er spielt nicht das Opfer, und er schafft keine Opfer. Er geht den dritten Weg, den des erlösenden Leidens vor Zeit und Ewigkeit.

In diesem alles verändernden Raum stirbt Jesus und wird wiedergeboren. Und das Wort, das die totale Dynamik des Gebens und Nehmens mit vollkommener Verletzlichkeit auf beiden Seiten am besten beschreibt, lautet ironischerweise „Vergebung".

Kein Wunder, dass zwei Drittel von Jesus' Lehräußerungen sich direkt oder indirekt mit Vergebung befassten.

Um zu vergeben, muss man den anderen Menschen – zumindest für den Moment – als vollständigen Menschen sehen, als Abbild des Göttlichen, das Heiligkeit und Schrecken zugleich umfasst. Mit anderen Worten: Sie können das Negative nicht eliminieren. Sie wissen, dass dieser Mensch Sie verletzt hat. Sie wissen, dass er etwas falsch gemacht hat.

Sie müssen lernen, gut mit dem Paradox zu leben, sonst können Sie nicht vergeben. Die Schwierigkeit mit einem Großteil der konventionellen Religion besteht in der kulturellen Haltung: „Ich werde vergeben, wenn er oder sie es verdient hat, wenn er oder sie sich bewährt hat."

Das ist aber keine Vergebung, das ist ein Handel! Gott liebt Sie gerade in Ihrer widerspenstigen Unwürdigkeit. Er liebt Sie, solange Sie noch eine Mischung aus Gut und Böse sind, solange noch alles im Fluss ist. Sie sind kein vollkommener, liebender Mensch, und trotzdem liebt Gott Sie vollkommen.

Wenn Sie dieses Geheimnis erfassen können, geliebt zu werden, selbst als die wild gemischte Wundertüte, die Sie sind, dann können Sie das Geschenk der Vergebung empfangen. Und soweit ich es sehe, ist das der einzige Zustand, in dem man anderen Menschen vergeben kann. Vor allem, wenn diese Menschen Sie wirklich tief verletzt haben, wenn sie Sie heftig betrogen, vernachlässigt, gedemütigt haben. Und das passiert früher oder später uns allen.

Deshalb lehnen die Franziskaner diese ganze „juristische" Sühnevorstellung ab: Sie tut nicht nur dem Charakter Gottes Gewalt an, sondern ist ganz einfach zu sauber für unsere schmutzige Realität. Sie ist eine Abstraktion, die der Unmittelbarkeit im Wege steht. Die ganze erschütternde Erfahrung des Lebens wird ausgeblendet, wenn wir versuchen, aus der Vergebung eine kalte gerichtlich verordnete Begnadigung zu machen, wie beim katholischen Ablassbrief oder der Beichte und auch bei vielen protestantischen „transaktionsgebundenen" Erlösungstheorien. Ein solcher Ansatz sagt: „Lass uns etwas tun! Lass uns diese ganze beziehungsmäßige Verletzlichkeit vermeiden, wenn wir können, okay? Wir lassen Vertrauen und Hingabe einfach weg."

Eine solche Religion ist nicht trinitarisch. Sie nimmt nicht am göttlichen Tanz teil und bringt uns keinen Schritt weiter. Wenn wir unter dem Wasserfall unendlicher Barmherzigkeit stehen und wissen können, dass wir gerade in unserer Unwürdigkeit geliebt werden, dann können wir Barmherzigkeit auch weitergeben.

Überprüfen Sie jeden Tag, wie es Ihnen in Sachen Vergebung geht, ja? Einen besseren Test kann ich mir nicht denken, um festzustellen, ob Sie in dem unberechenbaren Geheimnis göttlicher Großzügigkeit leben oder nicht.

Und wissen Sie, was am schwierigsten zu vergeben ist? Die Kleinigkeiten, diese sich langsam anhäufenden Verstimmungen. Dieser Kleinkram, den Sie über einen anderen Menschen wissen. Was er gestern wieder falsch gemacht hat. Keine große Sache, aber gerade da greift das Ego gerne zu. Sie sammeln sich in der Seele an wie eine immer wieder aufgerissene Wunde. Ich glaube, es ist viel schwieriger als alles andere, diese Kleinigkeiten loszulassen, gerade weil sie so klein sind. Also horten wir sie unbewusst, und sie verstopfen uns regelrecht.

Aber Gott macht keine Transaktionen, und Gott ist nicht bedürftig. Sie können darauf vertrauen, dass Gott Sie so behandelt, wie Sie behandelt werden wollen. Er lässt Ihre Kleinlichkeit los, Ihre Albernheiten, Ihre Kritiksucht und Ihre Blockaden, die Sie daran hindern zu lieben. Und trotzdem sieht er Sie als Ganzes.[199]

Gott kann nicht *nicht* seinen Sohn Jesus in Ihnen sehen. Sie sind der Leib Christi. Sie sind Fleisch von Gottes Fleisch, und deshalb kann Gott nicht aufhören, Sie zu lieben. Keine Anstrengung von Ihrer Seite wird dazu führen, dass Gott Sie mehr liebt, als er Sie ohnehin jetzt schon liebt. Und selbst wenn Sie sich alle Mühe geben, sich schrecklich zu benehmen, bringen Sie Gott nicht dazu, dass er Sie weniger liebt.

Sie sind in einer Situation vollkommener Machtlosigkeit, und dagegen kämpft Ihr Ego an. Sie können sich nur hingeben und sich diesem Tanz des ungehinderten Dialogs anschließen, diesem Kreislauf der Freude, diesem Netz der Gemeinschaft, die wir Dreieinigkeit nennen.

Seit dem ersten Kapitel dieses Versuchs, das Geheimnis der Dreieinigkeit aufzulösen, staune ich über die Fähigkeit dieser scheinbar so abstrusen, verdrehten, fernen und sogar sinnlosen Lehre, uns in ein anderes Universum mitzunehmen.

Es ist ein Christentum in anderer Form. Es ist eine Kosmologie in anderer Form. Und so sollte es auch sein, wenn die Dreieinigkeit die Form aller Dinge ist, nicht nur die Form Gottes, sondern auch von allem anderen.

Und was ist mit dem Zorn Gottes?

Wo ist der Zorn des dreieinigen Gottes? Vermutlich sind Sie mit den Bibelpassagen über Gottes Zorn in den hebräischen Schriften (dem Alten Testament) aufgewachsen, und selbst Paulus benutzt diesen Begriff.[200] Deshalb ist die Frage schon berechtigt: Warum gibt es solche Passagen in der Heiligen Schrift?

Ja, warum? In einigen biblischen Erzählungen scheint Gott ein paar Tage lang wütend zu sein. Es wirkt, als würde er uns nicht mehr lieben. Und das ist verständlicherweise die Lesart unserer eigenen Erfahrung, eine Beschreibung dessen, was unsere Tradition die „dunkle Nacht der Seele" nennt. Diese Zeiten, wenn wir die Gnade, Liebe und Hingabe nicht mehr spüren. Kein Wunder, dass wir all das auf Gott übertragen.

Aber das heißt natürlich nicht, dass die göttliche Hingabe objektiv nicht vorhanden wäre. Wir können nur gerade nicht von ihr profitieren. Aus welchen Gründen auch immer können wir keinen Zugang zu ihr finden, genießen sie nicht und nehmen nicht an ihr teil. Die Heilige Schrift ist, wie es Peter Enns formuliert, sowohl ganz menschlich als auch ganz göttlich.[201] Sie wurde immer von Menschen aus einer menschlichen Perspektive geschrieben. Wir nennen sie „Wort Gottes", aber das einzige tatsächlich eindeutige Wort Gottes in der Bibel ist Jesus, der ewige Logos. Die Worte, die ansonsten fraglos inspiriert zu Papier gebracht wurden, stammen von Männern und Frauen.

In meinem Buch *Ins Herz geschrieben* (2008)[202] beschreibe ich die Bibel als Zeugnis eines langsamen Fortschritts. Wir sehen, wie sich der Erzählbogen ganz allmählich zu einer immer weiter entwickelten Theologie der Gnade spannt, bis Jesus zur personifizierten Gnade wird. Aber für dieses Konzept ist unsere Seele nie ganz bereit. Wir leisten Widerstand dagegen, und so erleben wir in den biblischen Texten etwas, was der verstorbene Anthropologe René Girard als „Text in den Wehen" bezeichnet – einen leidenden Text. Das gilt auch für das Neue Testament, wo selbst Johannes' Aussagen über Gottes bedingungslose Liebe mit vielen Zeilen durchsetzt sind, in denen scheinbar doch eher von Liebe mit Bedingungen die Rede ist. „Wenn ihr auf meine Gebote hört", heißt es da mehr als einmal direkt oder implizit.

Um in der Liebe zu wachsen, scheint mir dies sogar sinnvoll. Psychologisch gesehen *brauchen* wir Liebe mit Bedingungen, um in der Folge bedingungslose Liebe und unser Bedürfnis danach zu erkennen. Davon ist in meinem Buch *Reifes Leben* die Rede.[203]

Ab und zu bekommen wir bedingungslose Liebe (Gnade) angeboten, aber Herz und Verstand tun sich schwer damit, daran zu glauben. Der biblische Text spiegelt sowohl das Wachstum als auch den Widerstand der Seele. Sie öffnet sich dem Geheimnis, und dann sagt sie: „Das kann nicht wahr sein."

Die Heilige Schrift ist eine mehrstimmige Sinfonie, ein Selbstgespräch mit Melodien und Dissonanzen – drei Schritte vorwärts, zwei zurück. Nach und nach geht es durchaus voran, und wir sehen die Vorwärtsbewegung in unserem heiligen Buch und die Richtung, in die es die Geschichte lenkt. Der ganze Text bewegt sich in Richtung Inklusivität, Gnade, bedingungslose Liebe und Vergebung. Ich nenne es „Jesus-Hermeneutik". Interpretieren Sie die Bibel doch einmal so, wie Jesus es tat! Er ignoriert sie, leugnet sie oder widerspricht ihr, wo sie imperialistisch, strafend, ausschließend oder nach Stammesdenken klingt. Sehen Sie selbst nach![204]

Genau deshalb ist die Bibel das beste Buch der Welt. Aber wenn wir ehrlich sind, war sie oft auch das schlimmste Buch der Welt, nicht wegen ihres Inhalts, sondern wegen der mangelnden geistlichen Reife ihrer Leser. In den Händen liebloser Fundamentalisten birgt sie mehr Starrheit, Bigotterie, Hass, Krieg, Böses und Mord als jedes andere Buch der Welt. Sie wissen, dass das wahr ist. Nur allzu bequem eingerichtete Leute in den herrschenden Gruppen unserer Zeit wollen es nicht sehen.

Thomas von Aquin hat gelehrt, dass die Korruption der Besten die schlimmste ist. Die Bibel birgt das höchste Maß an Gutem, aber wir alle verstehen sie nach dem jeweiligen Stand unserer emotionalen und geistlichen Entwicklung. Und wenn Sie noch in starrem Schwarz-Weiß-Denken verhaftet sind, wenn Sie ständig Gewissheit und Kontrolle brauchen, dann kommen Sie eben nicht weit. Welche Bibelstelle man Ihnen auch vorlegt, Sie werden sie in einer kleinlichen, rach- und kontrollsüchtigen Weise interpretieren – weil es die Art ist, wie Sie das ganze Leben betrachten.

Die Dreieinigkeit wird allmählich für Sie real, wenn Sie sich authentisch auf die Kreisläufe und das Fließen von Leben und Tod einlassen. Das meinen wir, wenn wir davon sprechen, dass wir „durch den Tod und die Auferstehung Jesu erlöst sind". Genau das! Erst einmal müssen wir erwachsen werden, und das heißt, wir müssen lernen, wie man im Wasserrad des Gebens und Empfangens von Liebe lebt. Es ist ganz einfach: Wenn Sie den Fluss innen finden, sehen Sie ihn auch außen. Das ist das „Prinzip der Ähnlichkeit".

Hasserfüllte Menschen sehen überall Gründe zum Hass, ist Ihnen das schon mal aufgefallen? Sie denken ständig, jemand will sie über den Tisch ziehen oder verletzen. Sie erschaffen Probleme, wo auch immer sie hingehen. Man nennt solche Leute auf Englisch „High Maintenance People"; also Menschen, die viel „Betreuungsaufwand" brauchen.

Und dann gibt es Leute, die kommen zu mir und sagen: „Richard, du bist so liebevoll!" Ich wünschte, es wäre so! Wenn ich einen guten Tag habe, mag das sein, aber im Grunde kommt diese Aussage immer von Leuten, die selbst sehr liebevoll sind. Und wenn ich Glück habe, bringen sie diese Liebe auch in mir zum Vorschein.

Ich werde aller möglicher Dinge beschuldigt, schöner und schrecklicher Dinge. Meistens haben die Leute halb recht. Aber sie sprechen eigentlich immer über sich selbst, ohne es zu merken. Dieses Prinzip der Ähnlichkeit hat positive und negative Seiten – was wir draußen sehen, ist auch in uns. Immer. Misstrauische Leute wissen nicht, wie sie sich selbst und anderen vertrauen sollen, und deshalb übertragen sie es auf ihr Gegenüber.

Die Dreieinigkeit löst Negativität auf wunderschöne Weise auf, in einer immer und vollkommen – und man kann dieses Wort *vollkommen* gar nicht genug betonen – positiven Bewegung, die nie die Richtung ändert.

Unser menschliches, gemischtes Bewegungsmuster mit all dem Vorwärts und Rückwärts findet sich in der gesamten Bibel wieder, die oft ihre Richtung wechselt und sich selbst widerspricht. Nach einer Weile fällt es einem auf. Aber die göttliche Großzügigkeit widerspricht sich nie und die Dreieinigkeit gibt immer.

Gott gibt immer, auch in Augenblicken, in denen wir eine gewisse Unverfügbarkeit der Liebe erleben und sie sich beinahe wie göttlicher Zorn anfühlt. Wenn Sie dieses Gefühl haben, sollten Sie sich kurz Ihrer Seele widmen. In diesem Moment sind Sie zornig auf sich selbst. Das passiert uns allen etwa zwei Mal am Tag. *Warum habe ich das getan?*, klagen wir uns an. Oder wir machen Gott dafür verantwortlich. Ehrlich!

Und wie verlässt man diesen Teufelskreis? Stellen Sie sich Ihren Projektionen: auf andere Menschen, auf unsere eigenen Motive und vielleicht auf Gott. Tatsächlich ist Gott der heilige Lockvogel, der am besten dazu geeignet ist, uns aus dem negativen Kreislauf herauszuziehen. Aber wenn wir ihm die Negativität zuschreiben, dann geraten wir in geistliche Schwierigkeiten, weil wir keinen Ausweg mehr finden, ohne Kübler-Ross' vier Stufen der Trauer und des Sterbens zu durchlaufen: Verleugnung, Zorn, Verhandeln und Depression. Erst dann können wir die fünfte Stufe erreichen: göttliche Annahme.

Dieses jetzt so offensichtliche Muster ist der Grund, warum so viele zeitgenössische geistliche Lehrer sagen, dass die meisten Probleme der Menschen sich psychologisch manifestieren, aber geistlich gelöst werden müssen. Die meisten Christen des Mittelalters hatten mehr Vertrauen in geistliche Lösungen als wir heute, aber sie verfügten in der Regel nicht über das Vokabular der heutigen Zeit, um die psychologischen Manifestationen zu beschreiben. Wir dagegen können die psychologische Dimension so gut und vielfältig artikulieren, dass wir dann in all den guten und hilfreichen Beschreibungen stecken bleiben und niemanden haben, dem wir sie hinlegen können. Es gibt keine Empfängerstation, weil wir vom göttlichen Wasserrad gesprungen sind und uns aus dem Tanz zurückgezogen haben.

Um es noch einmal zusammenzufassen: Ich glaube nicht, dass es in Gott irgendetwas Zorniges gibt. Einem dreieinigen Gott ist das theologisch unmöglich.

Unseren Horizont erweitern

Unser zweiter Punkt bei der Erforschung des „Warum“ der Dreieinigkeit betrifft eine Bewegung hin zu einem erweiterten theologischen Wortschatz. Wenn es Ihnen nichts ausmacht, würde ich gern einige Hinweise auf die Dreieinigkeit von außerhalb des Christentums zur Hilfe nehmen. In unserem stark polarisierten religiösen Klima haben einige Christen seit Generationen gelernt, sich vor allem zu fürchten, was nicht „in reiner Form“ aus „unseren“ Quellen stammt. Ironischerweise enthält unsere eigene Bibel aber reichlich Beispiele einer hohen Wertschätzung für benachbarte Glaubensformen, seien es die heidnischen Sterndeuter aus dem Orient, die die Geburt Jesu vorhersagen und ihn anbeten[205], seien es die synkretistisch-heterodoxen Samariter, als Helden in Gleichnissen und Begegnungen[206], die griechischen Philosophen mit ihrem Konzept des Logos[207] oder Zitate aus der platonischen Philosophie, die auf den allgegenwärtigen, einen wahren Gott hindeuten[208].

Wir haben viele Ängste, aber Gott ist offenbar furchtlos.

Wenn die Wahrheit wahr ist …, wenn Gott immer der eine ist …, dann gibt es nur eine Wirklichkeit und eine Wahrheit.[209] Man könnte doch annehmen, dass wir glücklich sind, wenn andere Religionen auf dieselben Ideen kommen. Aber nein, wir regen uns darüber auf. Wir erkennen unsere Freunde nicht und schaffen uns ohne Grund neue Feinde.

Der Hinduismus ist vermutlich die älteste noch existierende Religion der Welt. Seine Grundlagen reichen 5000 Jahre zurück. In der hinduistischen Theologie und in der Hindi-Sprache gibt es drei Eigenschaften Gottes und damit auch der Realität. Ich habe diese Worte oft gehört, als ich vor einigen Jahren in Indien unterrichtete: *sat, chit, ananda.*

Man muss sich nicht mal besondere Mühe geben, um den trinitarischen Punkt darin zu erkennen.

Sat ist das Wort für Sein. Gott ist das Sein; breiter und weitreichender geht es nicht. Der Hinduismus scheint das implizit zu erkennen, genau wie Paulus es in seiner Rede auf dem Marsfeld sagt.[210] Das universelle Sein, die Quelle allen Seins, die wir Vater nennen.

Chit ist das Wort für Bewusstsein oder Wissen. Gott ist das Bewusstsein selbst, der Geist, die Wahrnehmung. Klingt das nach Logos? Sollte es jedenfalls. Natürlich kommt unsere biblische Vorstellung des Logos aus der griechischen Philosophie. Der Autor des Johannesevangeliums hat genau das getan, was ich jetzt auch tue, nämlich außerbiblische und in diesem Fall außerjüdische Weisheit mit einbezogen.[211] Heute noch mehr als früher müssen wir das gemeinsame geistliche Erbe der Menschheit einbeziehen, um unseren eigenen Glauben besser zu verstehen.

Und schließlich *ananda.* Ich habe eine ganze Reihe von Leuten in Indien getroffen, die Ananda hießen. Es bedeutet Glück, Glückseligkeit. Das klingt doch sehr nach der Freude des Heiligen Geistes. Verinnerlichte, unerschaffene Freude, die wir erleben, wenn wir ohne Widerstand im Fluss leben. Sie geht in alle Richtungen und ist nicht von einem Objekt bestimmt, das uns glücklich macht. Wir wissen nicht, woher sie kommt, so wie es auch Jesus vom Heiligen Geist sagt.[212] Man kann sie nicht einfangen, vorhersagen oder beweisen, man kann sich nur daran freuen, wenn die Taube sich herabsenkt, wenn der Wind weht, wenn das Feuer vom Himmel kommt oder das Wasser fließt. Wie die Gnade ist *ananda* immer ein Geschenk aus dem „Nichts".

Sat-chit-ananda,
Sein – Wissen – Glück.
Vater – Sohn – Geist.
Die Wahrheit ist eins, und sie ist universell.

Stille: der Vater

Der Vater ist das Sein als solches, die Quelle des Flusses, der Schöpfer – der gestaltlose Eine, aus dem alle Gestalt entsteht. Gott als „Nichts", als unaussprechliches Geheimnis.[213]

In unserem kontemplativen Erbe wird Gott der Vater normalerweise am besten in der Stille erfahren, jenseits aller Worte und Formulierungen. Genau darauf bestanden die Juden[214], und so wird unsere Demut vor Gott erhalten, damit wir nicht glauben, irgendein Wort könnte die göttliche Unbegreiflichkeit umfassen.[215]

In der langen Tradition christlicher Mystik gab es zwei große Wissensstränge, die beide nötig waren, um die Gläubigen im Gleichgewicht, demütig und offen zu halten.

Der erste Strang wurde weithin praktiziert und „kataphatisch" (in Richtung des Lichts) genannt. Er beschreibt den „positiven" Weg der Bejahung, auf dem man sich auf definierte Begriffe, klare Konzepte, Bilder und Rituale verlässt. Christus als Logos, Bild und Manifestation verkörpert diesen kataphatischen Pol.

Wenn Religion aber gesund, glücklich und mystisch ist, dann muss der Weg des Lichts durch den „apophatischen" (gegen das Licht) oder negativen Weg der Verneinung ausbalanciert werden. Dabei geht es um ein Wissen jenseits der Worte und Bilder, um Schweigen, Dunkelheit, offene Räume. Das Bedürfnis zu wissen wird losgelassen. Dieser „negative Weg" wird durch den Grund allen Seins, den Vater, repräsentiert.

Der apophatische Weg ist während der letzten 500 Jahre weitgehend verschwunden. Fast alle Gemeinden und normalen Christen denken kataphatisch. Und so wurde der Vater weitgehend ausgeblendet.

Die großen geistlichen Lehrer jedoch haben das Wissen immer mit Nicht-Wissen ausbalanciert, das Licht mit der Dunkelheit. Beide Wege sind notwendig, erst gemeinsam lassen sie die großartige Form von höherem, nicht-dualem Bewusstsein entstehen, die wir Glauben nennen. Für mich ist die Energie dazwischen – dieses gesunde Zusammenspiel von kataphatischem und apophatischem Prinzip – der Ort, wo der Geist sich bewegt.

Leider ist diese Dynamik aber nicht so oft zu spüren. Der apophatische Weg war immer ein Weg der Minderheit, weil wir uns in unserer Kultur mit Schweigen, Staunen und Nicht-Wissen unwohl fühlen. Nur die Mystiker haben den apophatischen Weg bewahrt, ebenso wie einige sakramentale Gottesdiensttraditionen. Den Protestanten war das alles suspekt, sie haben das mystische und sakramentale Kind mit dem mittelalterlich-katholischen Badewasser ausgeschüttet. Die Quäker haben versucht, eine genuin protestantische Mystik zu entwickeln und darauf hinzuweisen, dass alles Leben ein Sakrament ist – ein äußeres Zeichen der inneren göttlichen Gegenwart.

Die meisten von uns kennen die Grundlegung des Schweigens nicht, bevor sie sprechen, den riesigen Raum um die Worte herum, das innere Ausruhen nach den Worten, die Demut, die die Worte eigentlich verlangen. Unsere Vorfahren in früher Zeit, vor dem Beginn organisierter Landwirtschaft, vor den ersten Städten und Zivilisationen, kannten all das instinktiv, und es gibt noch Spuren davon bei den amerikanischen Ureinwohnern und bei indigenen Kulturen weltweit, die diese alten Instinkte besser bewahrt haben.[216]

Dies ist der Bereich „des Vaters", der nicht ausgesprochen oder benannt werden kann. Gott der Vater ist ja eben das Nichtmanifeste, das große Schweigen, die Unaussprechlichkeit selbst. Wir sind so sehr darauf gepolt, uns mit Worten auszudrücken, dass wir unweigerlich alles auf Worte setzen, um das zu erreichen, was wir brauchen. Und dabei vergessen wir sogar, dass alle Worte in sich nur Metaphern sind.

Wir haben Gott den Vater unterdrückt, dessen Ruf ohnehin schon durch ein ungesundes Patriarchat beschädigt worden war, ebenso wie durch einen auf Strafe beruhenden stellvertretenden Sühnegedanken. So wurde er unfrei, unfähig zur Vergebung, gefesselt durch einen sehr engen Gerechtigkeitsbegriff – ein kleinlicher, rachsüchtiger Gott. Wir haben den Vater mehr gefürchtet als geliebt. Schon dieser Verlust ist Grund genug, dass das Christentum alle drei Personen der Dreieinigkeit und das Wissen wiederentdecken muss, dass die „apophatische Dreieinigkeit“ von Demut, Dunkelheit und Schweigen wichtig ist.

Glauben Sie bitte nicht, dass die Metapher „Vater“ versucht, Gott ein Geschlecht zuzuordnen. Gott ist nicht männlich, darum geht es gar nicht. Dieser klassische Name ist nur dadurch entstanden, dass Jesus die Anrede „Abba“ benutzte, um Sicherheit und Zärtlichkeit auszudrücken. Es ist ein Kinderwort, wie „Papa“ oder „Vati“. Aber leider hat diese Anrede sehr darunter gelitten, dass sie Jahrhunderte lang innerhalb patriarchaler Kulturen gehört und benutzt wurde und implizit ein hierarchisches Weltbild unterstützte.

Der Abba-Vater Jesu thront nicht an der Spitze der Pyramide, sondern bewegt sich innerhalb des Kreistanzes. Lesen Sie mal Sandra Schneiders klassische kleine Studie *Women and the World,* in der sie sehr deutlich zeigt, dass Jesus vermutlich in einem männlichen Körper zur Welt kommen musste, um alle patriarchalen Gottesbilder von innen aufzulösen.[217]

Natürlich steht unser Verstand demütig vor so viel Unaussprechlichkeit und Unbegreiflichkeit. Und wieder sehen wir, dass alle Metaphern hinken.

In der ersten Metapher, die Mose angeboten wird, verweigert YHWH alle Bildwörter. Mose steht da, barfuß und staunend, und bittet: „Sag mir deinen Namen.“

Und der Unnennbare erwidert: „Ich bin, der ich bin.“[218] Das kann man sicher auf mindestens zehn gute Arten übersetzen. Ich bin nicht der Ansicht, dass die folgende Übersetzung perfekt ist, aber im Grunde genommen sagt der Eine: „Das geht dich nichts an. Versuch mich nicht in einen Namen einzusperren. Versuch mich nicht in eine deiner kleinen Schubladen zu quetschen. Ich werde der sein, der ich sein werde.“

Und damit ist das große jüdische Tetragramm angesprochen, das glücklicherweise über der Tür unserer Franziskuskathedrale zu Hause in Santa Fe angebracht ist: רהדקה oder יהוה

Es gibt wohl nur eine Kirche in den USA mit dieser Inschrift über der Tür: *Ich bin, der ich bin*. Als die Kathedrale im 19. Jahrhundert gebaut wurde, ließ Erzbischof Jean-Baptiste Lamy diese Inschrift aus Respekt und zu Ehren des jüdischen Volkes dort anbringen.

Das Gebet, das ich früher in diesem Buch schon angesprochen habe und das wir hier immer noch umkreisen, fasst gut zusammen, was ich sagen will:

Gott für uns, wir nennen dich Vater.
Gott neben uns, wir nennen dich Jesus.
Gott in uns, wir nennen dich Heiliger Geist.
Du bist das ewige Geheimnis, das alle Dinge möglich macht, entfaltet und belebt.
Auch uns. Auch mich.

Kein Name wird deiner Güte und Größe gerecht.
Wir können dich nur in dem erkennen, was ist.
Wir bitten um vollkommenes Sehen –
Wie es war im Anfang, so auch jetzt und immer.
Amen

Gott für uns ist mein Codewort für den Vater. Diese Wirklichkeit steht für eine grundlegende Hingabe. Verstehen Sie? Gottes Wirklichkeit ist grundsätzlich wohlwollend uns gegenüber, sie steht auf unserer Seite. Das Universum ist nicht Furcht erregend. Deshalb ist das Wort „Vater“ eine gute Wahl, vorausgesetzt, Sie hatten einen guten Vater. Ein guter Vater beschützt sein Kind. Und all das steckt auch in dem kontemplativ-apophatischen Weg und im hinduistischen *sat*.

Die lebendige Manifestation: der Christus

In der zweiten Person der Dreieinigkeit nimmt der unmanifestierte Eine sichtbare Gestalt an. Zunächst in der Schöpfung selbst – die in unserem „Kurzschriftsystem“ der Christus ist –, dann als Person, die wir Jesus nennen. Wer die erste Person verehrt (das apophatische, *sat),* ist sicher gut darauf vorbereitet, auch die zweite in Ehren zu halten (das kataphatische, *chit*). Bis heute haben wir viele Menschen dazu angeleitet, Jesus zu lieben, aber viel weniger erkennen, ehren und lieben den Christus. Die große künftige Aufgabe der christlichen Theologie und Praxis wird darin bestehen, beide endlich zu verbinden.

In dem oben noch einmal zitierten Gebet ist Jesus „Gott neben uns“, Gott als Begleiter, der mit uns geht, vor allem durch das Geheimnis des Todes und der Auferstehung, das Loslassen und Empfangen. Theologen bezeichnen dieses Muster als „Ostermysterium“; es fasst die gesamte Lehre und Erfahrung Jesu sehr gut, unmittelbar und kurz zusammen.

Das göttliche Muster, das sich in der Dreieinigkeit offenbart, umfasst Verlust und Erneuerung, Selbstentäußerung und Leben auf einer erweiterten Ebene, Hingabe und Empfänglichkeit, „Tod und Auferstehung“, Dunkelheit und Licht.

Das Leben hat keinen echten Gegensatz, der Tod ist ja nur ein Übergang, der von uns Vertrauen verlangt, so oft wir durch ihn hindurchgehen.

Man kann wohl sagen, dass Jesus oft rundweg als Vorbild abgelehnt wird, weil nur wenige Menschen an dieses Muster glauben wollen. Und doch ist es das große, erlösende Muster von allem. Ich habe darüber ausführlich für eine moderne und postmoderne Leserschaft in meinem Buch *Reifes Leben* gesprochen.

Im Großen und Ganzen wünschen sich die Menschen Auferstehung ohne Tod, Antworten ohne Zweifel, Licht ohne Dunkelheit, Endergebnisse ohne Entwicklung.

Vielleicht kann man sagen, dass wir Jesus ablehnen, wenn wir die Realität ablehnen. Wir leugnen das *chit,* das Bewusstsein, und wir fliehen in Fantasien, Banalitäten und Irreales. Dann übernimmt mechanistisches Denken die Herrschaft, und unser Leben läuft auf Autopilot – ein endloser Kreislauf vergänglicher Freuden und sinnlosen Schmerzes.

Die Dynamik im Inneren und in den Zwischenräumen: der Heilige Geist

Und schließlich: *Gott in uns*, wie ihn schon die jüdischen Propheten Jeremia und Jesaja verheißen haben, nimmt in uns Gestalt an. Der Unnennbare „Ich bin" wird uns mit großen Buchstaben ins Herz geschrieben und offenbart das göttliche Wesen „tief unten und innen" seit Anbeginn der Zeit. Wir können den Heiligen Geist auch die „implantierte Hoffnung" nennen.

Wenn der Heilige-Geist-Anteil Gottes fehlt, gibt es, so möchte ich meinen, keinen inneren Schwung. Keine Lebenskraft. Kein inneres Korrektiv, keine innere Lebendigkeit, die verhindert, dass Menschen an ihren Verletzungen sterben.

Wenn der Geist in Menschen lebendig ist, dann erwachen sie aus ihrem mechanistischen Denken und treten in den Bereich der mit-schöpferischen Kraft ein. Wie in Hesekiels Vision steigt das Wasser von den Knöcheln zu den Knien, dann zur Taille und schließlich bis zum Hals, während die neue Erde bewässert wird.[219] Wie Pinocchio werden wir von hölzernen Puppen zu echten Menschen. Wir verwandeln uns von Verletzten, die andere verletzen, zu verwundeten Heilern, die andere heilen. Nicht nur individuell, sondern die ganze Geschichte bewegt sich vorwärts, wenn der Geist freigesetzt wird.

Früher hieß es, dass wir im Zeitalter des Vaters leben, dann im Zeitalter des Sohnes. Und nach Joachim von Fiore im 12. Jahrhundert hatten wir Franziskaner die Aufgabe, das Zeitalter des Geistes einzuläuten. Ich glaube nicht, dass wir das getan haben, aber warum gibt es – seit dem Mittelalter und bis hinein in die jüngsten Prophezeiungen der großen Erweckungsbewegungen – immer wieder diese Hoffnung, dass das Zeitalter des Heiligen Geistes bevorsteht?

Vielleicht brauchen wir vor allem einen Perspektivwechsel, um ganz in das einzutauchen, was bereits geschieht. Ich glaube, alles, was bisher geschah, war Zeitalter des Heiligen Geistes. Die Geschichte hört nicht auf, die Schöpfung entfaltet sich weiter[220], und die Evolution von Planeten, Sternen, Arten und menschlichem Bewusstsein hat keinen Moment angehalten. Aber unsere hierarchische, ausschließlich männliche und damit statische Gottesvorstellung hat verhindert, dass wir all das sehen. Jetzt wissen wir immerhin, dass das Universum sich immer noch weiter ausdehnt.

Der uns innewohnende Heilige Geist ist die ständige Fähigkeit des Menschen, weiterzugehen, sich von Verletzungen zu erholen, weiter zu hoffen und es wieder zu probieren. Ich glaube, wir lieben an kleinen Kindern vor allem ihre unbezwingbare Hoffnung, ihre Neugier und ihren Wunsch zu wachsen. Sie fallen hin, und bald darauf strahlen sie wieder. Eine neue Generation wird wieder versuchen, das Leben in Fülle zu leben. Aber allzu oft vergeht ihnen das Lachen, wenn sie mein Alter erreichen. Dann fragen wir uns: „Was ist eigentlich passiert zwischen meinem sechsten und meinem sechzigsten Lebensjahr?“ Es war sicher in irgendeiner Form immer ein Verlust an Heiligem Geist, denn wenn der Heilige Geist in uns lebendig ist, dann werden wir immer lächeln, allen Niederlagen zum Trotz. Das ist die reine Freude des *ananda.*

Die dritte Facette in diesem Abschnitt ist ein erneuertes Verständnis von Jesus und „dem Christus". Wir kehren die historischen Auswirkungen der Herauslösung Jesu aus der Dreieinigkeit in unserem Verständnis von Gott um. Und wir wollen uns einige der historischen Gründe ansehen.

Der Unitarismus, eine kleine, etwas abseitige Bewegung in Polen und Transsylvanien im 16. Jahrhundert, nahm im 18. Jahrhundert in England und Amerika Fahrt auf, als die Aufklärung begann. Die Unitaristen hielten sich streng an den Deismus, der zu dieser Zeit bei der gebildeten Elite in Mode kam, und versprachen eine Abkehr von den zersplitterten und abergläubischen Religionen hin zu einem Gott, der eine ferne „erste Ursache" für die Entstehung der Welt war, einem Jesus, der nur ein guter moralischer Lehrer war, und einer Kirche, die nur sozial tätig war. Die meisten von ihnen lehnten die Dreieinigkeit, wie man aus dem Namen schon ableiten kann, als überholt und unverständlich ab.

Im Lauf der Jahre tauchten viele eher konservative Bewegungen und Konfessionen auf, die die Vorstellung von der Dreieinigkeit ebenfalls negierten, darunter die Mormonen, die Zeugen Jehovas, die Christadelphier, die Christlichen Wissenschaftler (Christian Science) und die Einheitspfingstbewegung, deren Slogan lautet „Jesus allein". Die Glaubensaussagen dieser Gruppen sind sehr unterschiedlich, aber an einem Punkt sind sie sich einig: Sie lehnen die Dreieinigkeit aufgrund einer buchstabengetreuen, beweistextmethodischen Interpretation der Bibel ab und stellen heraus, dass der Begriff „Dreieinigkeit" in der Bibel nicht vorkommt. Das stimmt, wie ich bereits erwähnte.

Wohlmeinende Versuche von Liberalen und Konservativen in Theologie und Spiritualität haben sicher wertvolle Früchte getragen, aber insgesamt haben sie unseren Hunger nicht gestillt, und wir wissen immer noch nicht so genau, warum.

Die trinitarische Entfaltung von Gottes dynamischem Handeln befriedigt uns dagegen tief im Inneren, und im Moment leiden viele von uns unter einem Trinitäts-Defizit-Syndrom. Ich will versuchen zu erklären, wie ich darauf komme.

Der abwesende Vater

Wenn Gott-als-Vater fehlt oder hauptsächlich als bedrohlich und strafend angesehen wird, ist die gesamte menschliche Lebensreise von Angst und Unsicherheit bedroht. Angst und Konkurrenzdenken sind stärker als die Liebe. Das Universum ist kein sicherer Ort, es ist nicht wohlwollend. Und hinter jedem Stein lauert ein terroristischer Gott, vor dem ich mich schützen muss, weil es sonst niemand tut. Ich gehöre nicht von Natur aus zu ihm und nehme innerlich nicht an seinem Tanz teil. Das Leben folgt einem Paradigma von Sieg und Niederlage, und wir brauchen dann Jesus, um dieses Muster aufzulösen – auf übermenschliche Weise, nicht im partnerschaftlichen Miteinander. Bitte denken Sie darüber einmal ehrlich und intensiv nach.

Wenn Gott nicht *für Sie* ist, dann hängt alles von Ihnen selbst ab. Wie ein Waisenkind oder ein Kind, das Missbrauch erlebt, wachsen Sie beraubt und bitter auf, wenn es keinen sicheren Hafen gibt. Kein Wunder, dass so viele Leute heutzutage paranoid und zwanghaft sind und Waffen und Sicherheitssysteme aller Art für lebensnotwendig halten. Warum ihnen die Tränen in die Augen steigen, wenn sie irgendwo im Internet ihre Vorfahren entdecken. Wenn die Welt und das eigene Leben nicht grundsätzlich in Ordnung sind, dann glaubt und tut man alles, um Würde und Sinn zu finden. Wenn Sie den Vater nicht kennen, fühlen Sie sich zutiefst entfremdet. Sie haben nie das Gefühl, dass die Welt ein sicherer und persönlicher Ort ist, dass sie auf Ihrer Seite ist. Alles Dinge, die Leute mit einem guten menschlichen Vater für selbstverständlich halten.

In einer vaterlosen Gesellschaft müssen Sie sich selbst retten, und genau das tun viele Christen durch alle Arten von überkompensierenden „Kreuzzügen" gegen die Welt und ihre vermeintlichen

Bedrohungen. Wenn es keinen starken Schutz in Ihrem Leben gibt, müssen Sie sich machohaft und materialistisch verhalten und werden zu Kontrollfreaks. Dann haben Sie auch keine Zeit, den Duft der Rosen wahrzunehmen.

Ich glaube, dass der immense Zynismus und die überwältigende Angst, die wir im postmodernen Westen sehen, in Wirklichkeit eine Folge davon sind, dass wir den Vater nicht kennen. Und wenn ich „kennen" sage, dann meine ich Erfahrungswissen. Das Wort *yada*, das in der Bibel für „Gott kennen" oft verwendet wird, ist dasselbe wie für „fleischliches Erkennen" – Geschlechtsverkehr. Und tatsächlich geht es um das Kennen zweier nackter Körper, das Wissen des einen über den anderen. Für schlecht ausgebildete Kirchenleute klingt das schockierend. Gotteserkenntnis ist nichts Abstraktes, auch wenn die Menschen im Westen das lieber hätten. Vielleicht heißt das, dass echtes Kennen gleichzusetzen ist mit tiefer Liebe. Ja, das glaube ich!

Gott lässt sich nicht erkennen, es sei denn durch vertrauensvolle, liebevolle Beziehung. Sie können Gott nicht nur mit dem Verstand erkennen. Deshalb werden alle, die Gebet und Kontemplation lehren, Sie darin unterrichten, den unfähigen Verstand loszulassen, um zu einem tieferen, ganzheitlichen Bewusstsein zu kommen, das wir den „Geist Christi" nennen. Eigentlich ist es Gott in Ihnen, der Gott erkennt.

Der Sohn: Hast du mich gesehen?

Wenn nun aber Gott als Logos, als Sinn oder als Logik (im Sinne einer logischen Ordnung in den Mustern der Welt), fehlt, dann hat unser Leben keine sinnvolle Richtung und keinen Zweck. Wir müssen bei Null anfangen, jeder für sich. Wir müssen alles selbst herausfinden, doch wie sollen wir all die unglaublich vielen Punkte sinnvoll miteinander verbinden? Was ist wichtig, was nicht?

Für mich als Christen ist es traurig, dass wir, die wir dieses Muster doch kennen sollten, größtenteils genauso unwissend sind wie alle anderen. Wir erkennen und glauben nicht, wir vertrauen nicht darauf, dass die Welt einen österlichen Charakter hat.

Um es klar zu sagen: Veränderung, Tod und Verwandlung gehören dazu!

Auferstehung und Erneuerung sind das Ziel und Ergebnis. Das österliche Muster besteht immer aus Verlust und Erneuerung. Es gibt keine Erneuerung ohne Verlust. Es gibt auch keine Neugeburt ohne Tod, und hier setzt meine Kritik an einem Großteil der „wiedergeborenen" Sprache mancher Evangelikalen an, die gerade im Schwinden begriffen scheint, nachdem sie in meiner Generation so stark war. Die vor allem in den USA einst so mächtige Bewegung, die diese Sprache populär machte, spricht gern von Wiedergeburt, aber nicht so gern vom Tod. Sie spiegelt nur die Kulturkämpfe, statt eine neue oder echte Alternative anzubieten. Erst wenn das alte Selbst mit seinen Vorstellungen von Sicherheit, Status, Macht, Geld, Waffen und Krieg wirklich stirbt, kann von Neugeburt oder einem neuen Menschen die Rede sein, ohne dass man sich in der ganzen Welt lächerlich macht.

Der unnachgiebige Antrieb des Geistes

Die Geschichte bewegt sich mit immer neuer Kreativität vorwärts. Zugegeben, diese Bewegung wird von gegensätzlichen Zugkräften und Rückschlägen begleitet. Man muss sich ja nur mal ansehen, was allein im letzten Jahrhundert passiert ist! Bei all den schrecklichen Kriegen, Ungerechtigkeiten und Sünden auf persönlicher und Systemebene war die Entwicklung im Bewusstsein, in Naturwissenschaft, Technologie und Erkenntnissen doch erstaunlich. Die meisten Weißen der Sechzigerjahre wussten nicht einmal, dass Rassismus, Sexismus oder eine Diskriminierung von Menschen aufgrund ihrer sexuellen Orientierung ein Problem sind. Und an vielen Orten wissen sie es bis heute nicht. Die meisten von uns haben sich weiterentwickelt und könnten nicht mehr zurück. Doch all das wurde uns von einem größeren Wind getan. Wir haben es nicht selbst vollbracht.

Woher kommen all diese Fortschritte? Ich glaube, sie sind tatsächlich auf das Wirken des Heiligen Geistes zurückzuführen, der seine Schöpfung und unsere Menschlichkeit niemals verloren gibt.[221] Ich glaube nicht, dass man die Bibel aufrichtig verstehen kann, ohne zu wissen, dass sie einen großen Bogen der Erlösung unserer Geschichte und Schöpfung schlägt und dass der heutige Individualismus ein Rückschritt ist. Alle Bundesschlüsse Gottes wurden mit Völkern oder doch Kollektiven geschlossen: mit dem „Haus" und der Zukunft. Individuen wie Abraham, Noah und David sind nur Werkzeuge. Sie sind eingeschlossen in den großen Schwung der Heilsgeschichte, manchmal beinahe gegen ihren Willen, wenn YHWH Israel und seinen Nachkommen für immer seine Gnade verspricht[222]. Wer das nicht im Text erkennt, macht sich absichtlicher Ignoranz schuldig.

Ich glaube, in unserer postmodernen Welt gibt es wenig Bewusstsein für den Vater. Es gibt nicht das grundsätzliche Gefühl, dass die Welt jetzt im Moment in Ordnung ist.

Es gibt aber auch wenig Glauben an den Sohn und nur sehr wenig Vertrauen in das Ostermysterium.

Es ist der Heilige Geist in der Geschichte, der uns vorwärts zu treiben scheint und uns nicht aufgibt. Gott in uns und in den Zwischenräumen. Ich suche nach Metaphern, die uns helfen können. Der Geist ist wie ein Navigationsgerät in uns und der gesamten Schöpfung. Trotz all unserer Dummheit und all unseren Fehlern, in allem gibt es eine tiefe innere Würde, die von ihrem eigenen Wert überzeugt ist. Gott in uns besteht darauf: „Ich bin, was ich suche." Das meint Jesus, wenn er sagt, dass alle wahren Gebete bereits ihre Antwort sicher in sich tragen[223].

Es ist Gott in Ihnen, der Gott liebt.

Es ist Gott durch Sie, der Gott erkennt.

Es ist Gott für Sie, der Ihnen versichert, dass alles letztlich und für immer in Ordnung ist.

Sie leben im Fluss der Dreieinigkeit.

Sie sind bereits frei und zu Hause!

Gebet von innen nach außen

Im konventionellen Verständnis ist das Gebet ein einseitiger Versuch, jenen Anderen zu beeinflussen, den wir Gott nennen. Wenn wir es richtig machen, so die volkstümliche Vorstellung, bringen wir Gott dazu, uns zuzuhören. Mir tut immer dieser arme Gott leid, der ständig widersprüchliche Botschaften von widersprüchlichen Menschen erhält, die alle vor sich hin beten und glauben.

Wem hört Gott zu? Wenn Gott Tausende von Gebeten zum Ergebnis des Weltcup-Endspiels empfängt, lässt er dann im Himmel ein Parallelspiel laufen, bei dem die Engel die Gebete aufwiegen müssen, um am Ende zu entscheiden, wer gewinnt?

Solange wir die Macht in der Tasche behalten wollen, kann das Ganze nicht funktionieren, sondern wird geradezu albern. Aber in einem trinitarischen Verständnis der Wirklichkeit tritt das Gebet immer in die Gegenseitigkeit, in eine liebevolle, vertrauensvolle Beziehung ein.

Ich weiß nicht, was oder wie ich beten soll. Und doch geschieht Gebet in mir und durch mich. Wenn ich beten möchte, frage ich: „Was wünscht sich Gott jetzt in mir?" Und wenn die Antwort darauf nicht ein paar der Früchte des Geistes erkennen lässt, die Paulus aufzählt – Liebe, Freude, Friede, Geduld, Freundlichkeit, Güte, Vertrauen, Sanftmut und Selbstkontrolle –, dann bezweifle ich, dass es sich um ein Gebet des Geistes handelt.

Wenn aber dieser tiefe Fluss in mir ein Verlangen nach Heilung, Vergebung und Versöhnung offenbart – wenn auch vielleicht nicht immer in einer Form, die ich verstehe oder mir wünsche –, dann kann ich mit Vollmacht sagen: „Vertrau dich diesem Fluss an und mach dies zu deinem Gebet."

Aber Achtung: Es ist in erster Linie Gottes Gebet und erst in zweiter Linie Ihres. Deshalb wenden sich alle großen christlichen Gebete an den Vater, genau wie die gesamte Liturgie an den Vater gerichtet ist.

Warum? Weil wir *im Geist* leben. Wir stehen in der Vollmacht, dass dieses Navigationsgerät in uns arbeitet, und wir beten immer *durch Christus.*

Warum haben die ersten Glaubensgrößen diese Formulierung benutzt: *durch* Christus? Weil Sie in der „Per-sona" Christi, dem Leib Christi stehen, mit seiner vollen Autorität. Es ist nicht nur *Ihr* Gebet. Genau deshalb beten wir nicht *zu* Christus. Keines der großen Gebete der liturgischen Kirchen wendet sich an Christus. Ist Ihnen das schon einmal aufgefallen? Überprüfen Sie es mal, es ist wirklich schockierend.

Warum sind die großen ausformulierten Gebete alle so ausgerichtet? Warum beten wir nicht zum Vater, zum Sohn und zum Heiligen Geist?

Weil das die Symmetrie durcheinanderbringen würde. Sie *sind* „Christus": Sie stehen als Christus im Geist da und sprechen den Vater an. Das Gebet fließt durch Sie. Sie hören auf das Navigationsgerät, auf Ihren inneren Kompass. Was wünscht sich Gott heute durch mich? Wozu ruft Gott mich auf? Ich kann nur in dieser Beziehung stehen und mich der Bewegung anvertrauen.

Gott, das will ich auch. Ich wünsche mir, was du dir wünschst, und ich spreche mein Gebet durch Christus, unseren Herrn.

Sie machen sich so zu einem Teil des Tanzes, der Liebe, der Gemeinschaft, die bereits da ist.

Jesus lehrt, dass unsere Teilnahme an dem Tanz im großen Ganzen wichtig ist. Es muss eine Erweiterung großen *kenosis,* der Selbstentäußerung Gottes sein, dass wir wirklich zählen.

Zwei wichtige Hinweise darauf gibt es in der Bibel: im *Magnificat* der Maria und im Gebet Jesu im Garten Getsemane.[224] Beide sagen: „Lass es geschehen."

Maria – die Personifizierung der Menschheit, die den Christus empfängt –, zeigt uns, dass unser „Lass es geschehen“ für Gott wichtig ist. Er dringt nicht ohne Einladung in unsere Welt ein. Der Geist braucht eine Maria, einen Körper, einen Leib, eine Menschheit, die sagt: „Ich will dich.“ Und unser Ja ist immer Gottes Ja.

Wenn Sie es wollen, dann wird es Ihnen gegeben. So einfach ist das. „Mir geschehe, wie du gesagt hast“, und es geschah. Das ist das symbiotische Wesen des trinitarischen Lebens, des christlichen Lebens: dass wir als der Spiegel auf der Rubljow-Ikone mit dabei sind – am Tisch, im Tanz. Aus einem unbegreiflichen Grund gesteht Gott uns und unseren Gebeten Bedeutung zu. Und das ist wohl auch der Grund, warum Jesus uns die Fürbitte ans Herz legt.

Bitten Sie Gott um alles, was Sie sich wünschen. Jesus rät uns auch dazu. Aber glauben Sie nicht, dass Sie eine Art Währung persönlicher Würdigkeit einbringen, damit eine Transaktion stattfindet. Hören Sie erst zu, dann sprechen Sie. Und dieses Sprechen, so ist uns verheißen, spielt eine Rolle im großen Geschehen der Welt.

Jesus im Garten Gethsemane verkörpert dieselbe Bereitschaft wie seine Mutter. Er vertraut nicht auf seine eigene Entscheidungsfähigkeit, was seine Verhaftung und Hinrichtung angeht, sondern er sagt: „Du, Vater tu es durch mich und in mir.“ Das ist die absolute Verbundenheit, die wir bei Jesus bis zum Ende erleben.

Ich tue nur, was ich den Vater tun sehe. Ich tue nichts, was ich ihn nicht zuerst tun sehe. Ich bin das Echo seiner Bewegungen.[225]

So wird das christliche Gebet eher zu einer Verschmelzung als zu einem Manipulationsversuch, viel mehr zum Tanz als zum Beherrschen, viel mehr zur Teilnahme als zur Parteinahme. Diejenigen, die sich Regen wünschen, und diejenigen, die die Überschwemmung aufhalten wollen, tanzen gemeinsam in der einigenden Mitte Gottes, der Regen und trockenes Land in seinen Händen hält.

Sie ruhen in Gott, nicht in Ergebnissen.

Das ursprünglichste Gebet

Aus einem Gebet, das so in Gott ruht, wird Erfahrungswissen des Flusses. Ein solches Gebet ist nicht in erster Linie gesprochenes oder gelesenes Wort. Das ist erst die zweite oder dritte Ebene des Betens. Die einfachste, ursprünglichste Form ist es, wenn man wahrhaftig ständig im Gebet ist[226], wenn man in bewusster Gemeinschaft mit Gott in uns lebt, mit dem Geist, der so universell und großzügig über der gesamten Schöpfung ausgegossen wurde, über allen Nationen und Sprachen.[227] Dieses ursprüngliche Gebet hat nichts mit einem Warten auf einen mythischen zukünftigen „spirituellen" Zustand zu tun, sondern mit einem Erwachen im eigenen Leben, jetzt, im gegenwärtigen Augenblick.

Wie Sie eine Sache tun, ist wie Sie alles tun. Beobachten Sie das Wie Ihres Lebens mehr als das Was, so gefährlich das klingt.

Ich mag die Formulierung des Sufi-Mystikers Hafiz dazu, der im 14. Jahrhundert lebte: „Ich bin ein Loch in einer Flöte, die der Atem Christi durchströmt – hört diese Musik!"[228]

Ganz hingegeben zu sein und aus diesem hingebungsvollen kreativen Zentrum heraus zu handeln: Das ist das ursprünglichste Gebet. Und für mich ist es Heiligkeit.

Die Ironie daran ist: Ihre Motivation für die fortgesetzte Suche nach Gott ist Ihre Dankbarkeit dafür, dass Gott Ihnen bereits gegeben wurde. Wenn Sie beten, ist es nicht so, dass Gott manchmal antwortet. Wenn Sie beten, *dann hat Gott bereits geantwortet.* Sie wären gar nicht auf die Idee gekommen zu beten, wenn der Wind nicht durch Sie hindurchgeweht wäre. Wow!

Der Beginn des frühen Christentums vollzog sich weitgehend in einer vorwiegend griechischen Kultur, und wir haben im Grunde Zeus einfach mit der neuen Definition Gottes überschrieben, die wir von Jesus bekamen. Dieser oberste griechische Gott thronte auf der Spitze seiner Pyramide und schleuderte hier und da mal willkürlich ein paar Blitze auf uns. Das war kein moralisches oder folgerichtiges Universum. Es ist kein Zufall, dass aus dem Namen „Zeus" die lateinische Bezeichnung „Deus" für Gott wurde, ebenso wie andere Varianten des Namens in den Sprachen, die auf dem Lateinischen oder Griechischen beruhen.

Der Glaube an den dreieinigen Gott hatte kaum eine Chance, die antike Kultur zu beeinflussen. Man muss sich wie gesagt eher darüber wundern, dass Johannes und Paulus sie so intuitiv verstanden. Zeus/Deus war tief in die Köpfe eingegraben. Und bald wurde sogar Jesus auf einem Thron dargestellt und schleuderte seine eigene Art von Blitzen. Man muss sich nur die Darstellung in der Sixtinischen Kapelle ansehen.

Transzendenz-Defizit-Syndrom

> Die Erleuchteten finden in sich eine grundlegende Einkehr, die die Vernunft übersteigt und hinter sich lässt. Eine fruchtbare Neigung, die alle Bedingungen und alles Sein durchdringt und durch die sie in einen weglosen Abgrund der unermesslichen Seligkeit eintauchen. Einen Abgrund, in dem die Dreieinigkeit der göttlichen Personen ihre ganze Natur in der wesenhaften Einheit ergreift. Diese Seligkeit ist so einfältig und weglos, dass in ihr alles Schauen, alle Neigung und kreatürliche Unterscheidung verschwindet und vergeht. Denn durch dieses Fruchten werden alle erbauten Geister in der Essenz Gottes zusammengeschmolzen und eins gemacht. Das ist die Superessenz aller Essenzen.[229]

Wie viele von uns können von sich behaupten, sie hätten eine Erfahrung der Schönheit und Majestät Gottes gemacht, die auch nur annähernd an die dieses flämischen Mystikers aus dem 14. Jahrhundert heranreicht? Wir möchten direkt in die Immanenz dieser Verschmelzung hineinlaufen. Aber zunächst müssen wir durch das enge Tor des „weglosen Abgrunds“.

In einem Song der manchmal prophetischen irischen Band U2 heißt es, dass man zuerst lernen muss, wie man kniet, wenn man den Himmel küssen will.

Aus verständlichen Gründen haben wir im modernen humanistischen Denken und selbst im Liberalismus der letzten Jahrzehnte versucht, Gott zu uns herunterzuholen und zum Kumpel zu machen. Als Reaktion auf das sehr reale Zeus-Bild, das in der konventionellen Religion immer noch weit verbreitet ist, haben wir versucht, Gott etwas berührbarer zu machen und die Vorstellung von dem alten Mann „da oben" mit dem weißen Bart und dem strafenden Blick abzulösen. Aber wir haben nicht nur die Karikatur abgelehnt, sondern uns auch dem vollständigen Bild verweigert. Wenn wir Gottes Erhabenheit ganz wegschieben wollen, versperren wir auch die Urquelle von Gottes verwandelnder Kraft.

Dann landen wir am Ende bei einem Gott ohne die Fähigkeit, Herzen zu erneuern und den Verstand auf den Kopf zu stellen. Wir können die Kluft nicht von unserer Seite überwinden, Gott muss das von seiner Seite aus tun. Gottes initiatives Handeln ist Teil der Dynamik, die der Dreieinigkeit innewohnt, und weil das für fast alle Menschen kaum zu verstehen war, schickte er Jesus als den nächsten Versuch, die Kluft zu überbrücken.

Wenn wir Gott aus dem Himmel herunterziehen, leiden wir bald unter einem echten Defizit an Transzendenz. Unsere Fähigkeit zur Ehrfurcht verringert sich, und dabei werden auch wir kleiner. Danach schrumpfen unsere Fantasie und die Weite unseres Herzens; unser Bedürfnis, Gott anzubeten, schwindet in Langeweile und Missmut. Verschwunden ist jede Gotteserfahrung, die jenseitig, heilig und erhaben ist.

Ich kann im Leben nicht begreifen, wie das Bild von Gott als strafender alter Mann mit Bart oder als Kumpelgott auch nur eine ernsthafte Konfrontation mit dem sichtbaren Universum überstehen konnte. Schauen Sie sich doch nur einmal die wunderbaren Fotos des Hubble-Teleskops an! Wie schon erwähnt: Es dauert 40 000 Jahre, den nächsten Stern zu erreichen. Wer *ist* dieser Gott?

Gott muss vollkommen über alles hinausgehend sein, um eine Bedeutung „hier drinnen" zu haben. Das ist ein Paradox, ja. Wenn Gott nur in uns ist, wird er seiner verwandelnden Kraft beraubt. Ich habe das in dem billigen Liberalismus der letzten 40 Jahre leider oft gesehen: eine ganze geistliche Generation ohne die Fähigkeit, den Boden zu küssen oder die Knie zu beugen. Keine Kompetenz dazu, sich zu verneigen, zu ehren oder anzubeten.

„Aber ja, ich glaube an Gott", sagt jemand, der mit dieser Seifenblasen-Version aufgewachsen ist, aber dieser Gott ist für ihn so kumpelhaft, dass er nicht mehr Gott ist. Wenn Gott in meine kleine Psyche hineingequetscht wird, gibt es keinen neuen oder wunderbaren Ort mehr, an den er mich führen könnte.

Gott hat uns zu seinem Bild erschaffen – und verflixt noch mal, wir haben es ihm gleich getan!

Interreligiöse Freundschaft

Wie wir früher schon bei der Betrachtung von *sat-chit-ananda* angesprochen haben, bietet uns eine trinitarische Theologie die vielleicht beste Grundlage für interreligiösen Dialog und interreligiöse Freundschaft, die es je gab, weil wir jetzt nicht mehr nur Jesus als „Trumpfkarte" haben. Das macht einen intelligenten Dialog mit anderen Religionen nicht schwieriger, sondern leichter. Bisher haben wir Jesus eher als Waffe im Wettstreit benutzt und nicht in ganzheitlicher Weise, und deshalb nehmen andere unseren Glauben oft wie eine stammesreligiöse Kampfansage wahr: „Schließ dich uns an, sonst …"

Das ist weit von dem universalen Christus entfernt, den der Kolosserbrief uns vorstellt und der alle Dinge mit sich selbst versöhnt, im Himmel und auf Erden.[230] Kurz gesagt: Wir haben Jesus Christus zu einem *exklusiven* Erlöser gemacht statt zu dem absolut *inklusiven* Erlöser, als der er gedacht war. Wie es mein Freund

Brian McLaren so gern ausdrückt: „Jesus *ist* der Weg, er steht nicht im Weg.“[231]

Wenn Christen lernen würden, den ganzheitlichen Christus als größere Seinsform zu ehren als den historischen Jesus, hätten Juden, Muslime, Hindus, Buddhisten und „spirituelle, aber nicht religiöse“ Menschen keinen Grund mehr, sich vor uns zu fürchten. Sie könnten dann sehen, dass diese Art von Menschwerdung Gottes die ganze Schöpfung einschließt und in Ehren hält, auch sie selbst.

Was geschieht also? Man könnte es fast in geometrischen Bildern beschreiben. Vielleicht spüren Sie die Veränderung bereits in Ihrer Seele. Die meisten Menschen werden mit einer monarchistischen, pyramidenförmigen Weltsicht groß. Das geht mit der Beziehung zwischen Eltern und Kindern los, aber schauen Sie sich auch einmal das Siegel der USA an, das auf jedem Dollarschein abgebildet ist: Amerika ist die Pyramide, und wenn wir annehmen, dass sich Gott an der Spitze dieser Pyramide befindet – so das damit verbundene Versprechen –, dann sind wir die neue Weltordnung, „novus ordo seclorum“. Und darüber steht „annuit coeptis“, was bedeutet, dass Gott unser Tun begrüßt und unterstützt. Wie nett von ihm! Aber ist es Gott oder nicht vielleicht eher der Mammon, der einen Großteil unseres Tuns geschehen lässt?

Wie auch immer, wir sehen eine Welt, die von oben nach unten organisiert ist. Wenigstens gestehen wir Gott die Ehre zu, ihn an die Spitze zu stellen. Die entscheidende Frage ist aber: Möchte Gott das? Oder hat er nicht viel subtilere Pläne? Halten Sie an dieser Frage fest. Wir müssen zurück zum Tanz und weg von der „Aufzugstheologie“.

Wenn wir die Dreieinigkeit als Grundmuster der Welt begreifen, wird unser Verstand sich langsam von der Vorstellung einer Pyramide hin zu einer Kreisform bewegen. Und das verändert unser Bewusstsein für …

… das, was wirklich passiert,
… wie es passiert,
… mit welchem Ziel,
… und wie es kommt, dass wir Teil dieses ewigen Flusses sind.

Das Wichtige daran ist die Liebesbeziehung. Das Wichtige ist der Tanz selbst.

Noch einmal: Wenn Gott dreieinig ist, dann lebt seine Gnade in allen Geschöpfen. Sie ist keine spätere Hinzufügung, die gelegentlich greift. Die Gnade ist intrinsisch in allen Dingen, ihre innere Dynamik bewegt alles in Richtung Wachstum. Sie ist die Luft, die wir atmen, und es ist unsere Berufung, ganz zu werden, die wir sind. In der klassischen Theologie nennen wir das das „Naturrecht“: Alles soll nach seiner wahren Natur leben. Aber es dauert ein Weilchen, bis wir erkennen, was diese wahre Natur ist, selbst mit der Entscheidungsfähigkeit und dem freien Willen, die wir als Menschen besitzen. Die Pflanzen und Tiere folgen diesem Naturgesetz ohnehin, auch wenn es dort eine große Vielfalt gibt. Da hat man beispielsweise gelernt, dass immer die weiblichen Tiere die Jungen gebären, und dann kommt das Seepferdchen daher …

Was also ist Ihre wahre Natur? Sie werden ein ganzes Leben brauchen, um dahinterzukommen, denn so wie Gott ein Geheimnis ist, so sind wir uns auch selbst ein Rätsel. Wie es Augustinus in seiner eucharistischen Liturgie für die frisch Getauften sagt: „Wenn ihr also der Leib Christi und seine Glieder seid, so liegt euer eigenes Mysterium auf dem Tische des Herrn. Euer eigenes Mysterium empfanget ihr … Seid, was ihr seht, und empfanget, was ihr seid.“[232]

Obwohl ich inzwischen jenseits der 70 bin, staune ich immer noch über neue Beziehungen. Ich lerne einen Menschen kennen, und wenn ich in einen ehrlichen Austausch mit ihm treten kann, wenn ich ihm vertrauen und ihn so sein lassen kann, wie er ist, wenn ich es schaffe, ihn nicht zu schnell in eine Schublade zu stecken – dann eröffnet diese Begegnung in mir unweigerlich neue Bereiche meines Seins, die ich nicht kannte, bevor diese Beziehung entstand. John O’Donohue sagt es ganz wunderbar:

> Der christliche Begriff der Dreifaltigkeit Gottes ist der sublimste Ausdruck von Anders-heit und Intimität – ein immerwährendes Ineinanderfließen von Freundschaft. Diese Einsicht gewährt

> uns die Erfüllung unserer unstillbaren Sehnsucht durch Jesu Worte: „Ich heiße euch Freunde." Als der Sohn Gottes ist Jesus der Ur-Andere des Universums; er ist das Prisma aller Verschiedenheit. Er ist der geheime *Anam Cara* (Seelenfreund) jedes einzelnen. In der Freundschaft zu ihm treten wir ein in die zärtliche Schönheit und Zuneigung der Dreifaltigkeit. In der Umarmung dieser ewigen Freundschaft wagen wir es, frei zu sein.[233]

Das ist die Kraft der Beziehung, und damit wird klar, warum wir in Beziehung leben müssen, um wachsen zu können. Noch einmal: Einzelgänger und Eigenbrötler werden seltsam und stagnieren, ebenso wie Menschen, die andere benutzen, statt sich in eine ehrende Beziehung zu ihnen zu begeben.

Wer so lebt, sagt: „Ich brauche den Heiligen Geist nicht, ich finde schon selbst heraus, wer ich bin, ohne am Tanz teilzunehmen. Ich sitze das aus und bleibe ein Mauerblümchen."

Aber ich will es noch einmal sagen, weil Sie es vielleicht schon wieder vergessen haben. Es gibt nur zwei Dinge, die stark genug sind, Sie im Lebenstanz zu halten: große Liebe und großes Leid. Diese beiden Kräfte öffnen Sie für Ihr tiefstes, wahrstes Wesen. Sie halten Sie im Kreis, statt Sie auf die Pyramide zu schicken.

Müssen wir über die Sünde reden?

Vor diesem Hintergrund ist die Sünde beinahe leicht zu verstehen: Sünde ist alles, was den Fluss aufhält. Das kann Hass sein, Unversöhnlichkeit, negatives Denken, Gewalt, eine Opfermentalität – alles Dinge, vor denen uns Jesus in der Bergpredigt warnt.[234] Sie können es sich einfach nicht leisten, so etwas zu tun. Diese Dinge bringen den Tod, obwohl Gott selbst diese Tode zu Ihren Gunsten nutzen wird, wenn Sie es zulassen. Er führt sie zu „negativer Fertigkeit".

Wie eine Steinschleuder oder ein gespannter Bogen, der tatsächlich eine Vorwärtsbewegung hervorruft, beschreibt die negative Fertigkeit die Momente des Scheiterns, der Leere, des Widerstandes, die am Ende zu genau der Kraft und Motivation werden, die uns nach vorn katapultiert. Das ist es wohl, was Paulus in seiner paradoxen Beobachtung zusammenfasst, dass das Gesetz uns gegeben wurde, um die Gelegenheiten zum Scheitern zu vermehren, damit noch mehr Gnade ausgegossen wird, wo viel gesündigt wird.[235] Was für eine erstaunliche und mutige Erkenntnis, und so ganz gegen jede Intuition! Gottes Barmherzigkeit ist so unendlich und einfallsreich, dass Gott selbst unsere Sünde zu unserer Erlösung nutzt.

Gibt es überhaupt ein anderes Muster? Sünde ist keine willkürliche Liste böser Kleinigkeiten, anhand derer Gott Sie testet. Wenn es einen solchen Eingangstest gäbe, würden ihn sicher nur wenige bestehen, und am Ende käme nur eine traurige, depressive Welt dabei heraus. Sünde ist kein Wort für irgendwelche Dinge, die Gott ärgern oder verletzen. Innerhalb des perfekten Flusses könnte Gott nur „verletzt" werden, wenn wir uns selbst verletzen, wie es der Auferstandene so freundlich zu Saulus sagt: „Es ist hart *für dich*, gegen den Stachel auszuschlagen."[236]

Gott sagt im Grunde: „Du bist es, der es sich nicht leisten kann, lieblos zu sein. Du kannst einfach nicht. Es hält den inneren Fluss auf und trennt dich vom Geheimnis, vom Strom der Gnade, der in allen Ereignissen ist – ja, auch in der Sünde." Wir werden nicht für unsere Sünden bestraft, sondern *durch* unsere Sünden!

Das ist der Grund, warum Jesus uns zur Liebe auffordert: *Ihr müsst lieben. Ihr müsst, sonst lernt ihr die Grundlagen nicht. Ihr lernt Gott nicht kennen, ihr lernt euch selbst nicht kennen, ihr lernt den göttlichen Tanz nicht kennen. Und ein gewisses Maß an Leid ist immer der Preis und der Beweis für die Liebe.*

Wir alle wissen, dass das viel mehr Arbeit ist als das bloße Befolgen der Zehn Gebote. Ich bin sehr dafür, dass Sie die Zehn Gebote befolgen, aber es ist zehnmal wichtiger, jeden Augenblick in der Verbindung mit Gott zu leben, im positiven Fluss zu bleiben und allen negativen Widerstand wahrzunehmen. So sieht die kontemplative Praxis aus, die wir ursprünglich einfach „Gebet" nannten.

Menschen im Fluss heilen und werden geheilt, einfach durch ihr Da-Sein.

Sündige Menschen, so wie wir „Sünde" hier definiert haben, zerstören einfach durch ihr Da-Sein.

Gott für uns, wir nennen dich Vater.
Gott neben uns, wir nennen dich Jesus.
Gott in uns, wir nennen dich Heiliger Geist.
Du bist das ewige Geheimnis, das alle Dinge möglich macht, entfaltet und belebt.
Auch uns. Auch mich.

Kein Name wird deiner Güte und Größe gerecht.
Wir können dich nur in dem erkennen, was ist.
Wir bitten um vollkommenes Sehen –
Wie es war im Anfang, so auch jetzt und immer.
Amen.

Zugang durch eine andere Tür

Lassen Sie es mich noch einmal sagen: Gott ist nicht nur seltsamer, als wir denken, sondern seltsamer, als unser Verstand ihn sich denken kann. Vielleicht beruht ein Großteil der Schwäche unserer ersten 2000 Jahre Nachdenken über die Dreieinigkeit – und viele unserer Dogmen – darauf, dass wir versucht haben, den Zugang durch die Tür unseres Verstandes zu finden statt durch die Tür des Gebets.

Wussten Sie, dass die früheste Bedeutung des Begriffs „Theologe" unter den Wüstenvätern und -müttern einfach jemanden beschrieb, der wirklich betete, und nicht jemanden, der besonders schöne geistige Verrenkungen zustande brachte? Ein Theologe war jemand, der die inneren Bewegungen verstand, die subtilen Energien und Verbindungen. Einem Theologen konnte man nur vertrauen, wenn er oder sie vor allem ein Mann oder eine Frau des Gebets war.

Denn ehrlich gesagt: Der Kopf macht gefährliche und dumme Sachen, wenn er unser Nervensystem in Besitz nimmt. Wer mit einem Kopf entscheidet, der von seinem Bauch und von seinem Herzen getrennt ist, verschlimmert die Abtrennung, mit möglicherweise katastrophalen Folgen.

Aber unsere Spezies strebt instinktiv nach Verbindung. Ich glaube, die Schöpfung ist mit einer natürlichen Ordnung ausgestattet, die uns allen zugänglich ist, gerade weil wir, die Beobachter der Schöpfung, nach demselben Bild erschaffen sind wie das, was wir beobachten.

Es gibt ein Prinzip der Ähnlichkeit zwischen dem Beobachter und dem, was er beobachtet.

Alles Erkennen ist Wiedererkennen.

Sie sehen es, weil es schon Sie ist. Sie erkennen es da drüben, weil Sie es schon hier drinnen kennen, auf der tiefsten Ebene Ihres Seins. Das beste Feedback, das ich von Lesern bekomme, ist: „Richard, Sie haben mir gar nichts Neues beigebracht. Die Worte sind anders, aber irgendwie *wusste* ich es in meiner tiefsten Intuition schon."

Alles, was ein guter geistlicher Lehrer tun kann, ist, Worte und Formulierungen zu finden, damit Sie selbst sagen können: „Ja, das weiß ich schon. Er bringt es hervor, aber die Erkenntnis kommt nicht von ihm."

Wenn ich keinen Funken des Wiedererkennens in Ihnen wecke, dann lehre ich nicht in der Vollmacht des Geistes. Denn nur der Geist in mir weiß, was der Geist in Ihnen weiß, und wir versuchen beide, wieder zu dieser Mitte zu finden.

Die Dreieinigkeit – und ihre Frucht, die Liebe – ist die wirkliche „Weltformel". In letzter Zeit suchen ja alle danach. Dabei ist die dreieinige Liebe, so scheint mir, das fehlende Puzzleteil, das uns hilft zu verstehen, loszulassen und sicher in der Welt zu stehen, in derselben Art von Beziehung, in der Gott in sich selbst steht.

Nur die Liebe, sagen die Mystiker, kann letztlich genau wissen. Aber interpretieren Sie „Liebe" bitte nicht sentimental, ja? Sie hat überhaupt nichts Zuckersüßes an sich.

Wenn das Selbst sich hingibt, wenn wir nicht mehr so sehr an unsere eigenen Pläne gebunden sind, an unseren Zorn, unsere Angst und unseren Wunsch, die Dinge mögen nach unserem Kopf gehen, erst dann sind wir offen für die Liebe. Aber passen Sie auf, das Herz neigt dazu, zu klammern und sich zu verschließen.

Schon das Lesen von Büchern wie diesem hier bringt eine gewisse Gefahr mit sich. Leser nähern sich einem Buch mit klaren Erwartungen. Sie müssen gar nicht unbedingt auf dem Klappentext stehen, doch man hat sie im Kopf. Wenn der Inhalt dann nicht den Erwartungen entspricht, haben einige Leser das Gefühl, sie dürften jetzt verstimmt sein. Verstehen Sie, wie narzisstisch das gedacht ist? Und so geht es nicht nur beim Lesen, sondern im ganzen Leben: *Ich will, dass die Wirklichkeit so ist, wie ich sie gern hätte.*

Wenn Sie so an das Leben herangehen, dann werden Sie 90 Prozent der Zeit unglücklich sein, weil die Welt nun mal nicht Ihren vorgefassten Erwartungen entspricht. Alle Erwartungen sind potenzielle Enttäuschungen.

Da sein

Während Sie dieses Buch in den Händen halten, versuchen Sie doch einmal, ob Sie sich ganz ins Jetzt sinken lassen können. Und denken Sie daran:

Sie können nicht dorthin gelangen, es gibt keinen Ort. Sie können nur hier *sein.*

Schwestern und Brüder, ich glaube, hinter jedem Missverständnis über die Realität liegt ein Missverständnis über Gott. Das klingt jetzt vielleicht nach einer allzu großen Generalisierung, aber nach meiner Erfahrung ist es wahr. Die meisten Menschen machen sich nicht die Mühe, auf dieser theologischen Ebene zu denken, und das müssen sie auch gar nicht, aber wenn Sie mit jemandem zu tun haben, der in einem gewaltbereiten, unglücklichen oder ängstlichen Zustand ist, dann werden Sie immer feststellen, dass sein „operativer Gott" – und den gibt es immer, ob wir es wissen oder nicht – unzulänglich, verzerrt oder schädlich ist. Jeder hat eine ursprüngliche „Untertanentreue" und einen Bezugspunkt, selbst wenn es nur der Gott der Sicherheit ist.

Und damit hat eben jeder einen Gott oder einen zentralen Bezugspunkt, ob er es zugibt oder nicht. Sie brauchen aber einen Gott, der es wirklich wert ist, Gott zu sein. Denn Sie werden selbst zu dem Gott, den Sie verehren. Wirklich gute Menschen sind immer einem wirklich guten Gott begegnet.

Eine erstaunliche Kette des Seins

Die meisten Leute sind überrascht, dass es so wenige Aussagen oder Geschichten gibt, die sich in allen vier Evangelien finden, also bei Matthäus, Markus, Lukas und Johannes. Es sind wirklich nicht viele. Aber auf diesen Satz trifft es zu: *Wer euch aufnimmt, der nimmt mich auf; und wer mich aufnimmt, der nimmt den auf, der mich gesandt hat.*[237]

Wenn Sie eine christliche Erziehung genossen haben, dann kennen Sie diesen Vers vermutlich gut. Wahrscheinlich kam er, bevor der Pastor gefragt hat, welche Frauen sich freiwillig für den Küchendienst beim Gemeindefest melden.

Aber haben Sie jemals richtig darüber nachgedacht, was da passiert? Jesus erklärt, dass es eine moralische Gleichwertigkeit zwischen Ihnen, Ihrem Nächsten, Jesus Christus und Gott gibt.

Das ist eine erstaunliche Kette des Seins, die nicht ganz offensichtlich ist. Diese neue Ontologie – diese neue Art, die Wirklichkeit zu gestalten – ist Kern und Grundlage der gesamten christlichen Offenbarung und Revolution.

Sie müsste unser gesamtes Verständnis davon verändern, *wer* Gott ist und *wo* Gott ist. *Wer* wir sind und *wo* wir sind.

Lassen Sie das zu?

Gott ist nicht mehr „da draußen", obwohl sich das die Religion von Anfang an so vorgestellt hat.

Wir müssen fragen: „Was ist das für eine neue Erfahrung, die es allen vier Evangelien erlaubt, so gegen alle Intuition und doch so selbstsicher zu sprechen?"

Die Dreieinigkeit in vergangener Ewigkeit

Aber zunächst müssen wir zurück zum Anfang oder besser gesagt, *vor* den Anfang. Wir müssen unsere Herzen und unsere Vorstellungskraft zu dem vor-existenten Christus ausstrecken, dem „ewig gezeugten Einen", dem „Eingeborenen", wie es im ersten Abschnitt des Johannesevangeliums und später wieder in den Briefen an die Epheser, die Kolosser und Hebräer sowie im 1. Johannesbrief und vermutlich im 2. Petrusbrief heißt.

Wie konnten wir das übersehen? Nichts wurde zu etwas, von Anfang an. Aber was war vor dem Anfang?

Dieses Rätsel hat die frühen Theologen zu der Frage veranlasst: „Ist das Universum ewig?" Aber an diesem Punkt kommt der menschliche Verstand nicht mehr mit und gibt auf. Ich weiß es auch nicht.

Wir wollen versuchen, den ewigen Sohn zu beschreiben. Wir wissen sehr gut, dass die ersten Jünger Jesu, genau wie wir, nach Metaphern suchten, um diese Bewegung, diese Gestalt Gottes, diese Realität zu beschreiben. Und sie fanden Metaphern, die vielen Menschen heute nicht gefallen, weil sie ihnen zu männlich klingen (und auch sind). Aber ich lade Sie ein, für eine Minute von diesem sprachlichen Problem abzusehen und sich der darunterliegenden Bedeutung zuzuwenden. Dann halten Sie sich auch nicht mehr so sehr mit der Metapher auf.

Wie schon beschrieben, ist der Vater das Geheimnis des vollkommenen Gegebenseins. Gott ist die Hingabe selbst. Ich hoffe, Sie verstehen, was das bedeutet. Wenn Gott absolutes Gegebensein ist, dann fließt der Strom immer und ewig in eine positive Richtung. Alles Gestammel von Gottes Zorn, Gottes Rache oder einem Gott, der irgendetwas zurückhält, ist geistlich und theologisch unhaltbar.

Das Mühlrad dreht sich immer nur in eine Richtung. Die menschliche Sprache und die biblischen Texte müssen so reden, um unsere eigenen Erfahrungen von Verlust, Dunkelheit und innerer Trockenheit wiederzugeben.

Denken Sie an René Girards Vorstellung, dass man die Bibel am besten als „Text in den Wehen" ansieht: Die biblische Erzählung bewegt sich drei Schritte vorwärts und zwei zurück. *Jesus allein ist das lebendige und dynamische Wort, das sich den Verständnismöglichkeiten jedes Zeitalters anpasst. Geschriebene Worte sind immer Metaphern.* Sie können gar nichts anderes sein. Wenn wir das vergessen, werden wir zu Götzenanbetern oder Polizisten, aber selten zu Mystikern.

Leute, die mit der Bibel um sich schlagen, favorisieren immer die Zwei-Schritte-zurück-Abschnitte der Bibel. Sie zitieren allzu gern die Stellen, in denen es um Rache und Strafe geht, um Unterdrückung, Gewalt, Ausschluss und Angst. *Wir sehen, wie wir sind*, und ein großer Prozentsatz der Menschheit hat die eigene psychische Welt in einer strafenden oder ängstlich warnenden Elternbeziehung entwickelt. Das ist schwer zu ändern, auch wenn es das Leben klein und ängstlich macht.

Wenn Sie Rache brauchen, werden Sie einen rachsüchtigen Gott lieben. Wenn Sie Krieg mögen, werden Sie einen kriegerischen Gott mögen und ihn notfalls selbst erschaffen. Hinter jedem Missverständnis steht ein missverstandenes Bild – ein falsches Gottesbild.

Wenn Sie aber gut im Empfangen und Geben von Freundschaft sind, dann sind Sie bereit für, ja *begierig* auf die Dreieinigkeit. Sie werden zum Zeugen Ihrer eigenen Verwandlung. Sie wird Ihnen alles abverlangen, aber sie wird Ihnen auch alles schenken.

Die meisten von uns haben gelernt, dass man großzügig und freigiebig sein soll. Und oft haben wir ein schlechtes Gewissen, wenn wir nicht genug geben. Nur wenige haben gelernt, wie man die göttliche Großzügigkeit in aller Demut annimmt. Aber wenn es keine Strömung nach innen gibt, dann ist es in der Regel unmöglich, den Fluss nach außen am Fließen zu halten.

Ich möchte ein erstaunliches Stück Lyrik mit Ihnen teilen. Es stammt von Meister Eckhart, dem wunderbaren Dominikaner und Mystiker aus dem 14. Jahrhundert.

Willst du wissen,
was im Kern der Dreieinigkeit passiert?
Ich will es dir sagen.
Im Kern der Dreieinigkeit
lacht der Vater
und gebiert den Sohn.
Wenn der Vater den Sohn anlacht
und dieser lacht zurück
dann bringt das Lachen Lust hervor
und diese Lust schafft Freude
und die Freude gebiert Liebe
und die Liebe bringt die Person hervor
und diese erschafft den Heiligen Geist.
Die ganze Dreieinigkeit lacht
und gebiert uns.[238]

Gott hat seit Anbeginn der Zeit nur eine Sache ständig getan: Er hat immer, ewig und ohne Zögern „den Sohn“ geliebt, also in diesem Sinne die Schöpfung, das materielle Universum, Sie und mich. Und ja, Sie dürfen statt „den Sohn“ gern auch „die Tochter“ einsetzen. Denken Sie daran, es geht um die *Qualität* der Beziehung, nicht um das Geschlecht oder irgendetwas anderes.

Gott kann sein universell-empfangenes Kind in Ihnen nicht *nicht* lieben, und der „Teil“ von Ihnen, der das schon weiß und sich daran freut, ist der in Ihnen wohnende Heilige Geist.

Und wissen Sie noch was? Der Fluss geht in beide Richtungen. Das göttliche Kind erschafft auch den Vater *als Vater* – das können Ihnen alle Eltern bestätigen. Eltern sind noch keine Eltern, bis das Kind den Fluss zurückgibt. Beobachten Sie einmal die Freude und die Tränen auf dem Gesicht einer Mutter oder eines Vaters, wenn ihr Kind zum ersten Mal *Mama* oder *Papa* sagt!

Das ist das Universum in einem einzigen Augenblick. Alles weniger als dieses Lachen, diese Freude aneinander und diese Liebe, ist Zeitverschwendung für die Welt. Und auch für Sie.

Damit steht die Welt auf einer ganz und gar positiven Grundlage. Der kaputte, traurige Erzählstrang von Schuld, Scham, Belohnung und Strafe hat die westliche Zivilisation ohnehin nicht sehr weit gebracht. Wenn Sie in einem Loch anfangen, wie wollen Sie aus dem Loch herauskommen? Aber wenn Sie im ursprünglichen Segen anfangen, dann wird das Leben immer größer und besser.

Die wildeste Welle

Noch ein Lieblingsgedicht möchte ich mit Ihnen teilen. Es heißt „Die Rose“.

> Bei dieser Rose, in diesem Hain von sonnenversengten, windverkrümmten Erdbeerbäumen,
> Unter den halbtoten Bäumen, begegnete ich der wahren Ruhe meiner selbst,

Als wäre ein anderer Mann aus den Tiefen meines Seins aufgestiegen,
Und ich stand außerhalb meiner selbst,
Jenseits von Werden und Vergehen,
Wie etwas ganz und gar anderes,
Als würde ich auf der wildesten lebendigen Welle hinausgetragen,
Und doch war ich still.
Und ich freute mich, zu sein, was ich war.[239]

Vieles an diesem Gedicht ruft in mir ein Echo hervor, aber vor allem der Satz mit der wilden lebendigen Welle. Ich glaube, wir alle werden auf dieser Welle hinausgetragen, ob wir es wissen oder nicht. Ob bewusst oder unbewusst, was Sie an diesen Seiten anzieht, bringt das Geheimnis des trinitarischen Flusses – der wildesten Welle – auf eine höhere Bewusstseinsebene.

Es reicht nicht, nur zu *wissen*, dass diese Welle uns durchströmt. Der Geist freut sich daran! Die Grundlage einer authentischen christlichen Spiritualität ist nicht Angst, sondern Freude. Nicht Hass, sondern Liebe. Nicht Angst vor Gott, sondern Teilnahme an seinem Geheimnis.

Verstehen Sie: Wenn wir vollkommen anders wären als Gott, dann gäbe es eine unüberwindliche Kluft zwischen uns. Sie können etwas, was ganz anders ist als Sie, nicht erkennen. Die Vorstellung eines so fernen Gottes spiegelt sich in den Theorien der Deisten und neoplatonischen Philosophen.

Was das Geheimnis der Dreieinigkeit – der wildesten lebendigen Welle – uns stattdessen zeigt, ist das wirksame Prinzip der Ähnlichkeit. Der in uns wohnende Heilige Geist kennt Gott bereits, liebt Gott und ist in Gottes Liebe. Wir können nichts hinzufügen oder abziehen. Wir können nur auf den Zug aufspringen, der bereits angefahren ist.

Die meisten Leute schrecken aber genau davor zurück. Sie *sind* das göttliche Geheimnis, aber leider freuen sie sich nicht daran. Sie zapfen ihre eigene Quelle nicht bewusst an. Wenn ich eine ganz einfache Definition abgeben sollte, was ein Christ ist, würde ich sagen: Jemand, der seine eigene Quelle anzapft.

Es geht nicht um die Frage, welche Rituale Sie ausführen. Rituale sind Äußerlichkeiten, sie sind sterblich.

Es geht auch nicht um die Frage, welche Gebote Sie befolgen. Das würde bedeuten, dass Sie ständig Ihre eigene Temperatur messen und sich fragen, wie würdig Sie sind. Und damit kommen Sie Gott keinen Deut näher.

Paulus hat in seinen Briefen an die Römer und Galater sehr deutlich gemacht, dass ein Befolgen der Gebote nicht dazu führt, dass man Gott erlebt. Und trotzdem möchte ich wetten, dass 85 Prozent aller Christen glauben, sie kommen Gott näher, indem sie alles richtig machen. Dabei gibt es keinen Hinweis darauf, dass das funktioniert. Tatsächlich ist eher das Gegenteil der Fall: Die ständige Beschäftigung mit Rechthaben und Rechttun führt nur zur Entwicklung von – vergeben Sie mir, wenn ich es so direkt sage – anal fixierten, also verklemmten und zwanghaften Persönlichkeiten. Solche Leute sind meist verurteilend, kritiksüchtig und mit sich selbst beschäftigt und lieben Gott ganz und gar nicht. Oder das Leben oder gar ihre Mitmenschen.

Sie können Gebote befolgen, ohne auf der wildesten Welle zu reiten. Das Ego kann das, das Selbst kann das. Nur Gott bringt uns in den Fluss der Dreieinigkeit.

Reale Präsenz

Sie können nicht nur mit dem Verstand präsent sein. Der Verstand spult meistens die Vergangenheit immer wieder ab und macht sich Sorgen über die Zukunft. Er weiß nicht, wie man in der Gegenwart sein kann, ohne das Herz mitzunehmen, den Körper und die Seele. Präsenz ist ein doppelseitiger, körpergroßer Spiegel, und die Dreieinigkeit lehrt uns, diese geerdete Wirklichkeit zu spiegeln.

In der katholischen Tradition lernen wir – und ich bin ein Verfechter davon – die „Realpräsenz“, also die wirkliche Gegenwart Jesu im Brot und Wein des Abendmahls oder der *Kommunion*. Wir haben diese Vorstellung von der objektiven Gegenwart Gottes in der materiellen, physischen Welt sehr gut bewahrt. Der Katholizismus denkt die Inkarnation wirklich bis ans logische Ende weiter – viel stärker als unsere protestantischen Brüder und Schwestern. Allerdings, so muss ich hinzufügen, ohne sie ganz zu realisieren.

„Wenn Gott in Menschen, in der Geschichte und in der Schöpfung gegenwärtig ist“, könnte sich ein katholischer oder orthodoxer Gläubiger denken, „warum sollte man dann die Realpräsenz nicht auch auf die niedrigsten, demütigsten und doch universalen Zutaten menschlichen Essens und Trinkens ausdehnen: auf Brot und Wein?“

Wenn wir die Präsenz nicht in diesem Stückchen Erde akzeptieren können, wie sollen wir sie dann in uns selbst oder anderen annehmen? Wie sollte das möglich sein? Es ist derselbe Glaubensakt, derselbe Logiksprung. Hier erlangt die Inkarnation ihre vollständige Länge und Breite.

Aber wissen Sie, was wir alle nicht gut können? Wir haben unseren Leuten nicht beigebracht, wie man „hier und dort und überall“ präsent ist, und solange wir nicht präsent vor der Präsenz sind, gibt es keine Realpräsenz für uns. Präsenz bedeutet, wie jedes wahrhaftige Gebet und wie die Dreieinigkeit selbst, Beziehungswissen, ein Wissen von Angesicht zu Angesicht. Früher in diesem Buch habe ich es *Spiegeln* genannt. Das ist für mich die Reform aller Religion.

Sein und werden

Wenn Gott der Vater also der Nichtmanifeste ist, dann ist Christus die ursprüngliche Bewegung in die Manifestation hinein, und man könnte sagen, dass der Heilige Geist der Kenner und Erinnerer der Manifestation ist. Je offener man für die Hinweise und Einladungen des Heiligen Geistes ist, desto weiter wird das eigene Sehvermögen.

Damit haben wir eine Basis für eine sehr geerdete Öko-Spiritualität.

Damit haben wir auch eine Basis für das Gutsein und die Bedeutung der gesamten Schöpfung, nicht nur der Menschheit.

Dies ist eine sehr franziskanische Spiritualität der Wertschätzung für die gesamte Länge und Breite der großen Kette des Seins: Tiere und alles, was geschaffen ist, auch Steine, Wasser und Pflanzen. Alle manifeste Realität strömt aus diesem Geheimnis, und wie unser Mystiker Bonaventura lehrte, ist alles ein Fuß- und Fingerabdruck, der das Wesen Gottes offenbart.[240]

Wie anders wären unsere Geschichte und unsere Religionen verlaufen, wenn wir das gewusst und zugelassen hätten?

Wenn die Dreieinigkeit das innere Muster Gottes ist, dann ist Jesus – ich will es noch einmal sagen – das äußerliche, sichtbare Muster, das eine große Überraschung und auch Enttäuschung für uns bereithält:

Verlust und Erneuerung, Verlust und Erneuerung. Der Tod ist der Preis der Auferstehung.

Bedenken Sie, selbst unsere Sonne stirbt, und sie ist nur ein kleiner Stern in einer Galaxie mit viel größeren Sternen. Sie stirbt sich selbst zum Gesang von 600 Millionen Tonnen Wasserstoff pro Sekunde. Sie stirbt ständig, während sie unserem Sonnensystem und jedem einzelnen Lebewesen auf unserem Planeten Leben schenkt.

So sieht das Muster aus. Nichts lebt auf Dauer, ohne in seiner gegenwärtigen Gestalt zu sterben.

Der Tod ist nicht das Gegenteil von Leben, sondern ein Teil des vollständigen Prozesses des Lebens. Das Leben hat kein Gegenteil!

Deshalb haben die frühen Mütter und Väter der Kirche etwas sehr Kühnes gesagt. Sie haben gesagt – und es mag Sie schockieren, das hier zu lesen –, dass auch Gott leidet. Jesus ist das für alle sichtbar gemachte Leiden und Sterben Gottes.

Essenzielle Ekstase

Solange wir das Zeus-Bild von Gott im Kopf haben, von dem ich früher schon sprach, kommen wir nicht wirklich voran. Das ist ein machthungriger Gott, der mit seiner Fernbedienung an der Spitze einer Hierarchie von Göttern sitzt, Blitze schleudert und einige wenige Erwählte bevorzugt. Er ist immer männlich, er ist allmächtig, aber nicht all-verletzlich wie unsere Dreieinigkeit. So sieht unser kollektives und kulturelles Gottesbild aus, muss ich leider sagen, und es hat sich nicht sehr weit über die so selbstverständliche „Allmächtiger Gott"-Anrede hinausgewagt. Wir haben noch nicht begriffen, dass Gott die göttliche Macht in der Dreieinigkeit ein für alle Mal neu definiert hat! Die Macht des christlichen Gottes kommt gerade durch seine Machtlosigkeit und Demut hindurch. *Unser Gott ist viel mehr all-verletzlich als allmächtig, und das hätten wir eigentlich längst verstehen müssen, weil wir die Metapher vom „Lamm Gottes" im Neuen Testament haben.* Trotzdem ist er leider für die überwiegende Mehrheit der Gott „da oben", ein statisches Substantiv und kein aktives Verb. Meiner Meinung nach trägt dieser Fehler die Schuld an der Ausdehnung des Agnostizismus und des Atheismus, die wir heute in der westlichen Welt sehen. „Wenn Gott allmächtig ist, dann gefällt mir die Art nicht, wie dieser allmächtige Gott die Welt regiert", scheinen heute sehr viele Menschen zu denken. Sie wissen nicht, dass die trinitarische Revolution nur noch keine richtigen Wurzeln geschlagen hat. Wir haben immer noch ein weitgehend heidnisches Gottesbild.

Aber wenn Sie eine Veränderung Ihres Gottesbildes erleben, dann haben Sie eine solide und attraktive Grundlage für das Christsein als *Weg*. Für ein mystisches und dynamisches Christentum, dem es um wiederherstellende Gerechtigkeit und Versöhnung geht, auf allen Ebenen, hier und jetzt.

Sie müssen nur hinausgehen und ein einzelnes Blatt lange und liebevoll ansehen, bis Sie wissen, wirklich *wissen*, dass dieses Blatt am ewigen Sein Gottes teilnimmt. Das ist eigentlich genug, um Ekstase in Ihnen auszulösen. Es geht nicht um die innewohnende Würde des Objekts, es geht um die Würde *Ihrer Beziehung zu dem Objekt. Sie* verwandelt das Objekt in ein Subjekt, wie Martin Buber es so wunderbar formuliert hat. Sie sorgt für eine Verschiebung von einer Ich-Es-Beziehung zur Welt zu einer Ich-Du-Beziehung.[241] Für echte Kontemplative ist ein grüner Baum genauso wirksam wie ein goldenes Tabernakel.

In einem ansonsten schwachen Gedicht, das ich einmal in mein Tagebuch geschrieben habe, heißt es – und das finde ich immer noch klug: „Alle sind ein Echo der Ekstase."

Aber das hat man uns geraubt. Alle Geschöpfe lassen diese Ekstase ganz natürlich zu und geben sie weiter, nur der Mensch nicht. Wir unterscheiden, entscheiden, beurteilen und trennen fast alles, was wir anschauen, statt es einfach so zu lieben, wie es ist.

Wir sind die einzigen, die sich der essenziellen Ekstase berauben.

Wenn Sie das bezweifeln, beobachten Sie einfach mal Ihren Hund. Hunde bremsen die Ekstase nicht aus. Sie sind es irgendwann leid, dass er immer zur Begrüßung an Ihnen hochspringt und Sie ableckt – der Hund niemals. Er hat reine, unverfälschte, faszinierte Freude daran, ein Hund zu sein. Und die meisten Hunde legen sich eines Tages einfach hin und sterben. Kein Drama.

Der Hund stellt die Realität nicht in Frage.

Er macht sich keine existenziellen Sorgen, er schlägt nicht mit den Pfoten auf den Boden und fragt: „*Warum bin ich keine Ente?*"

Offenbar gefällt es Hunden, Hunde zu sein, so wie Maulbeerbäume gern Maulbeerbäume sind und Bienen gerne tun, was

Bienen eben so tun. Die Rotbarbe schert sich nicht darum, welchen Namen wir ihr geben, obwohl sie ihren richtigen Namen sicher kennt. Alle Dinge geben Gott die Ehre, einfach indem sie sind, was sie sind.

Es gibt nur eine Spezies, die Widerstand leistet gegen das, was sie ist: der Mensch. Ironischerweise leisten wir damit aber unserem eigenen Glück Widerstand. Und daran leidet Gott: Die einzige Spezies, der Gott einen freien Willen gegeben hat, nutzt diesen, um Nein zu sich selbst zu sagen – und damit auch Nein zu den meisten anderen Dingen. Das ist negative Spiegelung. Wenn Sie sich der Ekstase widersetzen, dann vererben Sie die Zurückweisung weiter.

Und das ist es vermutlich, was wir (Erb)Sünde nennen. Wir verweigern uns weitgehend der Ekstase, weil wir Gedankenspielchen spielen, weil wir Dinge intellektuell erklären, Theorien entwickeln und theologische Erbsenzählerei betreiben.

Ja, Gott hat uns die Fernbedienung in die Hand gegeben, so wie wir es uns bei Zeus vorgestellt haben. Sie können Ihre Fernbedienung nutzen, um einen jeden gewünschten Sender einzustellen. Sie können sie auch nutzen, um das gesamte System abzuschalten. Ich vermute, das ist der Grund, warum die meisten Religionen die Postulation einer logischen Möglichkeit von so etwas wie einer Hölle für notwendig hielten[242].

Die Dreieinigkeit erklärt, dass Gott kein „Fernbediener" ist, sondern liebevoll von innen arbeitet. Ihre absolute gegenseitige Hingegebenheit sagt aus, dass die Menschen die Fernbedienung in der Hand haben, dass sie uns mehr Macht gibt, als wir je gedacht hätten.

Diese volle Teilnahme ist für unsere Psyche fast zu viel. Deshalb haben wir uns verpflichtet gefühlt, ein paar Schritte zurück zu tun und etwas zu erschaffen, was wohl in jeder Kirche auf ihre Weise vorhanden ist: verschiedene Ausprägungen von Schuld- und Sühnekodexen, Würdigkeitsvorschriften, Eingangstests, rituellen Anforderungen und Leistungszielen.

Ich will das so deutlich wie möglich sagen: Wenn Sie in diesen betäubenden Mustern gefangen sind, verpassen Sie die Kernbotschaft des Evangeliums. Sie können sich nichts verdienen, was Sie schon haben. Sie können nichts erzielen, was Ihnen kostenlos und vollständig geschenkt wird.

Eine trinitarische Spiritualität lässt Schuld und Scham im Staub liegen und zentriert das Christsein wieder neu um – darf ich es wagen – Erkenntnis und Ruhe. Was Sie letztlich zu diesem geistlichen Leben motiviert, ist *Dankbarkeit, niemals Angst.* Selbst Pflicht- und Schuldgefühle funktionieren nur kurzfristig als Antrieb: Auf lange Sicht erschaffen sie – ich bitte nochmals um Vergebung – nur zwanghafte Menschen. Ich habe solche Menschen schon in Klöstern, Frühmessen und Moscheen auf der ganzen Welt gesehen.

Aber jetzt wissen Sie, dass sich das Mühlrad immer vorwärts dreht und vom Fluss selbst angetrieben wird, nicht von Ihnen. Und wenn Sie noch so sehr drücken.

Karl Rahner, einer der Architekten des Zweiten Vatikanischen Konzils und mein europäischer Lieblingstheologe, den ich früher schon zitiert habe, hat es sehr gut ausgedrückt, als er sagte, man müsse eines von dem Gott sagen, den wir in Christus bekennen: dass er dort ist, wo wir sind, und nur dort gefunden werden kann.[243] Mein Zeitgenosse Frank Viola sagt es anders:

> In dem dreieinigen Gott entdecken wir gegenseitige Liebe, gegenseitige Freundschaft, gegenseitige Abhängigkeit, gegenseitige Ehre, gegenseitige Unterwerfung, gegenseitiges Aushalten

> und echte Gemeinschaft. In der Gottheit existiert ein ewiger, sich ergänzender und wechselseitiger Austausch göttlichen Lebens, göttlicher Liebe und göttlicher Nähe …
>
> Die Kirche ist eine organische Erweiterung des dreieinigen Gottes …
>
> Wenn eine Gruppe von Christen ihrer eigenen geistlichen DNA folgt, werden sie sich so organisieren, dass es der DNA des dreieinigen Gottes entspricht. Denn sie besitzen dasselbe Leben wie Gott selbst …
>
> Das Quellgebiet der Kirche findet sich in der Gottheit.[244]

Das Geheimnis der Gemeinschaft in der Dreieinigkeit ist das Geheimnis von *zulassendem Erkennen und Interaktion.* Darüber können wir mal zehn Jahre lang nachdenken!

Die Menschwerdung ist das Evangelium

Jesus nahm Menschengestalt an, um das Bild des unsichtbaren Gottes zu offenbaren.[245] Die personale Inkarnation ist die logische Folge von Gottes Liebesgeschichte mit der Schöpfung. Und wissen Sie, warum ich das sagen kann? Wissen Sie, warum ich das glauben kann? Weil ich es bei Menschen geschehen sehe: Über die Zeit werden wir alle zu dem, was wir lieben. Gott in Jesus wurde, was Gott liebt: alles Menschliche.

Ich mag ganz besonders die Art, wie Eugene Peterson diese Vorstellung in seiner Bibelübersetzung „The Message" in Worte fasst:

Das Wort wurde Fleisch und Blut
und zog in unsere Nachbarschaft.
Wir sahen seine Herrlichkeit mit eigenen Augen,
eine einmalige Herrlichkeit,
wie der Vater, so der Sohn,
großzügig innen und außen,
wahrhaftig vom Anfang bis zum Ende.[246]

Zeigen Sie mir, was Sie lieben, und ich zeige Ihnen, wie Sie in fünf Jahren sein werden. Zeigen Sie mir, womit Sie Ihre Zeit verbringen, was Ihr Schatz ist, in was Sie Ihre Energie stecken – und ich zeige Ihnen, was Sie sein werden.

Gott musste Mensch werden, als die Liebesgeschichte begann, weil Liebe, streng genommen, eine gewisse Ähnlichkeit oder Gleichheit voraussetzt. Die Menschwerdung war das unvermeidliche Ergebnis, kein Unfall und keine Abweichung vom ursprünglichen Plan. Sie hätte uns nicht überraschen müssen.

Gott war dazu bestimmt und entschlossen, ein Mensch zu werden – so glaube ich. Aber es ist trotzdem eine große Sache, wenn die unüberbrückbare Kluft von Gottes Seite und durch Gottes Entscheidung überwunden wird, selbst wenn das von Anfang an klar war. Dass er sich in einem Menschen und in einem bestimmten Zeitalter manifestierte, ist das schönste Beispiel für das, was Walter Brüggemann den „Skandal des Einzigartigen" nennt[247], und entspricht ganz klar dem biblischen Muster. Mit anderen Worten, es ist ein bisschen enttäuschend, dass YHWH immer durch Einzelereignisse lehrt, durch ein Volk Israel oder einen historischen Jesus, statt universale Muster in diesen einmaligen Geschichten oder Charaktere zu enthüllen. Ein Mystiker ist jemand, der die Dinge ganz und nicht in Teilen sieht. Er bewegt den inkarnierten Augenblick, um Gottes Gedanken zu lesen. Diejenigen, die die Bibel buchstäblich verstehen, verlieren sich in Details und tun sich mit dem Sprung ins Allgemeine schwer. Wenn wir über Gott reden, dann reden wir eigentlich über alles. Trotzdem, wenn Gott mit uns über dieses Alles spricht, tut er das nicht abstrakt oder philosophisch, sondern durch sehr spezifische Geschichten und Charaktere. Die große Wahrheit muss auf kleinen Bühnen präsentiert werden, damit die Menschen verstehen, worum es geht.

Vielleicht ist das der Grund, warum wir zu Weihnachten alles schmücken, was sich nicht wehrt. Es ist fast hundertprozentig sicher nicht Jesus' echter Geburtstag, aber das macht nichts, wir schmücken das Haus. Jeder Tisch, jeder Baum, jedes Fenster ist voller Farbe und Licht. Als müssten wir seine innere, verborgene Identität nach außen kehren.

Für ein paar Wochen soll alles leuchten.

Mein Vater Franziskus hielt sehr viel vom Fasten, aber zu Weihnachten, fand er, sollten selbst die Mauern Fleisch essen! Franziskus fand seinen Stand in der universalen Inkarnation und im Skandal der „Einzelmenschwerdungen" gleichermaßen. Und wenn man das Geheimnis der Inkarnation erstmal begriffen hat, ist die Erlösung bereits vorgezeichnet. Für die Franziskaner ist an Weihnachten immer auch schon Ostern.[248]

Sie sehen also, wenn man die Inkarnation richtig schätzt, *ist* sie bereits Erlösung. Jesus muss nicht am Kreuz sterben, um uns davon zu überzeugen, dass Gott uns liebt, obwohl ich zugeben muss, dass die dramatische Szenerie viele Gläubige überzeugt und überführt hat. Das Kreuz korrigiert unsere schlimme Kurzsichtigkeit im Verhältnis zum Vater und kauft der menschlichen Seele eine gute Brille, damit sie die Liebe des Vaters klar erkennen kann.

Das Geheimnis der Menschwerdung offenbart bereits Gottes totale Umarmung. Das Kind in der Krippe sagt: Ich mag dich, ich will eins mit dir sein. Aber wissen Sie was? Das reicht unserer Psyche nicht. Das Kreuz hat die Einstellung des Vaters nicht verändert. Der Vater war von aller Ewigkeit an da. Das Kreuz wurde als dramatisches, erderschütterndes Bild gebraucht, um unser Denken zu verändern, und diesem Zweck dient es bis heute. Ich glaube, dass selbst Filme wie *Die Passion Christi* dem Zweck dienen, die Psyche aufzuschrecken, damit sie versteht, was für ein ungeheures Geben in der gesamten Schöpfung am Werk ist.

Wenn Sie glauben, dass die Aufgabe des Sohnes hauptsächlich darin besteht, ein kosmisches Problem zu lösen, das der Vater mit der Menschheit hat; dass dies der Job des Sohnes ist, dann ist nach Lösung des Problems doch keine konkrete Nachfolge Jesu in seiner historischen Lehre mehr nötig. Ja, wir danken ihm nach wie vor, dass er das Problem gelöst hat, aber es gibt keine Grundlage mehr für eine fortgesetzte Gemeinschaft, eine Fortsetzung der Liebesgeschichte, ganz zu schweigen von der Vorsicht, die wir jetzt dem Vater gegenüber walten lassen, und dem Mangel an Notwendigkeit für einen dynamischen Heiligen Geist.

Die Idee des dreieinigen Gottes fiel weitgehend in sich zusammen, nachdem wir Jesus aus dem Fluss gezogen und unsere Probleme auf Gott übertragen haben. Wir mussten überzeugt werden, nicht Gott.

Blut und Vergebung

Als ich vor ein paar Jahren in Indien war, hatte ich ein tiefgründiges, sehr langes Treffen mit einem heiligen Mann. Er sagte mir viele wunderbare Dinge.

Eins davon ist mir besonders in Erinnerung geblieben: Er sagte, ein großes Wesen habe zwei Herzen – eins, das blutet, und eins, das duldet. Das hat mich tief getroffen.

Was das blutende Herz angeht, so verstand ich es so: Womit auch immer wir uns verbinden, wir leiden mit ihm. Wenn wir uns zur Liebe entschließen, werden wir irgendwann leiden, und sei es nur unter dem Verlust des Geliebten. Das ist so sicher wie die Morgendämmerung. Denn wenn wir uns vollständig verschenken, wird diese Gabe nicht immer, nicht einmal meistens, ebenso vollständig angenommen. Ihr wird Widerstand entgegengebracht, sie wird abgelehnt, zurückgegeben oder gar nicht bemerkt.

Aber was ist mit dem anderen Herzen, das duldet? „Dulden" ist ja kein sehr gebräuchliches Wort mehr. Was der Inder meinte, war Folgendes. Ein großes Wesen bleibt bei dem, was es liebt. Es ist geduldig, es vergibt und es lässt zu, dass das Geliebte sich entwickelt und wächst. Es übersieht die Fehler und leidet so an und mit der Wirklichkeit. Das ist die tiefste Bedeutung von „Leidenschaft" oder auch „Passion" – das zugrundeliegende lateinische Verb *patior* heißt „dulden, zulassen, aushalten, ertragen".

Als der heilige Mann das zu mir sagte, wurde mir klar, dass er Jesus beschrieb: ein großes Wesen, das alle Gegensätze aushält, die wir nicht aushalten können.

Jesus hält unsere Zerbrochenheit aus, damit wir dasselbe tun können, für uns selbst und füreinander. Er weiß, wie es nur Gott wissen kann, dass das, was wir als das Böse bezeichnen, in Wirklichkeit Güte ist, die von ihrem eigenen Hunger und Durst gequält wird. Eine Güte, die nicht erleben durfte, dass sie empfangen und zurückgegeben wurde. „Das Böse" ist das, was geschieht, wenn Menschen von ihrer eigenen Sehnsucht nach Güte gequält werden, die sie nicht erleben dürfen. Und dann tun sie schreckliche Dinge, die wir im Fernsehen und in den sozialen Medien mitbekommen: Sie töten einander, demütigen einander, verletzen einander, missbrauchen Macht und Privilegien und zeigen eine komplette Unfähigkeit, das Abbild Gottes in anderen Lebewesen oder in sich selbst auch nur zu erkennen, geschweige denn zu spiegeln.

Wahres Sehen erweitert den Blick noch mehr: Die Menschen, die wir hassen wollen, die Menschen, die schreckliche Gräueltaten verüben, sind im Kern nicht böse – sie sind einfach nur gequälte Wesen. Und auch sie tragen das Bild Gottes in sich – auch Hitler und Stalin, Hussein und Bin Laden. Ich gebe das nicht wirklich gern zu, aber es ist der einzige Schluss, den ein vollständiges Sehen zulässt. Dass Gott mich aushält, lässt mich den göttlichen Tanz auch in anderen zerbrochenen Gefäßen erkennen.

Wenn ich ehrlich bin, muss ich zugeben, dass dieses Sehen mir ein Privileg nimmt, das ich mir mein Leben lang gegönnt habe: Ich habe immer kräftig vom Baum der Erkenntnis von Gut und

Böse genascht. Die Kategorien sind in meinem Kopf ganz klar, und so fällt es mir leicht zu urteilen. Freundlichkeit und Duldsamkeit sehen anders aus.

Je mehr ich mich aber auf den Tanz einlasse, desto mehr nimmt Gott mir die Macht zu entscheiden, wer die Guten und wer die Bösen sind. Ich habe nicht mehr die Freiheit, selbst zu entscheiden, wen ich respektiere, mit welchen Hautfarben ich mich wohler fühle und welche religiösen Gruppen ich nicht so mag.

„Diese weltlichen Liberalen!"

„Diese Fundamentalisten!"

„Diese abgedrehten Esoteriker!"

Stattdessen habe ich mich durch eine Alternative hindurchgegessen. Ich bin eingeladen, meine Ernährung umzustellen und eher vom Baum des Lebens zu essen, der in dem archetypischen Garten für alle steht, die sich mit blutenden und duldenden Herzen in den Fluss begeben. Was für ein Unterschied! In diesem herrlichen, undifferenzierten, kostenlos angebotenen Leben gibt es keine „Die".

Es gibt nur noch „Wir". Und wir stehen wehrlos vor all diesem großzügigen Verströmen, absolut verletzlich vor einer so unendlichen Barmherzigkeit. Die gebende Seite Gottes ist konstant, alles wird uns zu jeder Zeit gegeben. Die göttliche Großzügigkeit wartet nur auf einen Maria-ähnlichen Körper, auf einen geliebten Sohn. Ein bisschen Teig, der bereit ist, die Hefe aufzunehmen. Ein bisschen Substanz, die bereit ist, das Fest zu empfangen. Ein bisschen Dreck oder Sternenstaub, der darauf wartet und bereit ist, sich als „Christus" salben zu lassen.

Jesus hat als Einziger nie an dieser Salbung gezweifelt, aber wir sind alle „Messiasse" in der Entwicklung, die allmählich lernen, unsere eigene Salbung zu empfangen. Das lateinische Wort „Christus" heißt, ebenso wie das hebräische „Messias", „der Gesalbte". Als kleiner katholischer Junge habe ich immer wieder zu hören bekommen, jeder von uns sei ein „anderer Christus".[249]

Es gibt eine Art kosmische Anteilnahme an allen Dingen, und diese kosmische Anteilnahme ist die Hoffnung der Welt. Jeder

„Christus" sieht Christus überall. Und genau das heißt es, gesalbt zu sein.

Christus trug das gesamte Geheimnis vor aller Zeit in sich, er hat die große Parade oder den Triumphzug, wie Paulus es nennt, angeleitet. Er ist der Erste von vielen Brüdern und Schwestern.[250] Wir können damit in geringer Dosis umgehen, mit ihm, in ihm und durch ihn. Wie ich früher schon schrieb, dies sind die drei großen Verhältnisworte, die wir im eucharistischen Gebet benutzen.

Durch Christus
Mit Christus
In Christus

Das kleine, isolierte und private Selbst enthält eine so große Wahrheit – und bereitet uns darauf vor, *als Christus* zu leben.

Wenn Sie noch aus einer individualistischen oder engstirnigen Geistlichkeit heraus leben, dann werden Sie das nicht verstehen. Man kann es nur durch gegenseitige Präsenz und vollkommene Achtsamkeit erfahren, bei der man den Fluss auf sich zufließen spürt, durch sich hindurch und weg von dem, was wir für unser Selbst halten.

Die große Anziehung

Coventry Patmore, eine englische Dichterin aus dem 19. Jahrhundert, schrieb:

> Diese „trockene Doktrin" der Dreieinigkeit, oder dem ersten Akt der Liebe, ist der Schlüssel zu allem lebendigen Wissen und aller Freude. Gott selbst wird zu einem konkreten Objekt und zu einer fassbaren Freude, wenn wir ihn mit der ewigen Seligkeit

> eines Liebenden betrachten, als Antityp und Original der Liebe, die die Dichter ebenso inspiriert wie das Rotkehlchen.[251]

Sie sind Gottes große Sehnsucht. Gott ersehnt alles in Ihnen und durch Sie.

Und wenn Sie eine Sehnsucht nach Gott in sich wachsen spüren, während Sie diese Zeilen lesen, dann ist es die Sehnsucht des Sohnes nach Gemeinschaft mit dem Vater, die sich in Ihnen und durch Sie auslebt. Es ist der Heilige Geist, die Personifikation der ewigen und überfließenden Energie, des Lebens und der Liebe zwischen den anderen beiden. Hören Sie auf diese Sehnsucht und warten Sie auf ihre tieferen und tiefsten Ebenen. Der Heilige Geist wird Sie dorthin führen, wie er es immer tut.

Verstehen Sie, Sie allein …

Sie wissen nicht, wie Sie Gott ersehnen sollen.
Sie wissen nicht, wo Sie suchen sollen.
Sie wissen nicht, wonach Sie suchen sollen.
Sie kennen Gottes Namen nicht.
Sie kennen Gottes Gestalt nicht.
Sie kennen auch Gottes Energie eigentlich nicht.
Sie werden vermutlich an den falschen Stellen suchen.
Nur schöne Sonnenuntergänge, nicht die Risse im Asphalt.
Nur Hochzeiten und Beerdigungen, nicht die Waschküche.

Werfen Sie einen Blick in unsere Geschichte. Ich meine, jede zehnte Straßenecke, jede Plakatwand und jeder Fernseher schreit „Gott!“, und doch wirken sie so hasserfüllt und unglücklich. Sie vermitteln uns den Eindruck, als gäbe es keinen Fluss.

Lassen Sie es mich so deutlich wie möglich sagen: Nur Gott in Ihnen kennt Gott. Sie können einfach aufspringen, wenn Sie das wollen. *Das* ist trinitarische Spiritualität.

Sie und Ihr kleiner Verstand und Ihr kleines Selbst können Dinge *über* Gott wissen, Sie können den Katechismus lesen, alle möglichen Bibelverse, Sie können sogar systematische Theologie studieren und sich äußerst informiert vorkommen, sei es auf der progressiven oder auf der konservativen Seite. Sie können mit einem Doktortitel herumlaufen oder Professor der Theologie sein, womöglich an einer berühmten Universität, und trotzdem Gott nicht kennen oder wissen, wie Sie ihn, sich selbst oder Ihren Nächsten lieben sollen.

„Den Herrn und seine Wege kennen", nennen es die jüdischen Propheten.[252] Das hat sehr wenig mit Intelligenz zu tun und sehr viel mit einer wunderbaren Mischung aus Vertrauen und Ergebung. Menschen, die so leben, sind die ruhigsten und glücklichsten Menschen, die ich kenne. Sie ziehen ihr Leben von innen nach außen.

Wussten Sie das?

Ich biete es Ihnen an, kostenlos, Sie können einfach zugreifen.

Sie können eine Frau ohne Schulabschluss sein, die Hotelzimmer putzt, und in diesem ruhigen, aufbauenden Licht leben. Ich habe solche Menschen oft getroffen. Sie halten Blickkontakt, stehen mit beiden Beinen fest im Leben und haben ein echtes Lächeln.

Letztlich läuft es darauf hinaus: Lassen Sie den freien Fluss zu oder halten Sie ihn durch endlose Formen von Widerstand, Urteile, negativem Denken und Angst auf?

Sie müssen nur „bitten, suchen und anklopfen", wie Jesus gesagt hat. Dann wird Ihnen die Tür geöffnet.[253] Warum sollte Gott Ihnen etwas anbieten, um das Sie nie gebeten haben? Oder das Sie gar nicht wirklich wollen?

Ehrlich, die meisten unglücklichen Leute, mit denen ich gearbeitet habe, hatten nie darum gebeten, „den Herrn und seine Wege" kennenzulernen.[254] Für sie war das Gebet immer nur ein kurzzeitiger verzweifelter Versuch, eine höhere Macht zu manipulieren, indem sie eine Ich-Es-Beziehung bildeten, wie Martin Buber es nennen würde. Doch in einer solchen Beziehung kann keine Partei ihre Würde behalten.

Gott kann nicht zulassen, dass wir uns ihm gegenüber so verhalten, als wäre er ein „Es". Und wir lassen unseren Gott nicht aus der Schublade, die wir für ihn eingerichtet haben. So verlieren wir beide unsere Würde.

Gott ist für Manipulation und Spielchen einfach nicht verfügbar. Aber er ist immer und sofort erreichbar, wenn jemand wirklich Liebe und Vereinigung sucht. Gott wartet, bis Sie zu einer Ich-Du-Beziehung fähig sind, oder er schiebt Sie sanft in diese Richtung – so wie bei Ihrem allerersten Versuch, romantisch zu sein. Eine beiderseitig erwachsene Beziehung finden wir nur, wenn beide wachsen und werden dürfen.

Dann gewinnen beide, und keiner wird geringer gemacht. Wie in der Dreieinigkeit. Gott ist ein wählerischer Liebender. Er spielt nicht den Unnahbaren, aber er wartet auf echte Partner. Wahre Liebe macht immer beide Seiten größer, und wenn wir glauben können, was viele Propheten und Mystiker sagen, dann liegen wir Gott wirklich am Herzen. Einige behaupten sogar, wir würden Gott „verändern".[255] Wow! Halten Sie das ein wenig fest.

TEIL 3

DER HEILIGE GEIST

Vollständige Versöhnung

> Die Leidenschaft des Heiligen Geistes besteht darin, die Salbung der Menschheit in Jesus zum vollen, personalen und dauerhaften Ausdruck in uns [als einzigartigen Personen] zu bringen. Und nicht nur in uns persönlich, sondern auch in unserer Beziehung zum Vater durch den Sohn und in unseren Beziehungen untereinander, ja, auch mit der Erde und der gesamten Schöpfung …[256]
> Bis der ganze Kosmos ein lebendiges Sakrament des großen Tanzes des dreieinigen Gottes ist.[257]

Lassen Sie uns den dritten Teil dieses Buches kurz halten, ja? So können Sie sich den Inhalt besser merken oder sich ihm leichter öffnen.

Solange wir uns Gott als Wesen oder als Substantiv vorgestellt haben, konnte dieses Wesen gelegentlich liebevoll sein, dann aber auch wieder nicht.

Aber wie sieht es aus, wenn dieses Wesen in allererster Linie Gemeinschaft ist? Die Natur des Seins ist Liebe, oder, wie es Teilhard de Chardin ausdrückte: „Die physische Struktur des Universums ist Liebe."[258]

„Wesen" ist eine alte Form des aktiven Verbs „sein". Und wenn Gott nun ein Gemeinschaftsereignis ist? Kann das wahr sein?

Gott *entscheidet* sich also nicht dazu zu lieben, sondern er *ist* die Liebe selbst[259]. Seine Liebe kann nie durch die Würdigkeit oder Unwürdigkeit des Objekts bestimmt sein. Gott kann nicht *nicht* lieben, weil die Liebe die Natur seines Seins ist.

In der scholastischen Philosophie lernen wir, wie schon gesagt, dass die drei universalen Eigenschaften des nackten Seins („die transzendenten Tugenden") immer die folgenden sind:

gut
wahr
schön

Wenn diese drei zusammen wahrgenommen werden, dann erleben wir das radikale *Einssein allen Seins*.

Wir haben gerade den Heiligen Geist beschrieben, der alle Dinge in die Liebe hinein erhält und heilt, indem er langsam immer mehr von der Güte, Wahrheit und Schönheit in allem offenbart.

Die göttliche Energie

Jetzt könnten Sie den Prolog des Johannesevangeliums noch einmal lesen[260], und jedes Mal, wenn Sie den Begriff „Wort" oder „Logos" lesen, ersetzen Sie ihn durch „Beziehung" oder „Blaupause". Das wird Ihnen helfen, die Botschaft zu verstehen. „Im Anfang war die Beziehung", oder: „Im Anfang war die Blaupause". Und was für ein Crescendo, wenn der Text auch so gelesen werden kann: „Er, der Beziehung ist, wurde Mensch und lebte unter uns"[261]. Denn genau das geschieht ja, als der Geist sich auf Jesus herabsenkt und die Stimme zu hören ist: „Du bist mein geliebter Sohn, über den ich mich von Herzen freue."[262] Dieses Beziehungsmodell wird dann an uns weitergegeben werden, und zwar in dem, was Jesus die „Taufe mit dem Heiligen Geist" nennt.[263]

Erinnern Sie sich daran: Der Heilige Geist *ist* die liebevolle Beziehung zwischen Vater und Sohn. Es ist diese Beziehung selbst, die an uns weitergegeben wird. Oder besser gesagt, wir werden in diese Liebe eingeschlossen. Wow. Das ist ein wunderbarer Schnappschuss dessen, was wir Erlösung nennen.

Und diese Beziehung zeigt sich in unendlich vielen anderen Formen: in der endlosen Vielfalt von Tieren und Wildblumen, Bergen und Bäumen, in jedem Versuch von Kunst, Naturwissenschaft und Medizin, in jedem positiven Straßentheater und jeder Erneuerungsbewegung. Jede dieser Erscheinungsformen drückt die endlose Sehnsucht aus, neue Formen von Leben und veräußerlichter

Liebe zu erschaffen. Alles, was gut, wahr und schön ist, ist mit dem einen Geist getauft.[264]

Der Heilige Geist zeigt sich als zentrale, heilende Kraft der absoluten Erneuerung und Heilung unserer Beziehung zu allem anderen. Die anglikanische Mystikerin Evelyn Underhill hat Anfang des 20. Jahrhunderts Mystik als „die Kunst der Vereinigung mit der Wirklichkeit" beschrieben.[265] Und der Heilige Geist ist der Künstler, der durch uns diese Vereinigung malt.

Wo auch immer wir in Beziehung bleiben, wo auch immer wir auf Verbindung bestehen, ist der Heilige Geist am Werk, der wärmt und weicher macht, was kalt ist, und repariert und erneuert, was in und zwischen den Dingen zerbrochen ist. Der Heilige Geist ist immer „die dritte Kraft", die zwischen zwei Dynamiken wirkt. Unsichtbar, aber mächtig, bewusst ungenannt, kümmert es ihn nicht, wer für den Wind gelobt wird, der aus dem Nichts weht, für das lebendige Wasser, das wir als selbstverständlich hinnehmen, für den Busch, der immer brennt und nie verzehrt wird.

Im Zusammenhang mit der Schöpfung können wir sagen, dass Gott der Heilige Geist zwei fast gegensätzliche Aufgaben hat. Zum einen will er sich ständig multiplizieren, in immer neuen Formen von Kreativität und Lebendigkeit. Es heißt, zwei Drittel der Lebensformen existieren im Meer, und kein menschliches Auge hat ein Drittel von ihnen je gesehen. „Was ist eine Lebensform schon, wenn *wir* sie nicht sehen?", könnten wir egozentrischen Menschen uns fragen. Aber der Wert eines Lebewesens hängt nicht davon ab, dass wir von ihm wissen! Aus gutem Grund heißt es in den Psalmen: „Die Himmel erzählen die Ehre Gottes."[266]

Tatsächlich ist die große Mehrheit aller Tiere und Blumen, die je existiert haben, nie von einem Menschen gesehen worden. Und doch gehören sie zu dem ewigen Kreislauf des Gotteslobs, einfach durch ihre Existenz. Nicht dadurch, dass sie irgendetwas richtig machen: Alles, was ist, lobt Gott. Alles. Einfach durch sein Sein. Das ist die Grundlage. Wenn Sie kontemplativ leben wollen, müssen Sie nur das eine wissen: Alles, was ist, verherrlicht Gott, indem es einfach ist.

Ich muss aus einem Gedicht von Gerard Manley Hopkins zitieren, in dem er das perfekt zum Ausdruck bringt.

> Ich sage vielmehr: der Gerechte schafft Gerechtigkeit;
> er hält die Gnade fest, die all sein Tun in Gnade taucht;
> er tut vor Gottes Augen, was er in Gottes Augen ist –
> Christus – denn Christus spielt an zehntausend Orten.
> Schön an Gestalt und schön in Augen, die nicht seine sind,
> des Vaters durch die Züge menschlicher Gesichter.[267]

So sieht das Geheimnis aus. Der Kreis schließt sich. Und unsere große und schreckliche Gabe ist dies: Wir sind die Einzigen, die den Kreislauf des Lobes aufhalten können. Gerard Manley Hopkins ist mein Lieblingsdichter, aber Annie Dillard ist wohl meine Lieblingsautorin. Auch sie möchte ich hier zitieren:

> Wir sind hier, um Zeugen und Beihelfer der Schöpfung zu sein. Wir sind hier, um alles zu bemerken, damit alles bemerkt wird. Gemeinsam nehmen wir nicht nur jeden Bergschatten und jeden Stein am Strand wahr, sondern vor allem nehmen wir die schönen Gesichter und das komplexe Wesen jedes Menschen wahr … Sonst würde das Schauspiel der Schöpfung vor leeren Rängen gespielt.[268]

Lob zurückhalten, kritisch daneben stehen, Dinge abtun, verurteilen und in Schubladen stecken, aussortieren, was nicht lobenswert ist – all das ist nicht Gottes innewohnender Geist. Das ist nicht das Bild Gottes, sondern so sieht es aus, wenn man in einem Zustand des Bösen und der Sünde lebt.

Wie schon gesagt, der Heilige Geist hat zwei Aufgaben. Zum einen erschafft er (oder sie) Unterschiedlichkeit, wie die Metapher vom Wind schon sagt. Er atmet immer neues Leben in unendlich unterschiedlichen Formen aus.

Aber der Geist hat noch eine zweite Aufgabe, die des großen Verbinders. Er verbindet all diese unterschiedlichen Dinge untereinander. All diese Vielfalt des Lebens hält er in Harmonie und gegenseitiger Ehrfurcht[269]. Damit es nur einen Christus gibt, der sich selbst liebt, wie Augustinus es so kühn formulierte.[270] Der wahre Sehende genießt ein riesengroßes Ökosystem sich wiederholender und entwickelnder Liebe. Dieses Sehen und Genießen ist das Werk des Geistes in uns. Dieses Bild geht in Flammen auf wie der brennende Dornbusch und verbrennt nicht, es wird als Feuerzungen geschürt, die herabkommen und aus Menschen aller Nationen mobile Tempel machen.[271] Diese Menschen sprechen eine universelle Sprache der Liebe, die es ihnen erlaubt, die unterschiedlichen Sprachen der anderen zu verstehen. Was für ein großartiges, vielschichtiges Symbol!

Feuer schmilzt und löst die Grenzen zwischen Beziehungen auf, sodass wir aufhören können, uns hinter Namen, Etiketten, Definitionen und Beschreibungen zu verstecken. Und ein anderes Wort für dieses alles verzehrende Feuer ist – natürlich – „Liebe“. Wenn es je eine dauerhafte Identifikationsmöglichkeit mit dem Heiligen Geist gegeben hat, dann in Form der Liebe in der uns eingepflanzten Form. Das meinen wir wohl, wenn wir von der *Seele in allen Dingen* sprechen. Erst wenn das Ganze eine Bedeutung hat, können die Teile einen Sinn bekommen. Wenn das Ganze gut und eng verbunden ist, dann erheben sich alle Teile in kosmischer Vereinigung.

Und wie kann dieses Feuer in unserem Körper wirken? Der amerikanische Philosoph, Theologe und Bürgerrechtler Howard Thurman, ein Mentor von Martin Luther King jr und vielen anderen Aktivisten, schreibt dazu:

> Dies ist eine lebendige Welt. Das Leben ist lebendig, und als Ausdruck des Lebens sind auch wir lebendig und werden von der charakteristischen Vitalität des Lebens erhalten. Gott ist die Quelle dieser Vitalität, des Lebens, aller lebendigen Dinge. Seine Energie steht Pflanzen, Tieren und unserem eigenen Körper zur Verfügung, wenn die Bedingungen stimmen. Das Leben ist eine verantwortungsvolle Aktivität. Und was für unsere Körper

> gilt, gilt auch für Verstand und Geist. Auf dieser Ebene ist Gott unmittelbar für uns erreichbar, wenn die Tür für ihn geöffnet wird. Und wir öffnen die Tür, indem wir ihm jenes Nervenzentrum hingeben, in dem wir Zustimmung empfinden oder sie zurückhalten. Wenn also ein Mensch bewusst und freiwillig beschließt, Gott seine Zustimmung und seinen Gehorsam anzubieten, dann wird ihm die Energie des lebendigen Geistes des lebendigen Gottes zuteil.[272]

Wenn wir in der bewussten Wahrnehmung dieses Geistes wachsen und seine Gegenwart im Geben und Nehmen mit der gesamten Schöpfung praktizieren, dann wird das Feuer des brennenden Dornbuschs und der sich herabsenkenden Flammenzungen die gesamte Schöpfung auch allmählich erfüllen – nicht in der Zerstörung der Feinde[273], um die die Jünger Jesus als Echo auf den Heißsporn Elia[274] einmal baten, sondern als reinigendes Feuer, in das wir alle hineinfallen.

Alles ist heilig

Wenn Sie lernen, Ihren Platz im Kreistanz des Lobes und der gegenseitigen Achtung einzunehmen, dann fallen alle Unterschiede zwischen weltlich und heilig, natürlich und übernatürlich einfach weg. In der göttlichen Ökonomie ist alles brauchbar, selbst unsere Fehler und Sünden. Diese Botschaft schreit vom Kreuz herab, aber wir hören sie nicht.

Alles ist jetzt heilig. Und der einzige Widerstand gegen den göttlichen Strom der Heiligkeit und Ganzheitlichkeit ist die menschliche Weigerung, zu sehen, zu genießen und teilzunehmen.

Letztlich sind wir eine Sendestation, ein Relais. Das ist es, was wir auf wunderbare Weise sind. Und leider ist das ein wenig demütigend für das Ego. Ich war sehr glücklich, als ich herausfand, was mein Nachname „Rohr“ auf Deutsch bedeutet. Ich bin eine Leitung, ein Verbindungsstück oder ein Kanal. Halleluja!

Aber mein Ego ist alles andere als zufrieden damit, eine Durchgangsstation zu sein. Ich will „Richard Rohr“ sein, und das, obwohl dieser kleine, egoistische Referenzrahmen in ein paar Jahren verschwunden sein wird, jedenfalls in der derzeit existierenden Form. Alles, was ich sein kann, ist ein Teilchen im Kreislauf des Lobes, und es wird mir genug sein zu wissen, dass ich zum Team gehöre, vor allem, wenn ich begreife, dass mir das geschenkt wurde.

Ich habe nicht darum gebeten, geboren zu werden. Ich danke Gott, dass ich geboren bin, und ich bin dankbar, dass ich hier sein darf. Meine Schwester, die heilige Clara von Assisi, soll auf dem Sterbebett gesagt haben: „Danke, dass du mir erlaubt hast, ein Mensch zu sein.“

Das ist es. Ich danke Gott, dass ich meine kleine Chance bekommen habe, auf dieser Bühne des Lebens zu tanzen und seine Herrlichkeit zu ihm zurückzuspiegeln.

Irgendwann habe ich gelernt, das Pyramidendenken hinter mir zu lassen und zu einem kreisförmigen Denken zu gelangen. Durch die Dreieinigkeit. Und aha! Da konnte mein Verstand seine Verteidigungshaltung aufgeben und damit aufhören, sich dem großen Tanz zu verweigern.

T.S. Eliot hat einen anderen englischen Dichter, William Blake, als einen Menschen beschrieben, der in diesem Tanz lebte. Eliot sagt über Blake: „Er verstand. Er war nackt und sah die Menschen nackt und aus der Mitte seiner eigenen Kristallkugel … An ihm war nichts von einer überheblichen Person. Das macht ihn furchterregend.“[275]

Gerade weil Menschen, die aus dem Geist leben, nicht versuchen, sich in den Vordergrund zu drängen, wirken sie auf andere oft erschreckend. Sie manipulieren nicht, und man weiß immer, dass man sie nicht manipulieren kann. Heilige, die im Kreistanz der Liebe leben, sind eine beängstigende Anomalie. Sie passen nicht in unser übliches System von Belohnung, Strafe und Erfolg.

Der „schnöde Mammon" reizt sie nicht wie die meisten von uns. Franziskus hat uns geraten, Geld so zu behandeln wie Dung! War er naiv oder war er frei? Es gab keine Spitzenstellung, die er anstrebte, denn er hatte die Spitze schon gefunden: ganz unten.

Viele Menschen, die aus dem Geist leben, machen den Bewahrern des status quo – oder irgendwelcher Privilegien – Angst. Wenn man an dem „allgemeinen Tanz" teilnimmt, wie Thomas Merton es genannt hat[276], dann muss man nicht irgendwo in der Ecke mit wilden Verrenkungen die Aufmerksamkeit auf sich lenken.

Solche Menschen sind von Natur aus Reformer und Stoff für Mythen. Sie verändern die Wirklichkeit, nicht indem sie es bewusst versuchen, sondern indem sie ganz einfach da sind, mit einem so neuartigen Plan, dass es gar kein Plan mehr ist, über das Leben im Kreislauf des Lobes hinaus.

Ihre pure Gegenwart ist ansteckend. Ihre innere Freiheit ruft uns dazu auf, unser Innerstes auf ihre Frequenz einzustellen. Und so ist der Heilige Geist eben hauptsächlich eine energetische Präsenz. Oft kann man erkennen, dass ein Mensch im Geist lebt, weil er gleichzeitig „unselbstbewusst" ist und dabei strahlt, weil er an seinen ganz eigenen Energiekreislauf angeschlossen ist. Und diese Energie macht es ihm möglich, spontan und auf ruhige Art originell zu sein.

Die Bibel sagt, der Geist-Wind weht, wo er will[277], und wir können ihn niemals kontrollieren oder kategorisieren. Wir werden nie in der Lage sein, ihn in unsere konzeptuellen oder konfessionellen Taschen zu stecken und zu sagen: „Wir haben den Geist eingefangen, und wir allein können ihn wieder verteilen." Und doch leben viele von uns ihre Religion, als wären wir „Holy Ghostbusters"! Der Heilige Geist lässt sich nicht mit formelhaften Bekehrungsaufrufen fesseln, nicht mit messerscharfer Theologie oder irgendwelchen Konfirmationsritualen. All dies sind oft unbewusste Versuche, den Geist zu zähmen und ihn „traurig" zu machen.[278] Und das geschieht nur allzu leicht, wenn wir den Geist mit Ordnung oder Kontrolle gleichsetzen statt mit Energie und Lebendigkeit.

Die großen Kirchen können von den charismatischen und pfingstlerischen Gemeinden in dieser Hinsicht viel lernen. Zumindest geschieht es in diesen Gemeinden tatsächlich, dass Menschen emotional, körperlich und auf der Beziehungsebene geheilt werden.

Ken Wilber weist darauf hin, dass ein Großteil der organisierten Christenheit sich immer noch auf der Bewusstseinsebene der „mythischen Mitgliedschaft" bewegt, und dass dies oft eine gleichgültige Haltung angesichts von menschlichem Leid mit sich bringt, selbstgefälliges Gruppendenken – und darüber hinaus nicht viel.[279]

Ich bin jetzt seit mehr als 44 Jahren Priester. Manchmal, wenn ich während der Messe in die Gemeinde blicke, sehe ich in vielen Gesichtern eine Art passiven Widerstand, selbst dann, wenn ich eine riskante und lebensspendende Botschaft verkünde. Diese Menschen sind darauf konditioniert, nichts zu erwarten. Sie sind so daran gewöhnt, dass im Gottesdienst nichts Bedeutsames geschieht, dass sie nicht länger wissen, wie man sein Herz anrühren lässt oder seine Meinung ändert. Wieder einmal fehlt der Heilige Geist in der Gleichung der Dreieinigkeit.

Ohne das freie Fließen des Heiligen Geistes wird Religion zu einer auf die eigene Gruppe bezogenen Sortieranlage, in der man viel Zeit damit verbringt zu definieren, wer dazugehört und wer nicht. Wer recht hat und wer sich irrt. Und – Überraschung! – wir selbst stehen natürlich immer auf der richtigen Seite.

Wie groß ist die Wahrscheinlichkeit, dass das stimmt?

Doch unsere Läuterung und auch eine wie auch immer geartete „Sortierung" – wenn so etwas denn irgendwie erforderlich sein sollte –, ist Gottes Arbeit. Es ist nicht unser Problem, wirklich nicht. Es ist nicht Ihre Aufgabe zu entscheiden, wer in den Himmel kommt und wer in die Hölle, vor allem, wenn Sie begreifen, dass dies größtenteils Beschreibungen einer Gegenwartsform sind, bevor sie jemals zukünftige Bestimmungsorte werden.

Ihr Job ist es einfach, den Himmel hier und jetzt zu veranschaulichen. Und ab da übernimmt dann Gott.

Und hier noch ein Hinweis, falls es Ihnen schwerfällt, den Himmel zu veranschaulichen: *Lassen Sie Liebe zu.*

Denken Sie daran, Sie können nicht „dahin kommen“, Sie können nur *hier sein.*

Liebe ist, wie Gebet, nicht so sehr etwas, was wir *tun*, sondern eine Realität, die wir bereits *sin*d. Wir beschließen nicht, liebevoll zu sein. Der Vater beschließt nicht, den Sohn zu lieben. Vaterschaft ist das Strömen vom Vater zum Sohn. Der Sohn beschließt nicht ab und zu, ein bisschen Liebe für den Vater oder den Heiligen Geist freizugeben. Liebe ist ihr kompletter *modus operandi*!

Die Liebe in Ihnen – die der Heilige Geist in Ihnen ist – sagt immer auf irgendeine Weise Ja.[280] Liebe ist nichts, was wir tun, sie ist das, was wir sind. Unser wahres Selbst[281]. Liebe ist der Ort, von dem Sie kommen und wohin Sie gehen. Sie können sie nicht kaufen. Sie können sie nicht erlangen. Sie ist die Gegenwart Gottes in Ihnen, die wir den Heiligen Geist nennen. Einige Theologen sprechen auch von der *unerschaffenen Gnade.*

Und das alles können Sie nicht mit gutem Benehmen „erzeugen“, liebe Leser. Sie können Gott nicht dazu bringen, Sie ein Gramm mehr zu lieben, als er Sie ohnehin schon liebt.

Können Sie nicht.

Sie können für den Rest Ihres Lebens jeden Tag in die Kirche gehen, und Gott wird Sie nicht mehr lieben, als er Sie jetzt schon liebt. Sie können ihn aber auch nicht dazu bringen, Sie weniger zu lieben. Sie können die schrecklichsten Dinge tun – stehlen und plündern, betrügen und lügen – und Gott liebt Sie trotzdem kein bisschen weniger. Sie können Gottes Einstellung zu Ihnen nicht ändern! Der Fluss durchströmt Ihr Leben ständig, vollkommen und zu hundert Prozent. Gott ist auf Ihrer Seite.

Wir können Gottes Liebe zu uns nicht verringern. Was wir tun können ist, an sie zu glauben lernen, sie zu empfangen, ihr zu vertrauen, sie zuzulassen und zu feiern. Wir können lernen, die wirbelnde Einladung der Dreieinigkeit zum großen Tanz anzunehmen.

Deshalb läuft alle Spiritualität darauf hinaus, *wie wir jetzt und hier leben.*

Wie Sie diesen Augenblick jetzt leben, ist ein Mikrokosmos Ihres gesamten Lebens. Wir tun alles so, wie wir etwas tun.

Bernard von Clairvaux war der Ansicht, wo die Seele Gott unähnlich ist, da ist sie auch sich selbst unähnlich. Er meint natürlich dasselbe, was wir hier zu sagen versuchen: Das Muster der Dreieinigkeit ist das Muster der gesamten Schöpfung. Und wenn Sie zu diesem Muster zurückkehren, dann wird auch der Strom derselbe sein.

Catherine LaCugna beendet ihr gewaltiges theologisches Werk mit einem einfachen Satz. Sie hat ein ganzes über 400 Seiten starkes Buch gebraucht, um an diesen Punkt zu kommen, und die Einfachheit könnte Sie überwältigen. Aber ich kann es nicht besser ausdrücken als sie:

> „Deshalb besteht das Wesen Gottes darin, die tiefste mögliche Gemeinschaft und Freundschaft mit jedem einzelnen Geschöpf auf dieser Erde anzustreben."[282]

Das ist die Arbeitsbeschreibung Gottes. Darum geht es bei allem. Und das Einzige, was Sie von diesem göttlichen Tanz abhalten kann, sind Furcht und Zweifel und Selbsthass. Was würde in Ihrem Leben – jetzt, in diesem Moment – passieren, wenn Sie annehmen würden, was Gott erschaffen und gewährt hat?

> Plötzlich ist das Universum ein sehr sicherer Ort.
> Es gibt nichts, wovor Sie sich fürchten müssten.
> Gott ist für Sie.
> Gott macht einen Freudensprung auf Sie zu!
> Gott ist auf Ihrer Seite, viel mehr, als Sie allein es sind.

ANHANG

Die Dreieinigkeit erleben – sieben Übungen

Lassen Sie uns ehrlich sein: Es ist gut und schön, vom göttlichen Tanz zu lesen, der den Kosmos belebt und uns mit aufnimmt, aber um ihn wirklich in unser tägliches Leben einzubeziehen, müssen wir ihn praktisch erfahrbar machen! Also: Wie können wir die Dreieinigkeit in unserem Alltag und unseren Beziehungen entdecken?

Die folgenden Übungen laden Sie dazu ein, sich dem bewussten und liebevollen Fluss anzuvertrauen, dieser Bewegung zum Leben, die wir Dreieinigkeit nennen.

Sie sollen Ihnen helfen, innere Erfahrungen mit dem einen Leben zu machen, das sich in Ihnen bewegt. Bevor Sie sie nicht ernsthaft ausprobiert haben, wissen Sie nicht, ob sie „etwas bringen". Die Zukunft eines reifen Christentums wird viel mehr auf dem praktischen Leben im Alltag beruhen als auf Glaubenssätzen.

Sind Sie bereit, sich zu öffnen? Für Verletzlichkeit, Risiko, Beziehung? Dann wollen wir beginnen.

1. Bewegung – das Zeichen des Kreuzes

In den ersten beiden Jahrhunderten der östlichen und westlichen Christenheit entstand eine einfache Form des Körpergebets, die „sich segnen" oder „sich bekreuzigen" genannt wurde und bei der man mit Gesten ein Kreuz auf dem Oberkörper nachzeichnete.

In den verschiedenen Kulturen entwickelten sich unterschiedliche Ausführungen und Fingerhaltungen, aber die Bewegung wurde immer von der trinitarischen Formel begleitet: „Im Namen des Vaters und des Sohnes und des Heiligen Geistes."

Ich habe schon früher in diesem Buch darüber geschrieben, aber wir wollen uns diese uralte Geste noch einmal anschauen und uns fragen, ob sie für uns heute eine hilfreiche Bedeutung haben kann, vor allem, da wir Symbole brauchen, die geistliche Botschaften vom Kopfwissen zu einem „Zellwissen" machen. Man spricht ja auch vom „Körpergedächtnis".

Zunächst einmal ist es sehr bezeichnend, dass wir überhaupt die Erlaubnis haben, *uns selbst zu segnen,* was ja dem Individuum ein gewisses Selbstvertrauen und geistliche Autorität zuspricht.

Zum Zweiten ist dieses Sich-Selbst-Bezeichnen wie eine neue Namensgebung zu sehen, ja, wie eine Inanspruchnahme des Selbst in einer neuen Identität. Wenn man „im Namen" von jemandem eine Handlung ausführt, verändert sich die Identität und Rolle dessen, der handelt. Die Handlung wird mit der Autorität eines anderen ausgeführt: „Ich spreche oder handle nicht in meinem eigenen Namen, sondern stehe jetzt in der Identität von XY." Es hat schon seinen Sinn, dass Sportler oder Menschen, die Todesgefahr oder einer schwierigen Situation ins Auge sehen müssen, sich oft in der Öffentlichkeit bekreuzigen: „Das hier bin nicht nur ich", scheinen sie zu sagen.

Zum Dritten wird das Bekreuzigen als eine Schutzgeste und Ehrung für den Körper angesehen. Wir beginnen mit der Stirn und berühren damit unsere Gedanken und unseren Verstand, den Ort, wo alle Entscheidungen zum Handeln ihren Ausgangspunkt haben. Die Worte „Im Namen des Vaters …" übereignen unser Denken und unseren Verstand an Gott, die große Quelle.

Dann bewegen wir die Hand nach unten, über unser Herz hinweg zum Solarplexus oder Bauch, und segnen damit unsere eigene Fleischwerdung und Inkarnation als Leib Christi. „Und des Sohnes …", sagen wir dabei.

Und dann vertrauen wir uns dem Fluss an und genießen ihn. Wir führen die Hand von einer Schulter zur anderen, wieder über unser Herz, und sagen: „… und des Heiligen Geistes." Bemerken Sie den Schwung, die Bewegung und die Symmetrie in vertikaler als auch horizontaler Richtung.

Der Schlüssel und die ganze sakramentale Kraft liegt in Ihrer Fähigkeit, diese Bewegung bewusst, absichtsvoll, liebevoll und betend auszuführen.

Es ist ein Weg für den Körper, heilige Dinge zu wissen, sich als Tempel und Gefäß des Geheimnisses zu ehren und in einer bewussten, selbst erklärten Würde zu leben.

Amen.

(Wenn Sie die Bewegung einmal in einem Video sehen wollen, finden Sie eines auf TheDivineDance.org)

2. Schritte - eine Meditation im Gehen

Als ich noch jung war, riet mir einer meiner geistlichen Begleiter zu einer „Gehmeditation", weil es mir so schwerfiel, ausschließlich im Sitzen zu meditieren. Es zeigte sich, dass dieser Rat ein Gottesgeschenk war und mich wieder ins Gleichgewicht brachte. Außerdem machte er es mir möglich, auch andere Bewegungsmenschen wie mich zu motivieren, es einmal mit einer Meditationsübung zu versuchen.

Derselbe geistliche Begleiter sagte mir, reine Sitzmeditationen würden viele Menschen daran hindern, aufgestaute Energie loszuwerden, und daher würden sie es bald wieder aufgeben. Zu bestimmten Zeiten im Leben müssen wir unsere Kernenergie freisetzen, indem wir aufgestaute nervöse, depressive, sexuelle oder sogar freudig erregte Energie bewusst loslassen. Und das geschieht in der Gehmeditation.

Ich habe bei Exerzitien oft Gruppen zu Gehmeditationen losgeschickt, auch unsere Schüler in der *Living School*. Und nach der Rückkehr habe ich sie gebeten, die Erfahrung mit den anderen in der Gruppe zu teilen. Das ist immer wieder erhellend, lustig und hilfreich für uns alle. Einer unserer Schüler, Jonathon Stalls, leitet inzwischen sogar eine Gruppe, *Walk2Connect.com*, in der viele unserer geistlichen, ökologischen und beziehungsmäßigen Zielsetzungen vereint sind. In dieser Gruppe werden inzwischen Tausende von Menschen dazu motiviert, sich miteinander, mit anderen und mit ihrer Umgebung zu verbinden – zu Fuß.

Wir sind dazu erschaffen, uns so zu bewegen. Wir sehen und hören anders, wenn wir uns mit anderen gemeinsam in Gehgeschwindigkeit durch die reale, offene und unberechenbare Welt bewegen. Wir betreten neue Umgebungen und ganze Welten, die wir sonst nie erlebt hätten. Dabei geht es gar nicht darum, eine schöne Landschaft zu erleben, sondern es geht um Präsenz, Verbindung und Achtsamkeit – wo auch immer.

Hier einige einfache Leitlinien. Manchmal schicke ich die Leute mit unserem Spiegelmedaillon los, aber das ist eine ganz eigene Praxis.

- Gehen Sie allein und schweigend los. Kommen SIe allein und schweigend zurück.
- Es geht nicht um einen geselligen Ausflug mit Kumpels. Trennen Sie sich von dem Bedürfnis zu plaudern, nett oder effizient zu sein. Sie sollen sehen und sich das Gesehene zu eigen machen.
- Oft denke ich an einen Satz von Shakespeare: „Geh wie ein Mönch." Damit ist die frühe franziskanische Praxis gemeint, auf dem Weg von einer Stadt zur anderen eine Weile in einigem Abstand hinter einem anderen Menschen zu gehen. Der andere Mensch, seine Persönlichkeit und Erfahrung soll nicht unmittelbar auf mich übergehen, wie es beim Gehen Seite an Seite oft geschieht. Es geht um eine wohlverstandene „Individuation", um Verantwortung für die eigenen Gedanken, Gefühle und Empfindungen, im Guten wie im Schlechten. Sie können uns vieles lehren.
- Heilige Ziel-Losigkeit ist das Ziel. Die Reise ist der einzige Bestimmungsort.
- Setzen Sie einfach einen Fuß liebevoll vor den anderen und vertrauen Sie darauf, dass Sie geführt werden. Wer den Heiligen Geist erwartet, wird ihn empfangen.
- Nehmen Sie keine Bücher oder Zeitschriften mit. „Nicht denken, nur schauen", lautet das Motto.

- Kommen Sie nicht mit der Hoffnung zurück, etwas Tiefgreifendes oder Bedeutungsvolles sagen zu können. Wenn Sie etwas sagen oder aufschreiben wollen, ist das in Ordnung, aber es geht nicht um äußerliche Bedeutung. Jede Erwartung ist eine Enttäuschung, die nur darauf lauert, eintreten zu können.
- Es ist, was es ist. Und das ist Ihr Lehrer.
- Wie Jonathan Stalls sagt: Sie führen jetzt ein Leben im Vier-Stundenkilometer-Tempo, und genau dafür sind Sie erschaffen. Das ist sehr gut!
- Die Chancen stehen gut, dass Sie den reinen Strom der Dreieinigkeit in Ihrem Körper spüren können.

3. Beobachten

Das Spiegelmedaillon

Während meiner Eremitentage in der Fastenzeit 2013 las ich zum ersten Mal Catherine LaCugnas Buch *God with Us.* Es gab mir die theologische Sprache für das, was ich in den vorangegangenen Tagen erlebt hatte, und ich kam zurück mit einer Idee, wie ich anderen Menschen helfen könnte, im selben Fluss „zu leben und sich zu bewegen und zu sein".[283]

Ich wusste, dass dieser Fluss auf unterschiedlichen Ebenen zu erleben war: geistig, geistlich, seelisch. Aber wenn ich mich auf eine Ebene einließ, manifestierte es sich immer auch in meinem Körper. Der Fluss hatte immer eine Richtung – auf mich zu, in mir und durch mich hindurch, und auch von mir in die äußere Welt hinaus. All das schien nötig zu sein, sonst fühlte es sich nicht wie ein echter trinitarischer Fluss an.

Zurück im CAC entwickelten wir dann das „Spiegelmedaillon", das wir seitdem bei vielen Konferenzen, Seminaren und Gehmeditationen verwenden. Auch unsere bei uns lebenden Schüler der

Living School bekommen dieses Medaillon. Es dient als Zeichen, dass die Person, die es trägt, im Moment lieber schweigen möchte, aber nicht einfach nur unsozial ist. Nur gerade auf eine andere Art sozial – jedenfalls hoffe ich das. Das Medaillon dient als sehr praktisches Hilfsmittel bei der Entwicklung eines „Spiegelgeists". Denn man muss sehr lange üben, um diesen Geist in sich selbst zu entwickeln.

- Der runde Spiegel zeigt nach außen, wenn man das Medaillon auf der Brust trägt. Er empfängt die Außenwelt, wie ein richtiger Spiegel das tun sollte, ohne Verzerrung, Anpassung, Leugnung oder Urteil. Was auf mich zukommt, muss in seiner reinen Existenz anerkannt werden. Es darf sein, was es ist, und hat meine Analyse, meinen Kommentar und meine Etiketten nicht nötig.
- Der Spiegel zeigt aber auch nach innen. Er schaut direkt in deine Seele und dein Herz – ohne Urteil. Insofern ist er ein Symbol für das dreieinige „Auge Gottes".
- Mit seiner Hilfe schaust du etwas an, was du eigentlich gar nicht sehen kannst oder willst: das Bild Gottes in dir.
- Mit seiner Hilfe kannst du ehren, was du oft zu ehren fürchtest: deine eigene Seele.
- Das Zitat auf der Innenseite stammt von Paulus: „Wir alle spiegeln mit enthülltem Angesicht die Herrlichkeit des Herrn wider." Leider war kein Platz für den restlichen, ebenso wichtigen Teil des Verses: „und werden so in sein eigenes Bild verwandelt, von Herrlichkeit zu Herrlichkeit, durch den Geist des Herrn."[284]
- Das Medaillon ist eine Einladung, das Enthüllen unseres Angesichts und unseres Blicks zuzulassen – von innen wie von außen.
- Und hier noch eine weitere selten beachtete Bibelstelle, die den vollen, freien Fluss möglich macht. Sie findet sich im vierten Kapitel des Jakobusbriefs, Vers 5, und lautet: „Eifersüchtig sehnt er sich nach dem Geist, den er in uns wohnen ließ." Versuchen Sie einmal, den göttlichen Fluss in sich als Leidenschaft, Sehnsucht oder gar Eifersucht Gottes zuzulassen. Denn Gott wünscht

sich eine Antwort deiner Seele. Dieses biblische Thema scheint schon im 2. Buch Mose (34,14) auf, wenn es heißt: „Ich, der Herr, bin ein leidenschaftlich liebender Gott und erwarte auch von euch ungeteilte Liebe" (GN) oder „Denn der Herr, dessen Name ‚Eifersüchtig' ist, ist ein eifersüchtiger Gott" (EB).

Spiegelung des göttlichen Blicks

Laden Sie einen lieben Menschen, dem Sie vertrauen (Freund, Lebenspartner, Elternteil oder vielleicht auch Sie selbst im Spiegel) ein, ein paar Minuten Blickkontakt zu halten. Setzen Sie sich einander gegenüber, zünden Sie zu Beginn eine Kerze an oder läuten Sie eine Glocke. Nehmen Sie sich ein paar Sekunden mit geschlossenen Augen, um Ihre Mitte zu finden, den stabilen Zeugen. Und dann öffnen Sie die Augen und schauen Sie einfach das Gesicht des Menschen vor Ihnen an.

Geben und empfangen Sie diesen Blick schweigend, seien Sie präsent für den anderen und für die Gegenwärtigkeit der Liebe innen und außen. Halten Sie die Augen, das Gesicht und den Körper weich und entspannt, aber aufmerksam. Atmen Sie. Wenn Ihre Aufmerksamkeit abschweift, bringen Sie sie zurück zu den Augen des anderen und zu der Präsenz der Liebe, die zwischen Ihnen fließt.

Nach zwei oder drei Minuten läuten Sie wieder die Glocke oder führen Sie Ihre Hände zusammen und verneigen Sie sich, um das Ende der Übung zu signalisieren. Wechseln Sie ein paar Worte miteinander, teilen Sie eine Umarmung oder einen Dank.

4. Atmen

Das YHWH-Gebet

Das, was normalerweise das zweite Gebot genannt wird, wurde häufig mit den Worten übersetzt: „Du sollst den Namen des Herrn, deines Gottes, nicht missbrauchen."[285] Wir Christen haben dazu die Bedeutung gelernt, dass wir nicht fluchen oder an unangemessener Stelle etwas wie „Mein Gott!" sagen sollen. Ein jüdischer Rabbi hat mir einmal erklärt, dass wir das vollkommen falsch verstanden und den Hauptpunkt übersehen haben: Es geht eigentlich darum, dass man den Namen des Herrn *überhaupt nicht* aussprechen soll, weil es unsinnig ist.

Jeder Versuch, die Essenz Gottes in einem gesprochenen Wort einzufangen, ist fruchtlos. So kann man wohl auch am besten den Namen interpretieren, der Mose genannt wurde und der normalerweise als „Ich bin, der ich bin" übersetzt wird. Die ursprüngliche hebräische Form ist YHWH (die Buchstaben Yod, he, waw, he), die wir in der Regel als „Jahwe" übersetzen.

Damit sollte Gottes letztendliche Undurchschaubarkeit bewahrt werden, um Religionen wie auch die einzelnen Gläubigen demütig zu halten, was ihre Fähigkeit angeht, Gott zu begreifen. Das Wort war für jeden leidenschaftlichen jüdischen Gläubigen buchstäblich unaussprechlich. Und so ist es bis heute geblieben.

Aber es wird noch viel besser!

Es war auch deshalb unaussprechlich, weil es eigentlich lautmalerisch das Ein- und Ausatmen imitiert. Versuchen Sie es mal.

- Atmen Sie ein und sagen Sie „Jah" beim Einatmen. Um das richtig zu machen, müssen Sie den Mund ganz öffnen und Zunge oder Lippen aus dem Spiel lassen.
- Sagen Sie „Weh" beim Ausatmen und halten Sie die Atemwege wieder vollständig offen, ohne die Lippen zu benutzen. Der Atem gleitet über Ihre Zunge.

Man kann nicht einmal „Gott“ sagen und wissen, was man da tut. Aber *Gott atmen*, das können wir. Tatsächlich ist der heilige Name das erste Wort, das wir alle gesprochen haben, als wir aus dem Leib unserer Mutter kamen.

Ihre nackte Existenz gibt Gott durch das Eine die Ehre, was Sie seit Ihrer Geburt ohne Unterlass tun: den Atem des Lebens aufnehmen und wieder zurückgeben, und zwar jeweils in gleicher Menge, sonst würden wir ersticken. Darin steckt viel Lernstoff!

Eines Tages wird es einen letzten Atemzug geben, und auch er wird der heilige Name sein.

Versuchen Sie jetzt einmal, zehn Minuten lang nichts anderes zu tun als den heiligen Namen bewusst zu atmen. Und wenn Sie das Gefühl haben, mehr Achtsamkeit, Freude und Präsenz in Ihrem Leben zu brauchen, halten Sie einfach inne und hören Sie auf diesen Namen in Ihrem Atem.

Das All'h-Gebet

Als ich das YHWH-Gebet einmal bei einer interreligiösen Zusammenkunft kontemplativer Lehrer vorstellte, bemerkte ich einen islamischen Sufi mir gegenüber. Er atmete mit den anderen ein, und ich sah, wie ihm die Tränen kamen. Nach der Einheit kam er zu mir und fragte: „Kennen Sie die Bedeutung des muslimischen Namens Gottes?“

Ich verneinte und sagte, ich würde sie aber gern kennenlernen. Schließlich ist „Allah“ auch der Name, den viele Christen im Nahen Osten für Gott verwenden. „Allah“ heißt einfach „Gott“ auf Arabisch.

Er erklärte mir, „Al“ sei der bestimmte Artikel (der, die, das). Das zweite L sei eine besondere Betonung im Sinne von „der/die/das *eine*“ oder „der/die/das *Besondere*“. Eigentlich müsse man das Wort mit einer kleinen Pause vor dem H sprechen, auch wenn das viele Leute nicht täten.

Und dann sah er mir in die Augen, und ihm kamen wieder die Tränen. Er zitterte sogar ein wenig. „Wissen Sie, was das bedeutet?

Wir stammen aus derselben ursprünglichen, uralten Gotteserfahrung wie die Juden, gegen die wir seit Jahrhunderten sinnlose Kriege führen. Unser Name für Gott ist *,der/die/das eine Ha'*, wobei diese Silbe als kräftiges Ausatmen gesprochen wird. Wir haben denselben Namen für Gott, so unterschiedlich unsere Bilder auch sein mögen."

Wir sahen uns staunend und fast ungläubig an, in demütiger Ehrerbietung vor dem unaussprechlichen Einen.

Ich lade Sie dazu ein, das YHWH-Gebet auch einmal mit dem Namen All'h zu probieren.

Das hawaiianische Gebet

Als ich vor Kurzem eine große Gruppe von Hawaiianern das Atemgebet lehrte, grinsten sie ganz aufgeregt und unterbrachen mich, weil sie es nicht mehr abwarten konnten, mir zu sagen, dass das hawaiianische Wort für „Atem" und „Gott" ebenfalls ein deutlich ausgeatmetes „Ha!" ist. Und wir haben bis ins 20. Jahrhundert gebraucht, um einen Begriff wie „kollektives Bewusstsein" zu finden! Die ewige Tradition hat einfach von dem *Einen Geist* gesprochen.

5. Sehen – im Dunkeln

Die *Lectio divina* (heiliges Lesen) ist eine Art, die Bibel und andere heilige Schriften mit dem Herzen zu lesen statt mit dem Kopf. Auf diese Weise dringt man in die Worte selbst ein, um die Gegenwart Gottes direkt zu spüren.

In den folgenden Meditationen sollte man sich vorstellen, was der Theologe Walter Brüggemann als „Orientierung, Desorientierung und Neuorientierung" bezeichnet. Wenn wir schmerzhafte

Gottesbilder loslassen – Bilder, die uns nicht mehr dienen –, haben wir oft das Gefühl, im Dunkeln zu tappen. Die Augen brauchen eine Weile, bis sie sich an die neuen Verhältnisse gewöhnt haben und wir wieder einen festen Stand finden. Obwohl wir in das Geheimnis der Dreieinigkeit hinein getauft sind, wird uns der Gott unserer Jugend auf einmal fremd.

Nehmen Sie sich die folgenden Texte vor und schmecken, kosten, genießen Sie sie. Drehen und wenden Sie sie in den Kammern Ihres Herzens. Nehmen Sie sie so langsam zu sich, wie Sie wollen, vielleicht nur einen pro Tag. Und achten Sie auf alle neuen Bilder für Gott, die aufkommen.

Das Volk hielt sich in der Ferne und Mose näherte sich der dunklen Wolke, in der Gott war.[286]

Ich sagte zu meiner Seele, sei still und lass die Dunkelheit über dich kommen.

Es mag die Dunkelheit Gottes sein.[287]

Er neigte den Himmel tief auf die Erde und fuhr hernieder auf dunklen Wolken.
Er ritt auf einem geflügelten Kerub und erschien auf den Flügeln des Sturmes.
Er hüllte sich ein in Finsternis, in Wassermassen und schwarzes Gewölk.
Sein strahlender Glanz war wie glühende Kohlen.
Dann ließ er vom Himmel den Donner grollen, laut dröhnte die Stimme des höchsten Gottes.[288]

Dichtes Wolkendunkel umgibt den Herrn; sein Thron ist gegründet auf Recht und Gerechtigkeit.[289]

Als die Priester den Tempel wieder verließen, erfüllte eine Wolke das ganze Heiligtum.

Die Priester konnten ihren Dienst nicht fortsetzen, denn die Herrlichkeit des Herrn erfüllte den Tempel. Da betete Salomo: „Herr, du hast gesagt: ‚Ich wohne im Wolkendunkel.' Darum habe ich dir dieses prächtige Haus gebaut, eine Stätte, an der du für immer wohnen kannst."[290]

In Gott, so sagen manche,
ist eine tiefe, aber betörende Finsternis.[291]

Saulus aber richtete sich auf von der Erde; und als er seine Augen aufschlug, sah er nichts. Sie nahmen ihn aber bei der Hand und führten ihn nach Damaskus; und er konnte drei Tage nicht sehen und aß nicht und trank nicht.[292]

Die Dunkelheit des Glaubens trägt ihre Früchte im Licht der Weisheit… Die Dunkelheit des Glaubens selbst ist ein Beweis für seine Vollkommenheit. Unserem Verstand kommt sie vor wie Dunkelheit, weil sie seine Schwäche so weit überschreitet. Je vollkommener der Glaube ist, desto dunkler wird er. Je näher wir Gott kommen, desto weniger wird unser Glaube durch das Dämmerlicht unserer selbst erschaffenen Bilder und Vorstellungen verwässert. Unsere Gewissheit wächst mit dieser Dunkelheit, wenn auch nicht ohne Angst und wesentliche Zweifel, weil wir es nicht leicht finden, in einer Leere auszuhalten, in der unsere natürlichen Kräfte nichts ihnen Ähnliches finden, auf das sie setzen könnten. Und es geschieht in der tiefsten Dunkelheit, dass wir Gott am vollständigsten auf Erden besitzen.[293]

Du Dreieinigkeit, die du alles Sein, alle Gottheit und Güte übersteigst! Die du Christen in himmlischer Weisheit unterrichtest! Führe uns in die höchsten Höhen der Mystik, die alles Licht und unser Wissen übertrifft. In ihr liegen die einfachen, absoluten und unveränderlichen Mysterien der himmlischen Wahrheit verborgen, in der schwindelerregenden Dunkelheit des geheimen Schweigens, und überstrahlen alle Helligkeit mit der Kraft ihrer Finsternis. Sie laden unseren blinden Verstand mit ganz und gar unfassbarer und unsichtbarer Helligkeit und mit einem Glanz auf, der alle Schönheit übersteigt.[294]

Nun sagst du: „Wie kann ich weiter von Gott denken, wie er in sich selbst ist?“ Darauf kann ich nur antworten: „Ich weiß es nicht.“ Mit dieser Frage versetzt du mich in die Dunkelheit und Wolke des Nichtwissens, in die du eintreten sollst.[295]

Du wirst… hinaufgeführt zu den Strahlen der göttlichen Dunkelheit, die alles Sein überschreitet.[296]

Hier wird die Hyper-Präsenz Gottes von dem religiösen Teilnehmer als eine Art Abwesenheit erlebt, denn unser Verstand ist unfähig, den anwesenden Gott zu begreifen.[297]

Er allein ist unsterblich, er lebt in einem Licht, das niemand sonst ertragen kann, kein Mensch hat ihn je gesehen. Ihm allein gebühren Ehre und ewige Macht. Amen.[298]

Als sie nach Betsaida kamen, brachten die Leute einen Blinden zu Jesus. Sie baten ihn, den Mann zu berühren und ihn so zu heilen. Jesus nahm den Blinden bei der Hand und führte ihn aus dem Dorf hinaus. Dann strich er etwas Speichel auf seine Augen, legte ihm die Hände auf und fragte: „Kannst du etwas sehen?“ Der Mann blickte auf. „Ja“, sagte er, „ich sehe Menschen herumlaufen. Aber ich kann sie nicht klar erkennen. Es könnten genauso gut Bäume sein.“ Da legte Jesus ihm noch einmal die Hände auf die Augen. Jetzt sah der Mann deutlich. Er war geheilt und konnte alles genau erkennen. Aber Jesus befahl ihm: „Geh nicht erst in das Dorf zurück, sondern geh gleich nach Hause!“[299]

6. Lobpreis – eine Litanei zur Anrufung des Heiligen Geistes

Siebzig wunderbare Gottesnamen (wenn Sie sie zulassen):

Reines Gottesgeschenk
Innewohnende Gegenwart
Verheißung des Vaters
Leben Jesu
Versprechen und Garantie
Ewiges Lob
Strafverteidiger
Innere Salbung
Erinnerer an das Geheimnis
Navigationsgerät
Wissender aller Dinge
Innerer Zeuge
Herzschrittmacher
Überwinder der Kluft
Immer bereite Achtsamkeit
Mitfühlender Beobachter
Magnetische Mitte
Gottkompass
Innerer Atem
Göttliche DNA
Ort der gemeinsamen Sehnsucht
Geschenkte Herrlichkeit
Verborgene Liebe Gottes
Achtsamkeit ohne Wahl
Eingepflanzte Hoffnung
Schwelende Sehnsucht
Feuer des Lebens und der Liebe
Heiliger Friedensstifter
Gewaltlosigkeit Gottes
Siegel der Menschwerdung

Erste Frucht aller Schöpfung
Immanentes Gesetz
Nirgendwo weil Überall
Geheime Gestalt Gottes
Der eine ewige Fluss
Beziehung selbst
Klebstoff der Güte
Vater und Mutter der Waisen
Wahrheitssprecher
Gottes geheimer Plan
Großer Brückenbauer
Erwärmer der Herzen
Raum zwischen allem
Fließender Strom
Wind der Veränderung
Herabgekommene Taube
Wolke des Nichtwissens
Unerschaffene Gnade
Erfüllte Leere
Durch-Schauer
Unsere tiefste Sehnsucht
Aufmerksames Herz
Heilige Wunde
Heilige Heilung
Weichmacher unseres Geistes
Wille Gottes
Großes Mitgefühl
Großzügigkeit des Schöpfers
Schon erreichter Sieg
Die eine Traurigkeit
Geteilte Freude
Tränen Gottes
Gottes Freude
Das große Willkommen
Ewiger Bund

Vertrag des Herzens
Eifersüchtiger Liebender
Sehnsucht Gottes

Der du in uns, durch uns, mit uns, für uns und uns zum Trotz betest.
Amen! Halleluja!

7. Funken der Weisheit[300]

In der Geschichte der geistlichen Übungen sowohl im Osten als auch im Westen ist die innere Arbeit, die wir tun, tendenziell auf das Individuum fokussiert. Natürlich halten wir uns dabei alle in einem Raum auf – Katholiken knien bei der Liturgie, Quäker sitzen im Schweigen, Buddhisten meditieren in der Sangha, aber es handelt sich um lauter Übungen, die man auch allein ausführen kann. Wir *brauchen* dazu keinen anderen Menschen.

Wenn wir versuchen herauszufinden, wie eine wahrhaft trinitarische Spiritualität aussehen kann, müssen wir nach Praktiken suchen, die wirklich darauf *angewiesen* sind, dass „zwei oder drei versammelt sind". Es geht dabei nicht darum, die individuelle Übung kleinzureden, aber Übungen, die auf Beziehung beruhen, geben uns einen unmittelbareren Geschmack des Flusses, der Verletzlichkeit, der radikalen Abhängigkeit voneinander, die wir in dem einen Leben von Vater, Sohn und Heiligem Geist aufscheinen sehen.

In diesem Sinne biete ich als Beispiel eine Kreisübung an, obwohl sich der Begriff „Übung" eigentlich viel zu trocken anhört, wenn man sie kennt. Angesichts der Freude und des gegenseitigen Austauschs, wie sie die Dreieinigkeit vorlebt, würde ich lieber von einem Spiel sprechen.

Erste Runde

Es werden drei oder mehr Teilnehmerinnen/Teilnehmer gebraucht. Sie sitzen im Kreis. Laden Sie sie ein, die Augen zu schließen und nachzusinnen …

Der Rahmen: Jemand liest die grau unterlegten Texte laut vor.

So oft im Leben sehnen wir uns danach, etwas zu hören – von einem Freund, jemandem aus unserer Familie, vielleicht auch von Gott. Wir tun alles Mögliche, um Lob zu ergattern, wir beten und lauschen auf diese leise Stimme, die uns Weisheit, Frieden und Erkenntnis schenken soll. Wir wollen uns einen Moment Zeit nehmen, um zu erkennen, dass unser Schöpfergott der Ursprung von allem ist. Dass wir lebendige Glieder des Leibes Christi sind. Dass der Heilige Geist die ganze Menschheit durchklingt und verbindet. Und dass Gottes lebenskräftiges und mitteilsames Sein jede Gemeinschaft und jede Gruppe einschließt, in der wir uns jemals befinden. Auch jetzt, in diesem Kreis.
Wie wäre es, wenn du etwas hören könntest, nach dem du dich sehnst – von dem Menschen, der hier neben dir sitzt? Gibt es etwas, was du dringend hören möchtest? Vielleicht von einem Freund oder Geliebten?

Wenn der Kreis mehr Ermunterung braucht, fragen Sie weiter:

Gibt es ein Wort der Weisheit, der Anerkennung oder Ermutigung, das du gern von einem Menschen hören möchtest, an dem dir liegt?
Vielleicht wartest du schon seit deiner Kindheit darauf, es zu hören.
Oder vielleicht hat es mit einer derzeitigen Beziehung oder einem Problem zu tun.

Wenn alle ein paar Mal tief durchgeatmet haben, bitten Sie die Teilnehmer, ihre Augen zu öffnen. Hören Sie, ob jeder eine Antwort gefunden hat. Wenn nicht, geben Sie ihnen noch ein paar Augenblicke. Wenn jeder etwas gefunden hat, was er gern hören würde, machen Sie weiter:

> Habt ihr es gefunden? Gut. Dann möchte ich, dass ihr es laut aussprecht. Genau das, was ihr gern hören würdet. Aber statt es einfach zu euch selbst zu sagen, möchte ich, dass ihr euch dem Menschen neben euch zuwendet und ihm oder ihr genau das sagt, was ihr so gern hören möchtet.
> Sagt es ihm oder ihr so, wie ihr es gern hören würdet.
> Und bevor ihr es teilt, nehmt euch einen Augenblick, um euch mit dem Geist oder der Absicht eurer Worte zu verbinden. Was ihr da gleich sagen werdet, ist ein Geschenk.

Oft bietet es sich an, dass derjenige, der die Runde leitet, anfängt, damit die anderen wissen, wie es gehen kann.

> Wendet euch jetzt dem Menschen neben euch zu und sagt ihm, was ihr selbst so gern hören möchtet.
> Wenn euch jemand etwas sagt, nehmt euch einen Moment, um es in euch aufzunehmen.
> Und dann wendet euch dem Menschen neben euch zu und sagt ihm, was ihr selbst gern hören möchtet.

Das sollten jetzt alle im Kreis tun. Oft stellen wir nämlich fest, dass die Dinge, die einer von uns gern hören möchte, den Wünschen der anderen gleichen oder zumindest sehr ähnlich sind. Es gibt dabei immer wieder erstaunliche Übereinstimmungen, die darauf hindeuten, dass in einer solchen Gruppe eine höhere Macht am Werk ist. Einige Beispiele:

> *Du bist richtig so, wie du bist.*
> *Du wirst geliebt.*
> *Du tust dein Bestes, und mehr musst du niemals tun.*
> *Du bist jetzt gerade genau am richtigen Platz in deinem Leben.*

Zweite Runde

Laden Sie die Teilnehmer wieder ein, die Augen zu schließen, und legen Sie ihnen eine neue Frage vor.

> Gibt es einen Rat oder eine Erkenntnis, die euer wahres Selbst schon kennt und die ihr jetzt hören solltet?
> Wenn euer Wahres Selbst – in Gemeinschaft mit dem Helfer, dem inneren Beobachter, dem Heiligen Geist in euch – ein Wort ganz deutlich aussprechen könnte, frei von all den Nebengeräuschen und Verstrickungen des Egos, welches Wort wäre das?

Warten Sie ein paar stille Atemzüge lang ab und lassen Sie den Teilnehmern Zeit, dieses Wort in sich aufsteigen zu lassen. Dann laden Sie wieder zum Teilen in der Runde ein, von Mensch zu Mensch, mit der Anweisung, sich fest mit der Echtheit und Bedeutung des Wortes zu verbinden.

Auch hier einige Beispiele:

Nimm dir mehr Zeit, um Spaß zu haben, du musst nicht immer so ernst sein.

Freu dich an den Menschen, mit denen du dein Leben jetzt teilst. Sie sind vielleicht nicht vollkommen, aber eines Tages wirst du feststellen, wie wertvoll diese Beziehungen sind.

Alles gehört zu deinem Weg.

Du bist genau am richtigen Ort.

Dritte Runde

Zur Schlussrunde laden Sie die Teilnehmer ein, die Augen zu schließen und die nächste Frage zu bedenken.

> Wenn du dir etwas vorstellen solltest, von dem Gott möchte, dass du es weißt oder lernst, was wäre das?

Wenn es eine Weisheit oder Erkenntnis gibt, von der Gott möchte, dass du sie durch deine derzeitigen Lebensumstände entdeckst, durch Segen oder Herausforderung, was wäre das?
Wenn Gott dir einen einzigen Satz sagen würde, den du in deinem Leben jetzt hören musst, was würde er sagen?

Lassen Sie den Teilnehmern wieder ein paar Atemzüge lang Zeit und lassen Sie sie auch diese Sätze im Kreis teilen, von Mensch zu Mensch. Auch hier wieder mit der Anweisung, sich innig mit der Wichtigkeit der Botschaft zu verbinden. Und denken Sie daran, den Leuten zu sagen, dass sie sich Zeit nehmen sollen, das Gehörte erst auf sich wirken zu lassen, bevor sie ihren Satz mit dem nächsten teilen. Einige Beispiele:

Ich habe dich immer geliebt und werde dich immer lieben.
Du bist zu Hause.
Du wirst geliebt.
Ich habe dich nach meinem Bild geschaffen, du bist perfekt so, wie du bist.
Du bist ganz.
Das Leben ist eine Gelegenheit, zu lieben und geliebt zu werden.
Du hast es verdient, hier zu sein.

Nach dieser letzten Runde nehmen Sie sich Zeit, mit den Teilnehmerinnen und Teilnehmern über ihre Erfahrungen zu sprechen. Sie sollen das auch untereinander besprechen. Einige Leitfragen:

Wie war es, diese Sätze einem anderen Menschen zu sagen?
Wie hat es sich angefühlt, diese Sätze von einem anderen Menschen zu hören?
Gab es Überraschungen?
Was hat sich gut angefühlt?
Was war herausfordernd zu sagen oder zu hören?

Immer und immer wieder offenbart diese Übung, dass wir Zugang zu tiefer Weisheit, Liebe und Verbundenheit haben können, wenn wir uns einfach nur unserem Nächsten zuwenden. Und nichts anderes können wir ja auch erwarten, wenn doch das Universum die Verbundenheit der Dreieinigkeit spiegelt.

Vielleicht erleben wir, dass die leise Stimme Gottes uns viel öfter etwas zuflüstert, als wir denken. Wir müssen nur auf die Menschen um uns herum hören.

Diese einfache Erfahrung ist für die meisten Menschen sehr bewegend und nährend. Oft empfinden die Teilnehmer tiefe Freude, Dankbarkeit und Erleichterung. Lachen und Weinen sind in diesem Kreis gleichermaßen willkommen.

DANK

Von Richard Rohr und Mike Morrell

Ein Buch gleicht auf mancherlei Weise einer Geburt: ein Mensch (oder ein Paar) unterzieht sich der schönen, anstrengenden Arbeit, neues Leben zur Welt zu bringen, aber tatsächlich braucht man dafür ein ganzes Dorf. So haben an der Entstehung dieses Buches eben auch viele wunderbare Menschen mitgewirkt, und einigen von ihnen möchten wir hier ausdrücklich danken. Wir können uns sicher nicht mehr an jeden einzelnen Beitrag erinnern, und dafür bitten wir im Voraus um Vergebung.

Im *Center for Action and Contemplation* in Albuquerque gehören Joelle Chase, Vanessa Guerin und Michael Poffenberger zu unserem Team, das alles zustande bringt, von Konferenzen über die täglichen Meditationen per E-Mail bis hin zu Veröffentlichungen wie der Zeitschrift ONEING und zu unserer *Living School*. Außerdem haben diese Drei gemeinsam mit Tim King, der aus der Ferne von seiner Farm in New Hampshire mitgearbeitet hat, dafür gesorgt, dass dieses Buch nicht nur von uns, sondern von einer ganzen weltweiten Gemeinschaft engagierter Kontemplativer und Aktivisten geboren wurde. Dafür danken wir ihnen und dem gesamten CAC-Team.

Das Team von Whitaker House hat uns immer ermutigt und sich für dieses ungewöhnliche Buch über die Dreieinigkeit engagiert und begeistert. Vom Lektor Don Milam bis zum Verleger und vielen Mitarbeiterinnen und Mitarbeitern – darunter Bob und Christine Whitaker, Cathy Hickling, Lois Puglisi, Tom Cox, Jim Armstrong – möchten wir allen danken, die diesem Projekt ein so schönes Zuhause gegeben haben.

Wir danken Turner Simkins und Jeremy Mace von NewFire Media und Chris LaTondresse dafür, dass dieses Buch möglichst viele Leserinnen und Leser erreichen kann.

Wir danken dem CAC-Vorstandsmitglied Christopher Ferebee, gleichzeitig Literaturagent, dass er dieses Buch so klug gefördert hat.

Und wir danken Paul Young, unserem lieben Bruder, für das inspirierte Geleitwort.

Wir danken allen, die unsere Worte für wertvoll halten. Es ist leider unmöglich, alle geistlichen oder literarischen Einflüsse hier namentlich aufzuzählen. Wir verweisen auf die Endnoten, in denen Sie jede Menge Weisheit finden. Genießen Sie sie!

Von Richard Rohr

Dieses Buch wäre nie entstanden, wenn Mike Morrell mir nicht freundlicherweise vorgeschlagen hätte, Material aus zwei Vorträgen von mir „The Divine Dance“ und „The Shape of God“ in schriftliche Form zu bringen. Er hat mir nicht nur erste Beispieltexte geschickt, sondern er hat dann auch intensiv an den Texten weitergearbeitet, bestimmte Ideen fortgeführt, das Material neu sortiert, die Zwischenüberschriften eingefügt und viele Zitate überprüft – und viele Ideen eingebracht, die zitiert werden mussten.

Und schließlich hat er das Ganze mit seiner jüngeren Generation-X-Sprache, mit Beispielen und einem anderen Wortschatz angereichert. Das Ergebnis ist das spannende Buch, das Sie jetzt gelesen haben. Lieber Michael, ich danke dir. Du bist kein Ghostwriter, sondern ein „Geist-Schreiber“.

Michael hat auch William Paul Young, den Autor des Weltbestsellers *Die Hütte,* eingeladen, das Geleitwort zu schreiben. Auch dieser Text ist ein Genuss. Wir alle drei sind den freundlichen und kooperativen Leuten bei Whitaker House Publishers sehr dankbar, dass sie das Geheimnis der Dreieinigkeit einer hungrigen Welt zugänglich machen.

Natürlich ist es vermessen zu denken, dass wir das könnten. Wir sind alle Teil des Flusses. Wie denn auch nicht?

Von Mike Morrell

Auch auf das Risiko hin, dass ich ihm *ein ganz klein wenig* widerspreche: Dieses Buch wäre nie entstanden, wäre Pater Richard nicht das Risiko eingegangen, sich auf einen ungewöhnlichen Schreibprozess einzulassen. Und dies gemeinsam mit jemandem, der hauptsächlich als Eventmanager und Publizist tätig ist. Ich danke dir, Richard, für deine Großzügigkeit, dein Vertrauen und für die Begeisterung, mit der du an dieses Projekt herangegangen bist. Vor allem, da es in deinem Leben und im Leben des CAC eine sehr geschäftige Zeit war.

Ich danke meiner Familie – meiner Frau Jasmin und unseren Töchtern Jubilee Grace und Nova Rain, die Raum geschaffen haben, damit ihr Mann/Papa an *dem Buch* arbeiten konnte, zusätzlich zu allem, was sonst so los war in unserem reichen, unvorhersehbaren Leben. Eure Liebe inspiriert mich, die Liebe zu entdecken, die den Tanz antreibt.

Ich denke, Spiritualität geschieht nicht im luftleeren Raum. In allen Zeiten und allen Schauplätzen meines Lebens haben mich konkrete Gemeinden mit lebendigem Glauben inspiriert, herausgefordert, mir eine Reibungsfläche geboten und mich genährt. Ich denke an besondere Orte, die mich aufgebaut und geschärft haben, die mich gelehrt haben, im Licht der Dreieinigkeit drei Jahrzehnte lang zu tanzen: Douglasville First Baptist; Lithia Springs Assemblies of God; Harvester Presbyterian; all die ungenannten, nachbarschaftlichen, dezentralen Hauskreise in Lithia Springs, Georgia, und Raleigh, North Carolina; die verschwundene und betrauerte (und zu Recht so genannte) Trinity's Place und die North Raleigh Community Church.

Und schließlich danke ich Ihnen, liebe Leserin und lieber Leser: Mögen diese Seiten Ihrem Leben neue Türen öffnen – Türen der Gemeinschaft, der Zusammengehörigkeit und des Lebens im Fluss.

ÜBER DIE AUTOREN

Pater Richard Rohr ist ein international bekannter ökumenischer Lehrer und ein Vorreiter moderner christlicher Mystik in der ewigen Tradition. Er ist Franziskanerpriester in der Ordensprovinz New Mexico und Gründer des *Center for Action and Contemplation* (CAC.org) in Albuquerque. Seine Lehre ist in der alternativen Orthodoxie der Franziskaner verankert und zutiefst kontemplativ. Sie drückt sich in radikalem Mitgefühl vor allem für gesellschaftliche Randgruppen aus.

Pater Richard hat zahlreiche Bücher geschrieben, darunter *Der wilde Mann, Pure Präsenz, Das Enneagramm, Reifes Leben* oder *Die Liebe leben: Was Franz von Assisi anders machte*. Er ist außerdem Dekan der *Living School for Action and Contemplation*.

Mike Morrell ist einer der Leiter des Think Tank für Integrale Theologie „Presence International", Mitbegründer des *The Buzz*-Seminar sowie Gründer und Organisator des *Wild Goose Festival*, das sich mit den Themen Gerechtigkeit, Kunst und Spiritualität befasst. Er ist ein leidenschaftlicher Autor, arbeitet als freier Journalist für verschiedene Zeitschriften, darunter *Conspire* und RELEVANT, Autorencoach und Kurator der Buchbesprechungsgemeinschaft auf TheSpeakeasy.info. Er bezeichnet sich als „Optimystiker". In seinem Blog auf MikeMorrell.org schreibt er über Geist, Kultur und Permakultur. Mike lebt mit seiner Frau und zwei Töchtern in North Carolina.

ANMERKUNGEN

1 Karl Rahner: The Trinity. Crossroad Publishing Company 1990, 10-11. Deutsche Ausgabe: Der eine Gott und der dreieine Gott, Schnell & Steiner 1983.
2 William Paul Young: Die Hütte – ein Wochenende mit Gott, Allegria 2009.
3 Übersetzt nach Elias Marechal: Tears of an Innocent God, Paulist Press, 2015, S.7.
4 1 Mose 18,1-8 (HFA).
5 Genesis 1,26 – je nach Übersetzung auch „unser Ebenbild, das uns ähnlich ist" (HFA), „ein Bild, das uns gleich sei" (LU) oder „unser Abbild, uns ähnlich" (EÜ).
6 Vgl. Johannes 1,1-18; Kolosser 1,15-20; Epheser 1,3-14; Römer 1,20; 8, 18-25.
7 Vgl. beispielsweise 1. Johannes 1,1-3; Hebräer 1,1-3.
8 Vgl. beispielsweise Epheser 1,3f.
9 Richard Rohr: Die Liebe leben. Was Franz von Assisi anders machte. Herder 2016, Anhang 1.
10 Vgl. Genesis 1,10-31.
11 Vgl. Jeremia 31,33; Hebräer 8,10.16.
12 Johannes 3,17 (HFA).
13 Johannes 5,17 (EÜ).
14 Johannes 14,26 (HFA).
15 Auf Deutsch erschienen bei Suhrkamp 1996.
16 Zitiert nach Meister Eckhart: The Essential Sermons, Commentaries, Treatises and Defense. Rev. Ed. New York 1981, S. 37.
17 Vgl. Genesis 1,26.
18 Vgl. Genesis 2,1 (HFA).
19 Vgl. Johannes 14,18.
20 Zum Beispiel in Römer 8,14; Galater 4,5 oder Epheser 1,5;14.
21 Vgl. 1 Korinther 15,51-58.
22 1 Korinther 3,22-23 (GN).
23 Vgl. Römer 8,28.
24 Kolosser 3,11.
25 Kolosser 3,4.
26 Clark Pinnock: The Most Moved Mover: A Theology of God´s Openness, Baker Academic, 2001.
27 erschienen bei Harper San Francisco 1991.
28 Vgl. 5 Mose 6,4.
29 Vgl. Cynthia Bourgeault: The Holy Trinity and the Law of Three: Discovering the Radical Truth at the Heart of Christianity, Shambhala 2013.

30 Vgl. Apostelgeschichte 17,28.
31 Vgl. z.B. Johannes 17.
32 Life and Doctrine of Saint Catherine of Genoa, ed. Paul A.Boar Sr., Veritatis Splendor Publications 2012, S. 59.
33 Es steht Schwarz auf Weiß in unseren Bibeln! Zum Beispiel in 1. Johannes 4,8;16.
34 Vgl. Johannes 3,8.
35 Donald Braun: The Journey from Ennuied. FriesenPress 2015, S.v.
36 Vgl. z. B. Johannes 20;21-22.
37 (Johannes vom Kreuz) The Spiritual Canticle. Stanza 39, commentary No. 4 in: The Collected Works of St. John of the Cross, trans. Kieiran Kavanaugh and Otilio Rodriguez, Institute of Carmelite Studies Publications 1973, S. 558.
38 Vgl. Jesaja 11,2; 1. Korinther 12,8.
39 Vgl. Martin Buber: I and Thou, Scribner 1958.
40 Vgl. 2. Korinther 3,18, Römer 1,20.
41 Zum Beispiel in Heinz Kohut: Self Psychology and the Humanities, W. Norton & Co., Inc., 1985.
42 Vgl. 2. Korinther 3,18.
43 St. Augustine: Ten Homilies on the First Epistle of John, trans. H. Browne, in: Nivene and Post-Nicene Fathers of the Christian Church, Vol. 7, The Christian Literature Company 1888, S. 521.
44 Vgl. Kolosser 3,11.
45 Zum Glück habe ich es (teilweise) schon geschrieben: Die Liebe leben – was Franz von Assisi anders machte, Herder 2015.
46 Vgl. Jakobus 1,25.
47 Vgl. Johannes 14,3; 18-20.
48 Vgl. 2 Mose 34,29-35.
49 2 Mose 33,11; 4 Mose 12,8; 5 Mose 34,10.
50 Vgl. Jakobus 1,25.
51 Vgl. Johannes 14,26.
52 Heinz Kohut: The Restoration of the Self, IUP 1977. Dieses Buch entwickelt wie die meisten anderen Bücher des Autors das Konzept der Spiegelung als Grundlage der Selbstentwicklung, im negativen wie im positiven Sinne. Wir brauchen „Selbstobjekte", die uns narzisstisch auf uns selbst zurückspiegeln, sonst können wir nicht herausfinden, wer wir sind. Man spricht auch von Spiegelübertragung. Zu Anfang und notwendigerweise „benutzen" wir andere Menschen, ironischerweise, damit wir sie anschließend nicht mehr benutzen müssen, sondern die Spiegelung frei an andere zurückgeben können. Und dies ist nur scheinbar ein Paradoxon! Schizophrene starren oft über lange Zeiträume in den Spiegel, um sich auf sich selbst zurückzuspiegeln, vermutlich, weil sie nie richtige Spiegelung durch andere Menschen erfahren haben. Eine Heilung dieses Defizits ist so nicht möglich. Richtige, vollkommene Spiegelung ist ein Merkmal der Dreieinigkeit.

53 Vgl. z. B. David Benner: Surrender to Love, InterVarsity Press 2003, S. 29.
54 Bourgeault, Law of Three, S. 208.
55 www.robertlanza.com/the-biocentric-universe-theory-life-creates-time-space-and-the-cosmos-itself/.
56 Vgl. 1 Mose 1,26.
57 Beachten Sie, dass wir diese Formulierung auch am Ende des eucharistischen Gebets verwenden („durch ihn und mit ihm und in ihm"), auf das die Gemeinde mit einem großen „Amen" antwortet.
58 Vgl. Matthäus 5,7.
59 C.S. Lewis: Die große Scheidung oder: Zwischen Himmel und Hölle.
60 Vgl. Matthäus 12,31-32; Lukas 12,10.
61 Vgl. Epheser 5,1.
62 John O´Donohue: Fluent, in: Conamara Blues, Cliff Street Books 2001, 23.
63 Vgl. 1 Korinther 1,25.
64 Wie bitte? Sie haben noch nichts von Brené Brown über die Verletzlichkeit gelesen oder gesehen? Gehen Sie am besten sofort auf www.brenebrown.com!
65 Die Initiation junger Männer, in der Regel im Alter zwischen 13 und 17, war in fast allen indigenen Kulturen sämtlicher Kontinente die Regel und verliert sich erst in den letzten Jahrhunderten. Die allgemeine Annahme war: Wenn ein junger Mann nicht dazu gezwungen wird, Wege der Machtlosigkeit zu gehen, muss man damit rechnen, dass er jede Macht missbrauchen wird, die er erlangt. Individualismus und Machtstreben jedoch waren gefährlich für die Gemeinschaft. Übergangsriten sorgten daher für ein Mindestmaß an Demut, Verletzlichkeit, Selbstreflexion und Spiritualität bei den jungen Männern, die all das in der Regel unbedingt zu vermeiden versuchen. Die Gemeinschaft zur Initiation von Männern, die ich mit gegründet habe, gedeiht bis heute unter dem Namen Illuman (www.illuman.org). Interessant in diesem Zusammenhang sind auch das weltweite ManKind-Projekt (www.manKindProject.org) und sein weibliches Pendant Woman Within (www.WomanWithin.org).
66 Vgl. Johannes 14,2.
67 Ilia Delio: The Emergent Christ. Orbis Books 2011, S. 4f.
68 Carl McColman: The Big Book of Christian Mysticism: The Essential Guide to Contemplative Spirituality. Hampton Roads Publishing 2010, S. 165f.
69 Vgl. Lukas 12,32.
70 Vgl. Markus 9,35.
71 Vgl. Matthäus 13,33.
72 Vgl. Matthäus 13,33.
73 Zitiert nach Mother Teresa: In the Heart of the World: Thoughts, Storie, and Prayers. Novato 2010, S. 33.
74 Vgl. Offenbarung 1,8; 21,6; 22,13.
75 Das wahre Selbst, Herder 2013.
76 Die Liebe leben, Herder 2016.

77 Vgl. Johannes 14,1-3.
78 C. Baxter Kruger: The Shack Revisited, FaithWords 2012, S. 62. Deutsche Ausgabe: Wie wir Gott begegnen: „Die Hütte“ und das neue Bild von Gott. Allegria 2012.
79 Bourgeault: Law of Three, a.a.O., 89.
80 Ernsthaft und doch spielerisch wird das in Spencer Burkes und Barry Taylors Buch *A Heretics Guide to Eternity* erforscht (Jossey-Bass 2006).
81 Zitiert nach Hans Urs von Balthasar: Dare We Hope „That All Men Be Saved“?, Ignatius Press 1988. Vgl. auch David Burnfield: Patristic Universalism, 2. Aufl., CreateSpace 2016. Und dies sind nur zwei von vielen Büchern, die zeigen, dass die angebliche Häresie, die viele Christen abwertend „Universalismus“ nennen, in der frühen Ostkirche und auch in der Bibel ganz normal war.
82 www.poetryfoundation.org/poems-and-poets/poems/detail/44106.
83 So im Exploratorium in San Francisco, vgl. die dort herausgegebene Schrift: „Oppenheimer, the Poems, and Trinity. www.exploratorium.edu/doctoratomic/2_1R.swf.
84 Vgl. Alex Wellerstein: „The First Light of Trinity“, in: *New Yorker,* 16. Juli 2015, www.newyorker.com/tech/elements/the-first-light-of-the-trinity-atomic-test.
85 Eine beeindruckende und musikalische Wiedergabe von Oppenheimers Äußerung findet sich bei Linkin Park: „The Radiance“ auf dem Album *A Thousand Suns* von 2010. Es ist eine Meditation über die nuklearen Ängste, die Oppenheimer und seine Mitarbeiter auslösten.
86 Vgl. Sprichwörter 18,21.
87 Der Ausspruch: „Das Universum ist nicht nur fremder, als wir denken, sondern fremder, als wir denken können“, wird normalerweise dem Physiker Werner Heisenberg zugeschrieben. Der britische Genetiker, Biometriker und Physiologe J.B.S. Haldane hat es ähnlich ausgedrückt: „Ich habe den Verdacht, dass das Universum nicht nur seltsamer ist, als wir es uns vorstellen, sondern seltsamer, als wir uns überhaupt etwas vorstellen können.“ Vgl. Possible Worlds and Others Papers, 1927.
88 Vgl. Matthäus 6,10.
89 Vgl. Ken Wilber: „From the Great Chain of Being to Postmodernism in Three Steps“ (2006): www.kenwilber.com/Writings/PDF/FromGC2PM_GENERAL_2005_NN.pdf.
90 Dagegen 2. Petrus 1,4: „Durch sie sind uns die kostbaren und allergrößten Verheißungen geschenkt, damit ihr durch sie Anteil bekommt an der göttlichen Natur, wenn ihr der Vergänglichkeit entflieht, die durch Begierde in der Welt ist.“ (LU)
91 Epheser 1,3-14 (HFA).
92 Daniel Walsh: Unveröffentlichte Notizen aus seinem Unterricht an der Gethsemani Monastery. Walsh unterrichtete dort regelmäßig Ende der Fünfziger- bis Anfang der Sechzigerjahre.
93 Vgl. Epheser 1,4.

94 Daniel Walsh, s. Nr. 92.
95 Juliana von Norwich: Revelations of Divine Love, Hg. Elizabeth Spearing. Penguin Classics 1998, S. 46.
96 Vgl. Urs von Balthasar a. a. O.
97 Vgl. 1 Korinther 13,13.
98 1 Johannes 4,16 (GN).
99 Ken Wilber: The One Two Three of God. Sounds True, 2006.
100 Vgl. z.B. 5. Mose 32,4 oder Psalm 18,2.
101 Z.B. in Jesaja 49,14-15.
102 Vgl. 1 Korinther 1,30.
103 Z.B in Matthäus 23,37.
104 Z.B. in Johannes 20,22.
105 Z.B. in Psalm 104,29-30.
106 Vgl. Johannes 14,26. In verschiedenen Übersetzungen werden die Begriffe „Helfer", „Ratgeber", „Anwalt" usw. benutzt.
107 Einen umfassenden, wenn auch nicht erschöpfenden Blick auf weibliche Gottesbilder (Schöpfer, Erlöser und Geist) in der Bibel finden Sie unter www.mikemorrell.org/2012/05/biblical-proofs-for-the-feminine-face-of-god-in-scripture. Eine ausgezeichnete Untersuchung nicht-menschlicher Bilder für Gott in der Bibel liefert Lauren Winner: Wearing God: Clothing, Laughter, Fire, and Other Overlooked Ways of Meeting God. HarperOne 2015.
108 Vgl. Jesaja 4,5.
109 B. Doyle: „God as a Dog: Metaphorical Allusions in Psalm 59", in: Metaphor in the Hebrew Bible, Hg. P. Van Hecke. Leuven University Press 2005, S. 41–54.
110 Dave Andrews, ein australischer Theologe, Aktivist und Gemeindeorganisator, hat eine unschätzbar wertvolle Hilfe zur Gemeindebildung verfasst, die auf einem tiefen Verständnis der trinitarischen Beziehung beruht. www.daveandrews.com.au/cwc.html.
111 4 Mose 6,25-26 (LU).
112 Z. B. in Psalm 42,2; 89,15-16 oder 95,2.
113 Aus „Aurora Leigh", vgl. www.bartleby.com/236/86.html.
114 Denken Sie auch an die Worte Jesu zu dem zweifelnden Jünger Thomas, Johannes 20,24–29.
115 Vgl. Jakobus 1,17.
116 Denken Sie einmal über Jakobus 1,19-24 nach. Dieser älteste der neutestamentlichen Briefe klingt gelegentlich fast buddhistisch in seiner Betonung der Praxis vor der Theorie. Luther übrigens konnte Jakobus überhaupt nicht leiden, was sehr schade ist.
117 Vgl. Johannes 14.
118 Vgl. Römer 8,26.
119 Philipper 2,6 (LU).
120 Vgl. Johannes 1,39.

121 Cynthia Bourgeault, meine Freundin, Kollegin und Mit-Lehrerin an der *Living School*, hat ein ausgezeichnetes Buch über diese Themen geschrieben: The Holy Trinity and the Law of Three: Discovering the Radical Truth at the Heart of Christianity. Shambala 2013. Ich habe es schon oft zitiert. Ihr Buch ist eine Untersuchung der Trinitätslehre auf der Basis des geheimnisvollen türkisch-russischen Lehrers G.I. Gurdjieff, der um die Jahrhundertwende zum 20. Jahrhundert lebte. Es ist so einzigartig, dass ich hier nur ein kurzes Beispiel ansprechen will und Ihnen ansonsten empfehle, Cynthias Buch zu lesen, wenn Sie mehr über die Trinität und das Gesetz der Dreiheit erfahren wollen. Wenn Sie sich für die Angebote unserer *Living School* interessieren, finden Sie sie auf www.cac.org./living-school.

122 Ein faszinierender Bericht über die Entwicklung der Sprache aus der landwirtschaftlichen Praxis und ihren Einfluss auf unsere Gottesbezeichnungen findet sich bei Leonard Shlain: The Alphabet Versus the Goddess: The Conflict Between Word and Image. Penguin Books 1999.

123 Eine Auflistung von mehr als hundert weiblichen Bildern für Gott in der Bibel mit Verweisstellen finden Sie bei www.mikemorrell.org/2012/05/biblical-proofs-for-the-feminine-face-of-god-in-scripture.

124 https://de.wikipedia.org/wiki/Cargo-Kult.

125 Vgl. Jesaja 42,1-9; 49,1-13; 50,4-9; 52,13 – 53,12.

126 Vgl. die große kenotische Hymne in Philipper 2,6-7.

127 Vgl. Lukas 24,49.

128 Vgl. Richard Rohr: Endlich Mann werden. Claudius 2009.

129 Vgl. 1 Mose 1,3.

130 Miroslav Volf: After Our Likeness: The Church as the Image of the Trinity. Eerdmans Publishing 1997, S. 173.

131 Vgl. Richard of St. Victor: The Book of the Patriarchs, The Mystical Arc, Book Three of the Trinity. Paulist Press 1979, S. 387ff.

132 Vgl. Matthäus 18,20.

133 Vgl. Bourgeault, a.a.O.

134 Vgl. Lukas 9,58.

135 Dave Andrews: A Divine Society: The Trinity, Community, and Society. Wipf and Stock Publishers 2012, S. 18f.

136 Vgl. 2 Korinther 1,20.

137 Vgl. Johannes 14,27; 16,33.

138 Vgl. 1 Johannes 2,9-11.

139 Vgl. 1 Mose 2,17.

140 Vgl. 1 Korinther 8,1-2 (HFA).

141 Vgl. 1 Mose 2,17.

142 Vgl. 1 Korinther 13,12.

143 Vgl. 1 Mose 2,16.

144 Vgl. 1 Mose 3,22.

145 Vgl. 1 Mose 3,22.

146 Vgl. Richard Rohr: Die Liebe leben, Kapitel 13.
147 Carl McColman: Befriending Silence: Discovering the Gifts of Cistersian Spirituality. Ave Maria Press 2015, S. 83f.
148 Vgl. Römer 6,3-5 oder Kolosser 2,12-13.
149 Vgl. Apostelgeschichte 17,28.
150 www.bartleby.com/122/36.
151 www.bartleby.com/122/24.
152 Vgl. Johannes vom Kreuz, zitiert nach „The Living Flame", St. 4, a. a. O., S. 579: „How gently and lovingly You wake in my heart. Where in secret You dwell alone; And in Your sweet beathing, filled with good and glory, How tenderly You swell my heart with love."
153 Unter anderem auch in Matthäus 9,9-13 oder Lukas 14,15-24.
154 Psalm 139,7f. (EÜ).
155 Vgl. Haldane a. a. O.
156 Vgl. Philipper 3,20.
157 Vgl. z. B. Römer 12,2, Johannes 16,3 oder Philipper 2,5.
158 Unter den zahlreichen zeitgenössischen Lehrern, die alle dasselbe meinen, wenn auch mit verschiedenen Bezeichnungen und Ansätzen, möchte ich vor allem nennen: John Main, Thomas Keating, Pema Chodron, Michael Singer, Eckhart Tolle, Martin Laird und Michael Brown mit seinem Buch The Presence Process. Sie alle können Ihr Leben verändern, durch Übungen, in denen Sie die Dinge selbst kennenlernen, nicht durch irgendwelche Doktrinen, denen Sie zustimmen oder die Sie ablehnen müssen.
159 Vgl. 2 Mose 25,10-22.
160 Vgl. 2 Mose 25,22.
161 Vgl. Römer 8,26-27.
162 Vgl. z.B. Römer 8,16.
163 Vgl. Philipper 4,6-7.
164 Vgl. Lukas 1,38.
165 Vgl. Johannes 14,17 und unzählige andere Stellen.
166 1 Mose 2,1 (NLB).
167 Vgl. 1 Mose 2,19.
168 Vgl. 1 Mose 2,22.
169 Vgl. Römer 8,21.
170 Vgl. Römer 8,22.
171 Wenn die Vorstellung einer festen, vollständigen christlichen Annahme und Wertschätzung der Evolution Sie anspricht oder nervös macht, empfehle ich Ihnen die Arbeiten von Ilia Delio, vor allem The Emergent Christ, Orbis Books 2011 und The Unbearable Wholeness of Being: God, Evolution, and the Power of Love. Orbis Books 2013.
172 Vgl. 1 Mose 2,20.
173 Vgl. 1 Mose 1,11.
174 Vgl. z. B. Offenbarung 12,10; Johannes 8,44.

175 Vgl. Rick Hanson: Handwriting Happiness. The New Brain Science of Contentment, Calm, and Confidence. Penguin Random House 2013.
176 Zitiert nach Leonardo Boff: Holy Trinity. Perfect Community, Hg. Phillipp Berryman. Orbis Books 2000, S. 109f.
177 Richard Rohr: Trinity Prayer, 2005.
178 Vgl. Kolosser 3,11.
179 Vgl. Lukas 16,31.
180 Psalm 42,8 (LU).
181 Zitiert nach Adrienne von Speyr: The Boundless God, Hg. Helena M. Tomko, Ignatius Press 2011, Kapitel 5: „The Holy Spirit and How He Paves the Way to the Father".
182 Vgl. z. B. 1 Korinther 2,11-16.
183 Teilhard de Chardin, hier zitiert nach „Sketch of a Personal Universe", Hg. J. M. Cohen in: Human Energy. Harcourt Brace Jovanovich 1962, S. 72. www.cac.org.the-shape-of-the-universe-is-love-2016-02-29/.
184 Nochmal: Vielleicht sollte ich hier einfach aufhören. Was gibt es noch zu sagen?
185 Vgl. Philipper 2,7.
186 James Emery White: The Rise of the Nones. Understanding and Reaching the Religiously Unaffiliated. Baker 2014, S. 21.
187 Vgl. www.pewforum.org/2012/10/09/nones-on-the-rise-religion.
188 Vgl. Richard Rohr: Die Liebe leben, Kapitel 7.
189 2 Korinther 1,3-5 (GN).
190 „Trost/trösten" ist im Griechischen „parakleseos/parakleion", derselbe Begriff, der gewöhnlich mit dem Heiligen Geist identifiziert wird.
191 Kolosser 1,24 (NGÜ).
192 Anne Hunt: The Trinity: Insights from the Mystics. Liturgical Press 2010, S. 136.
193 Mehr über diese erstaunliche Frau finden Sie unter dem Eintrag „Etty Hillesum" bei Wikipedia mit zahlreichen Hinweisen zum Weiterlesen.
194 Vgl. Hebräer 12,2 und natürlich den Roman Die unendliche Geschichte von Michael Ende, 1979.
195 Vgl. Römer 8,28.
196 Miguel H. Díaz: „The Life-Giving Reality of God from Black, Latin American, and US Hispanic Theological Perspectives", in: The Cambridge Companion to the Trinity, Hg. Peter C. Phan. Cambridge University Press 2011, S. 263. Díaz bezieht sich u.a. auf Karen Baker-Fletchers ausgezeichnete Studie Dancing with God: The Trinity from a Womanist Perspective. Chalice Press 2006.
197 James H. Cone: „God Is Black", in: Lift Every Voice: Constructing Christian Theologies from the Underside, Hg. Susan Brookes Thistlethwaite und Mary Potter Engel. Rev. Ed., Orbis Books 2001, S. 101–114.
198 Vgl. Hesekiel 16,63.
199 Vgl. 1 Korinther 13,5.
200 Vgl. z.B. Römer 1,18 oder Epheser 5,6.

201 Vgl. Peter Enns: Inspiration and Incarnation: Evangelicals and the Problem of the Old Testament. 2. Aufl. Baker Academic 2015.

202 Erschienen bei Herder, 2008.

203 Richard Rohr: Reifes Leben, Herder 2012.

204 Hier nur einige Beispiele: Im Lukasevangelium (4,18f.) liest Jesus aus dem Buch Jesaja vor und beginnt mit den Worten: „Der Geist des Herrn ist auf mir, weil er mich gesalbt hat und gesandt, zu verkündigen das Evangelium den Armen…" Und die Lesung endet so: „ und zu verkündigen ein Gnadenjahr des Herrn." Den Satzschluss „und einen Tag der Rache unsres Gottes, zu trösten alle Trauernden" (vgl. Jesaja 61,2) lässt er weg. Dann spricht er nicht etwa von Fremden als Feinden und Objekten der göttlichen Rache, sondern lobt die frommen Fremdlinge aus Sarepta und Syrien, während er die Haltung des „auserwählten Volkes" tadelt. Seine Zuhörer werden so wütend über seine Predigt, dass sie ihn von einem Abhang stürzen wollen (vgl. Lukas 4,29). Weitere ähnliche Beispiele finden sich in Michael Hardins Buch The Jesus Driven Life: Reconnecting Humanity with Jesus (JDL Press 2013), vor allem in Kapitel 2. Eine kraftvolle halb fiktionale Erzählung findet sich in Jack Miles' mit dem Pulitzerpreis ausgezeichneten Buch Christ: A Crisis in the Life of God (Knopf 2001). Auch in der wohlbekannten Bergpredigt (Matthäus 5) beginnt Jesus die einzelnen Abschnitte immer wieder mit den Worten: „Ihr habt gehört, dass zu den Alten gesagt ist…" Dann fasst er eine Schlüsselaussage des alten Gesetzes zusammen und führt weiter aus: „Ich aber sage euch…" und entwickelt eine eigene, oft recht subversive Aussage dazu. Ich habe ausführlicher über die Bergpredigt geschrieben, vgl. Jesus' Plan for a New World: The Sermon of the Mount, St. Anthony Messenger Press 1996. Weitere Beispiele finden sich übrigens bei Matthäus 12,1-8 und bei Johannes 5,1-23.

205 Vgl. Matthäus 2,1-12.

206 Zum Gleichnis vom barmherzigen Samariter vgl. Lukas 10,25–37; zum Bericht über Jesus und die Samariterin am Brunnen vgl. Johannes 4,4–41. Die beiden sprechen über theologische Differenzen zwischen orthodoxen Juden und heterodoxen Samaritern. Jesus weist letztlich auf den Heiligen Geist hin und beschreibt eine Wirklichkeit, die beide sozialen und geistlichen Positionen überschreitet.

207 Vgl. Johannes 1,1-5; 1 Johannes 1,1-3.

208 Vgl. Apostelgeschichte 17,16-34.

209 Vgl. Epheser 4,4-6.

210 Vgl. Apostelgeschichte 17,28.

211 Es lohnt sich, die Entwicklung des „Logos"-Begriffs beginnend bei dem Philosophen Heraklit (6. Jahrhundert v. Chr.) bis hin zu Jesus im 1. Jahrhundert zu betrachten. Einen grundlegenden Überblick finden Sie bei www.britannica.com/topic/logos.

212 Vgl. Johannes 3,8.

213 Die Vorstellung von Gott als dem „negativen Raum", aus dem alle Schöp-

fung herausströmt, wäre ein eigenes Buch wert. Einen kleinen Vorgeschmack finden Sie in Übung Nr. 5 im Anhang dieses Buches.

214 Vgl. 2 Mose 20,7.

215 Vgl. Richard Rohr: Pure Präsenz, vor allem Kapitel 2.

216 Deshalb schuldet die Initiationsarbeit heutzutage immer noch den indigenen Völkern Dank. Einen atemberaubenden Einblick in die Inkarnation Christi aus indigener und initiatorischer Perspektive finden Sie bei Steven Charleston: The Four Vision Quests of Jesus. Morehouse Publishing 2015.

217 Vgl. Sandra Schneider: Women and the Word, Paulist Press 1986, S. 50 ff.

218 Vgl. 2 Mose 3,14.

219 Vgl. Hesekiel 47,1-12.

220 Vgl. Römer 8,19-25.

221 Vgl. Römer 8,19-30.

222 Vgl. z.B. 1 Mose 13,15 oder 2 Mose 32,13.

223 Vgl. Matthäus 7,7-8 und auch 1 Johannes 5,14-15.

224 Vgl. Lukas 1,46-55 (Magnificat) und Mattäus 26,36-46 (Gethsemane).

225 Vgl. z.B. Johannes 5,19.

226 „Betet ohne Unterlass", 1 Thessalonicher 5,17.

227 Vgl. Apostelgeschichte 2,1-13.

228 Hafiz: The Gift. Poems by Hafiz, Hg. Daniel Ladinsky, Penguin Compass 1999, S. 203.

229 Zitiert nach John of Ruysbroeck: The Adornment of the Spiritual Marriage, Hg. C.A. Wynschenk Dom/ed. Evelyn Underhill. CCEL., S. 213; vgl. auch www.ccel.org/ccel/ruysbroeck/adornment.pdf.

230 Vgl. Kolosser 1,20.

231 Eine ausgezeichnete kurze Meditation über Johannes 14,6 – eine der kontroversesten Äußerungen Jesu in der gesamten Bibel! – findet sich bei brianmclaren.net/emc/archives/McLAren%20-%20John%2014.6.pdf.

232 Vgl. www.earlychurchtexts.com/public/augustine_sermon_272_eucharist.hmt. Zum ersten Mal las ich diesen Text in einer Übersetzung bei Rebecca Ann Parker und Rita Nakashima Brock: Saving Paradise. How Christianity TradedLove of This World for Crucifixion and Empire. Beacon Press 2009, S. 144. Dieses Buch bietet einen frischen, aufregenden Blick auf das erste Jahrhundert der Kirchengeschichte, und zwar von unten. Vgl. auch savingparadise.net.

233 John O'Donohue: Anam Cara. Das Buch der keltischen Weisheit, dtv 2009, S. 34-35.

234 Vgl. Matthäus 5-7.

235 Vgl. Römer 5,20-21.

236 Vgl. Apostelgeschichte 26,14 (Elb).

237 Vgl. Matthäus 10,40; Markus 9,37; Lukas 10,16 und Johannes 13,20.

238 Übertragen aus: Matthew Fox (Hg.): Meditations with Meister Eckhart. Bear and Company 1983, S. 129.

239 Theodore Roethke: „The Rose“, in: Collected Poems of Theodore Roethke. Anchor Books 1974. Erstausgabe 1961.
240 Vgl. Bonaventuras klassischen Text *Itinerarium Mentis ad Deum*.
241 Vgl. Martin Buber: Ich und Du, a. a. O.
242 Weitere Ausführung dazu finden sich in der Aufnahme „Hell, No!“ von 2015, CD oder MP3 (www.cac.org).
243 Karl Rahner a.a.O.
244 Frank Viola: Reimagining Church: Pursuing the Dream of Organic Christianity, David C. Cook 2008, S. 35.
245 Vgl. Kolosser 1,15-20.
246 Eugene Peterson: The Message (Johannes 1,14), Navpress.
247 Zitiert nach Walter Brüggemann: An Unsettling God: The Heart of the Hebrew Bible. Fortress Press 2009, S. 103.
248 Vgl. Richard Rohr: Die Liebe leben, a. a. O., Kapitel 8 und Richard Rohr: Ins Herz geschrieben, a. a. O. Kapitel 9.
249 Der Begriff „kleiner Christus“ wurde in den ersten Jahrzehnten nach der Himmelfahrt Christi halb im Spaß von nicht-christlichen Bewohnern der Stadt Antiochia benutzt. Vgl. Apostelgeschichte 11,19–26.
250 Vgl. 2 Korinther 2,14 und Römer 8,29.
251 Derek Patmore (Hg.): The Rod, the Root and the Flower. Angelico Press 2013, S. 111.
252 Vgl. z.B. Hosea 6,3.
253 Vgl. Matthäus 7,7-8.
254 Vgl. z. B. Psalm 25,4.
255 Da die Bibel Gott als so beziehungsorientiert beschreibt und er als Reaktion auf unsere Gebete, Wünsche und Taten seine Meinung ändert, ist es eigentlich erstaunlich, dass bestimmte theologische Systeme das alles so hartnäckig leugnen. Vgl. die Zusammenstellung von Bibelstellen durch Greg Boyd mit diesen Beispielen: 2 Mose 32,14; 33,1-3, 14; 5 Mose 9,13-29; 1 Könige 21,21-29; 1 Chronik 21,15; Jeremia 26,2 f.; Hesekiel 4,9-15; Amos 7,1-6; Jona 3,10. Eine kurze Zusammenfassung dazu findet sich unter reknew.org/2015/04/doesgodchangehismind.
256 C. Baxter Kruger: Wie wir Gott begegnen, a. a. O.
257 Ebd.
258 Chardin: Sketch of a Personal Universe, S. 72. Vgl. https://cac.org/the-shape-of-the-universe-is-love-2016-02-29.
259 Vgl. 1 Johannes 4,8;16.
260 Vgl. Johannes 1,1-18.
261 Johannes 1,14 (NGÜ).
262 Vgl. z. B. Markus 1,11 (HFA).
263 Vgl. Apostelgeschichte 1,4-5 oder Johannes 1,32-33.
264 Lesen Sie unter diesem Gesichtspunkt Epheser 4,4-7 ganz neu!
265 Evelyn Underhill: Practical Mysticism. Charleston 2012, S. 2.
266 Vgl. z. B. Psalm 19,1.

267 Übersetzt nach Gerard Manley Hopkins: „As Kingfishers Catch Fire“, in: Poems and Prose, Hg. W.H. Gardner (P1963), S. 51.
268 Gefunden bei David Friend und den Herausgebern des Life Magazine: The Meaning of Life. Reflections in Words and Pictures on Why We Are Here. Boston 1991, S. 11.
269 Vgl. Epheser 5,21.
270 Zitiert nach Augustinus: „Ten Homilies on the First Epistle of John“.
271 Vgl. Apostelgeschichte 2.
272 Howard Thurman: Disciplines of the Spirit. Friends United Press 1977 (Erstausgabe 1963).
273 Vgl. Lukas 9,54.
274 Vgl. 2 Könige 1,10.
275 Zitiert nach T.S. Eliot: The Sacred Wood: Essays on Poetry and Criticism. Forgotten Books 2012, S. 140 (Erstausgabe 1920).
276 Vgl. Thomas Merton: New Seeds of Contemplation. Reprint, New Direction Books 2007, Kapitel 39.
277 Vgl. Johannes 3,8.
278 Vgl. Epheser 4,30.
279 Ken Wilber: „The Integral Vision at the Millennium“ (Part 1) und Einleitung zu The Collected Works of Ken Wilber, Bd. 7. Shambhala 2000; siehe auch: www.fudomouth.net/thinktank/now_integralvision.htm.
280 Vgl. 1 Korinther 1,20.
281 Richard Rohr: Das Wahre Selbst, a.a.O., beschäftigt sich ausführlich mit dem wahren Selbst und der Frage, wie man Zugang zu ihm findet.
282 Catherine Mowry LaCugna: God for Us: The Trinity and Christian Life. HarperSanFrancisco 1993, S. 411.
283 Vgl. Apostelgeschichte 17,28.
284 Vgl. 2 Korinther 3,18.
285 2 Mose 20,7.
286 2 Mose 20,21 (EÜ).
287 T.S. Eliot: „East Coker“, in: *Four Quartets.* New York 1943, S. 14.
288 2 Samuel 22,10-14 (GN).
289 Psalm 97,2 (GN).
290 1 Könige 8,10 (GN).
291 Henry Vaughan: „The Night“, siehe www.bartleby.acom/105/112.html. Vaughan ist ein walisischer Dichter aus dem 17. Jahrhundert.
292 Apostelgeschichte 9,8 (LU).
293 Nach Merton: New Seeds of Contemplation, a.a.O., S. 134f., 141.
294 Dionysius Areopagita, zitiert nach The Mystical Theology und The Divine Names, Hg. C.E. Rolt (Dover Publications 2004), S. 191. Die Sprache wurde für diese Übung etwas modernisiert.
295 Anonymus: The Cloud of Unknowing und The Book of Privy Counseling, hg. William Johnston. Image Books 1996, S. 46.
296 Dionysius, a.a.O., 192.

297 Peter Rollins: How (Not) to Speak of God. Paraclete Press 2006, S. 87.

298 1 Timotheus 6,16 (HFA).

299 Markus 8,22-26.

300 Dieses Spiel wurde von David Bollt und Mike Morrell entwickelt und auf dem jährlich stattfindenden Wild Goose Festival für Gerechtigkeit, Kunst und Spiritualität durchgeführt. Es ist Teil eines ganzen Spielenachmittags oder -abends, den sie mit der Überschrift „Die Gegenwart von Menschen einüben" versehen haben. Wenn Sie mehr über diese Spiele erfahren wollen, schauen Sie bitte auf Davids Website vorbei: www.RelationalYoga.life.

MIX
Papier aus verantwortungsvollen Quellen
FSC® C014496

Die amerikanische Originalausgabe erschien im Verlag Whitaker House,
New Kensington, unter dem Titel „The Divine Dance".

2. Auflage Januar 2020
Bestell-Nr. 835139
ISBN 978-3-86334-139-8

Umschlaggestaltung: Gute Botschafter GmbH, Haltern am See
Satz: Uhl + Massopust, Aalen
Druck und Verarbeitung: GGP Media GmbH, Pößneck
Printed in Germany

www.adeo-verlag.de